シリーズ

社会学のアクチュアリティ：批判と創造　4

モダニティと空間の物語

Modernity and Narrative of Space

社会学のフロンティア

吉原直樹・斉藤日出治［編］
Yoshihara Naoki　Saito Hideharu

東信堂

シリーズ
社会学のアクチュアリティ：批判と創造
企画フェロー

武川　正吾（東京大学教授）
友枝　敏雄（大阪大学教授）
西原　和久（名古屋大学教授）
藤田　弘夫（元慶應義塾大学教授）
山田　昌弘（中央大学教授）
吉原　直樹（東北大学教授）

（五〇音順、二〇一一年三月現在）

はしがき

このところ、コミュニティに関する論議がかまびすしい。そうしたなかで、内山節による『共同体の基礎理論』(農文協、二〇一〇年)なる作品が登場した。『共同体の基礎理論』といえば、すぐに想起されるのは大塚久雄である。ある年齢以上の者にとって、大塚の『共同体の基礎理論』はバイブルのようなものであった。内山の場合もおそらくそうであっただろう。そうした内山が誤解を厭わないで、なぜいま同名の書物を著わしたのであろうか。

内山によると、大塚の場合、共同体は否定の対象、つまり乗りこえなければならない対象としてあった。それにたいして、内山の場合、共同体は未来への可能性としてあるという。ちなみに、内山は、そうした共同体の基層に以下のような「横軸の時間」を置いている(内山『時間についての十二章』岩波書店、一九九三年)。

「春が訪れたとき、村人は春が戻ってきたと感じながら、それを迎え入れる。去年の春から一年が経過したと感じるのは縦軸の時間のこと、もうひとつの時間世界では、春は円を描くように一度村人の前から姿を消して、いま私たちのもとに戻ってきたのである。一年の時間が過ぎ去ったのではなく、去年と同じ春が帰ってきた。時間は円環の回転運動をしている。このような時間存在を、とりあえず私は縦軸の時間と対比させて横軸の時間と記した。」

内山の解釈では、大塚はこうした「横軸の時間」＝「循環する時間」を「前近代的なもの」とみていたことになる。しかし内山にとっては、こうした「循環する時間」こそ、将来社会を構想する際に要になるというのである。内山の『共同体の基礎理論』は明らかに近代批判を基調としている。もちろん、だからといって近年、とみに台頭しているコミュニタリアン的思潮に陥っていると、ここで断定するつもりはない。われわれが関心をもつのは、内山にみられるような前述の解釈が社会に受容される状況と、「ガラパゴス化」とか「パラダイス鎖国」という、外国に関心を払わない日本人が若い層を中心に急増しているという事態（坪井善明「日本の存在感はなぜ失われたのか」『世界』二〇一〇年六月号）が奇妙にも共振しているようにみえることである。

いずれにせよ、いま近代批判の言説が内向きの思考の広がりのなかで広く受容されるようになっている。そしてこうした状況と符節をあわせるかのようにして、コミュニティ論議が活況を呈している。コミュニティは、近代批判の根拠になると同時に、貧困層を排除するゲーティッド・コミュニティとして展開され、また異文化・異人種を排除するナショナリズムの根拠にもなっている。

さていずれの立場をとるかは別にして、「近代の物語」は大塚の『共同体の基礎理論』と内山のそれを両極にして紡ぎだされるというのがこれまでの見慣れた風景であった。しかし「近代の物語」をモダニティとして問い返したときには、それほど単風景のものにならないのもたしかである。ここで想起されるのは、「正史そのものが不断に異種的なものとの出会いに晒され、それを物語りによって不断に取り込むところに成立＝存立するがゆえに、この［外的］視点の生起の機縁は正史自体の内部につねにすでに含まれている」とする鹿島徹の言述である（鹿島「物語り論的歴史理解の可能性のために」『思想』九五四号、二〇〇三年）。この場合、「正史」とは、近代とともに装置化してしまった「クロック・タイム」と「幾何学的な空間」という概念を用いて編まれたものである。鹿島によると、こうした「正史」が自らが隠蔽してきた異他的なもの、すなわち「生きられた空間」と「循環する時間」とに出会い、それらの異他的な空間と時間を「再発見」することで、近代叙述のあらたな「制作」の可能性が拓かれるという。つまり平たくいうと、「『幾何学的な空間』と『クロック・タイム』をメルクマールとする近代の社会統合は、それが否定し消去したはずの『生きられた空間』と『循環する時間』を社会の基層に据えることによってかろうじて具現化しえたのであり、またそのことを自覚的に問い返すことによって、近代にたいする新しい『読み』が可能になってくる」（吉原直樹『時間と空間で読む近代の物語』有斐閣、二〇〇四年）

というわけである。コミュニティ形成の相反的な方向性は、このような近代の再帰的な思考が紡ぎ出す多様で互いに対立する諸種の物語に起因している。本書が開陳しようとするのは、まさにこのような近代の多元的で複数的な物語である。

まず序章では、モダニティの両義性を近代の時間的、空間的フレームの解読《レクチュール》のなかで明らかにし、グローバル化の進展とともにそれがどのように表出し転回を遂げているかを、創発性の文脈で示す。併せて、本書をつらぬく問題構制《プロブレマチック》の開示につとめる。第1章では、筆者の年来のテーマである「生活時空間としての『場』」という問いのもつ意味を、いったん「歴史的社会の『場』」という問いに置き換えた上で、そこでの四つの審級を通して詳らかにする。そして「共」の不在化を向うにしてみえてくる「現代社会の『場』」の状景が再び問い込まれる。次いで第2章では、いわゆる近代の遠近法的空間のもつ多様な広がりと含意を、件《くだん》のモダニズム的理解から周到に切り離した上で、音楽における調性の空間との関係を問うなかで浮き彫りにする。

さて第3章から第5章にかけては、第2章までにおいて与えられたモダニティの空間の「かたち」を踏まえた上で、場所と「住まうこと」に照準して、そうしたものにひそむ生活空間としての可能性が論じられる。そのうち第3章では、台湾先住民ヤミの「住まい」をフィールドに、人間存在を写映する生活空間の描述によって「住まうこと」の原義にせまる。第4章では、場所の系譜学の博捜な整序と首里城への経験的底礎を通して、場所論の「いま」を読み込む。そして通時的な参照軸と共時的な参照軸を同時に視野に入れた場所の三角測量を提示する。そして第5章では、戦後日本の集合住宅で生じたできごと＝事象の意味を、専らデザインに照準してその変動を画した時点とのかかわりで論及し、「住まうこと」のメタファーに内在する光と影を描きだす。

第6章では、ローカル・ガヴァナンスを空間編成にかかわる制度設計の思想とおさえた上で、制度の失敗とヘゲモニーポリティクスが複雑に交差する場からの離脱／距離化がローカル・ガヴァナンスにとって要諦をなすことを説く。

第7章では、これまでの空間論的転回において知的才幹《フィギュア》の地位をほしいままにしてきたルフェーヴルの『都市への権利』および『都市革命』に原拠しながら、現代都市の「隘路」であるジェントリフィケーション／ネオリベラル・アーバニズムを相対化する論理を模索する。終章では、以上の展開を受けて、ルフェーヴルの『空間の生産』のテキスト・クリティークを基軸に据えた、空間の政治を戦略的拠点とする空間論の新しい方法基準を提示する。そして序章での問題構制に立ちかえっていく。

二〇一一年三月

編　者

目次／モダニティと空間の物語

第5章 住まうことのメタファー……小野田泰明 153

モダニティと空間の物語——社会学のフロンティア

序章　モダニティの両義性と「時間 - 空間」の機制

吉原　直樹

1　はじめに――グローバル化の進展とともに

近年、モビリティについて先端的な論議をおこなってきたアーリは、「グローバル化が一連の線形的な効果（たとえば、文化の高度な均質化とか社会経済的不平等の拡大とか民主主義国家の世界的な成長）をもたらす」、つまり「『グローバル』なるものは……単一の影響群を生み出す」といった主張を退けて、グローバル化／「グローバル」なるものにひそむ「不可逆的、相互依存的、動的、非線形的」な創発特性に目を向けている。そして「グローバル化がローカル化を進め、ローカル化がグローバル化を進めるといった並行的で不可逆的な相互依存的なプロセス」である「グローカル化」のアトラクタ(1)に言及している。興味深いのは、フリードマンの『レクサスとオリーブの木』（*The Lexus and the Olive Tree*）に依拠しながら、この「グローカル化」のアトラクタの基底に、以下のような言述をもってモダニティの両義性を読み取ろうとしていることである (Urry, 2003:91)。

「フリードマンの言うところの世界の半分は、グローバルな世界において成功を収めるために自らの経済を近現代化し、合理化し、民営化することで、よりすぐれたレクサスを生産することに従事している。これは『第一のモダニティ』である。そして残りの半分は、誰がオリーブの木を手に入れるのかについての決着をつける戦いに巻き込まれている。このオリーブの木は、ルーツ、係留、アイデンティティを表しており、ラッシュが『もうひとつのモダニティ』と呼んでいるものである。」

ここに中心のない複雑性、そして「新たな世界の無秩序化」を観取するかどうかは別にして、モダニティの両義性への原認識とともに、ジェソップの以下の認識、すなわち（グローバル化を）「それ自体が特徴的な因果プロセスであるとするよりは、数多くのさまざまなプロセスの複雑な合力として解釈する」(Jessop, 2000: 339) 立場と深く共振するものを読み取ることができる。

ところで、グローバル化の波頭で確認できる以上のようなモダニティの両義性については、すでにポストモダンに関する諸言説によって、そしてディシプリンの脱境界化をともなった「空間論的転回」(spatial turn) のなかで端緒的にではあるが明らかにされている。そこでは、いわゆる対比・対置的思考を超えて「脱」という接頭辞によってモダニティの「いま」を浮き彫りにし、それとともに一方での連続、他方での断絶という歴史の二元的構成の位相を両者の相克の地平で明らかにすることを通して、けっして単線的な歴史観に回収されないモダニティのダイナミズムに迫ろうとしたのである。たしかに、先の「グローカル化」のアトラクタという命題は常に溢れ出し、領野から領野へと飛び移る事物のフローに照準することによって、従来のモダニズムの中心にあった「構造と主体」、「中心と周辺」というシェーマからの離床を強くうながした。しかし、それらを棄却の対象としていちはやく射程にいれたのは、ある種のポストモダン論議であり、「空間論的転回」であったのである。

さて本章は、ポストモダン論議、そして「空間論的転回」が始原的にとらえたモダニティの両義性の水脈を、近代の空間と時間の機制に即して探りあてるとともに、グローバル化の下でのその転成の位相を明らかにしようとするものである。併せて、本書へのイニシエーションとしての役割を果たすことを企図している。

2　モダニティの両義性

モダニティの両義性をとらえる際にしばしば引例されるのは、ボードレールによって与えられた以下の言説である（Baudelaire,1981＝一九八七：一六九一）。

「近代というものは、一時的なもの、うつろい易い、偶発的なもので、これが芸術の半分をなし、他の半分が永遠なもの、不易のものである」

一見、きわめてトートロジカルな言説のようにみえるが、ここにはモダニティのパラドキシカルな統体としての性格が鮮やかに示されている。ハッチオンが「時間的にそれに先行し、事実それを生み出したものに依拠し、それでいてそれから独立している」(Hutcheon, 1988:18) としたポストモダンの性格も、明らかにこうしたパラドキシカルな統体としてのモダニティに底礎している。

ところで、こうしたモダニティの両義的な性格は、モダニティの起点を成している西欧近代に遡及して検討してみると、一層鮮明に浮かび上がってくる。考えてみれば、これまで西欧近代ということでわれわれがイメージしてきたのは、フランス革命と産業革命を嚆矢として、やがて発展段階的なものに変わっていった「近代」であった。そしてそれが普遍史的なものと見なされるようになるや、中世を背負いながら前に向かっていった市民社会は、民族性、歴史性――それじたいきわめて「西欧的」であるもの――を一方的に剥ぎおとすことになった。もともと、西欧近代は古典古代に還っていく面と、発展とか進化といった均質的なものに同化していく面との奇妙なバランスの上にあった(2)。つまり後ろに退きながら、前に進むといった、多面的かつ重層的な歴史的集成《アンサンブル》がまさに西欧近代であったのである。そしてこの二重性=両義性は、古典との対話に没入するエリート層と、古典とは向き合わないものの日々の生活に確実に根をはり、もうひとつの生き方の系譜を構成してきた社会の基層の人びととの、多相化と分節化をともなった共振関係の上にあった。

しかし、その後、海を越えて広がっていった西欧近代においては、既述した民族性、歴史性の否定とともに、時間の軸に変換された合理性にもとづいて全体を均質化していく、エリートのみが了解可能なモダニズム的美的感覚に支えられた（したがって社会の基層の人びとの日常生活の論理と想像力が封じ込められた）「近代」のプロジェクトが跳梁することになった。そしてモダニティは「一つのまとまりをもった全体であり、時間と空間をこえて一般化しうる共通性をもった思考と実践の組み合せ」（Cooke, 1990＝一九九五：三）として定着することになった。他方、複数の歴史的経験が寄り合う多重空間としての西欧近代は社会の後景に退いてしまった。このようにして進歩への賛美と勤勉・倹約のイデオロギーに支えられた西欧近代が「永遠なもの、不易のもの」となり、西欧以外の近代を席捲することになったのである(3)。

そうなると、「少数者の問題、ローカルなアイデンティティ、非西欧的思考、差異をとりあつかう能力、複線的文化」（Cooke, 1990＝一九九五：三）は貶価されるか軽視されるかである。たとえば、オリエンタルな存在についていうと、西欧人のはるかかなたに存在する理解不能なもの（＝他者）として取り扱われる。つまりオリエンタルな存在が許容されるのは、文化的に異なるレジームである西欧近代を絶対的なものとして受け入れるかぎりにおいてである、ということになる。

だが、われわれがこの間経験してきたのは、そうした西欧近代から出自したモダニティが決定的に揺らいでおり、考えようによっては、そのようなモダニティとの距離をますます広げているということである。実際、そうした距離の広がりとともに、「高級文化と低級文化の溝を埋め、教養のない市民にとって理解・享受しやすい象徴を通じて、両文化を結びつける必要を感じており、また何にもまして……画一的で均質的な普遍性をより異質的でローカルな意識……に置き換え」(Cooke, 1990 = 一九九五：一三七)ようとする感情がもはや覆いがたいものとなって立ちあらわれている。注目されるのは、こうした感情の表出と相俟って、モダニティの両義性へのまなざしが強まっていることである。次節では、モダニティの時間的、空間的フレームに寄りそって、その両義性の内実を検討してみよう。

3 モダニティの時間的、空間的フレーム(1)——「絶対的時間」と「幾何学の連続的空間」

みてきたような二重性＝両義性の自己否定の上に成立した西欧近代は、一般的には、啓蒙の〈知〉とともに語られてきた。リオタールは、その著『ポスト・モダンの条件』において、卓抜した修辞を用いて、これを「大きな物語」——たえず「新しい物語」を呑み込む「終わりのない物語」——と称した(Lyotard, 1979 = 一九八六)。ちなみに、ハッサンは、それをヒエラルキー、支配／ロゴス、創造／全体化／総合、ジャンル／境界、従属、シニフィエ、壮大な歴史、支配的な記号の体系、起源／原因、確定性といった諸エレメンツを組み上げたものとした(Hassan, 1985)。とはいえ、歴史的には、啓蒙の〈知〉／「大きな物語」は、まぎれもなく近代の国民国家の成立、発展とともにあった。少なくとも、そうした国民国家を「重大な社会変動の調整役」(Appadurai, 1996 = 二〇〇四：二二)として特別視する理論の台頭／介在が強くもとめられたのである。

さて、こうした動向の下に立ちあらわれた啓蒙における時間－空間認識は、概ね以下のように述べることができる（吉原、二〇〇二：一八）。

「何よりもまず、それが同質的時間（→客観的時間）と空間の〈絶対性〉とに底礎していたことが指摘されねばならない。モダニティの概念として定着した啓蒙の神話は、時間を社会的時間から切り離し、『時間の細分化』、『社会生活のタイムテーブル化と数学化』（ラッシュ＆アーリ）、畢竟、グリニッジ標準時の発展を促した。それじたい、ニュートニアンの視圏内にある『単線的で同質的で連続的な時間』（ブルデュー）を強く打ち出した。それはまさにソローキンとマートンにはじまって、トムソンにおいて『仕事』への志向から『時間』への志向へと捉えられた『クロック・タイム』を絶対視するものであった。同時に、非連続的な（〈非同型的〉な）実践の航跡／空間物語の豊かな多様性を『幾何学の連続的空間』（ブルデュー）に消去した、『他者性』の排除に立ち『冷徹な合理性』に裏うちされた『正確な地図』（ハーヴェイ）を空間として敷衍した。こうした啓蒙の認識はまぎれもなく『全体化』の質とパースペクティズムの〈専制〉を表象するものであった。」

こうしてみると、啓蒙の時間－空間認識の核をなすのは、均質的に流れる「絶対的時間」と「幾何学の連続的空間」であるが、ここであらためて注目されるのは、そうしたものが国民国家によるナショナルな統合／分化および領土化と深く共振し、いわゆる「中心と周辺」の運動を人びとの身体から脈動づけるものであったことである(4)。ちなみに、ベネディクト・アンダーソンは、上記の「絶対的時間」と「幾何学の連続的空間」が国民《ネイション》を想像し、国民という形式を普及させる上で基底的な要件となった、と述べている（Anderson, 1983 = 一九八七）。詳述はさておき、近代日本の生成にかかわらせて簡明に論じると、「幾何学の連続的空間」は近世末期の地図の作成を嚆矢とする国土空間の創出を介して、また「絶対的時間」は工場、学校、軍隊さらに都市をメディア（＝場）としてクロック・タイムの機制《メカニズム》を人びとに埋め込む（＝身体化／規律化する）ことを通して、国民国家の物語の形成に大きく寄与したといえる（吉原、二〇〇四）。あらためて指摘するまでもないが、啓蒙の〈知〉によって「永遠なもの、不易のもの」としてかたどられた、先に一瞥したハッサンのいうモダニティの諸エレメントも、結局のところ、「絶対的時間」と「幾何学の連続的空間」を規定因とする国民国家の「中心と周辺」の運動に収束するものとしてあったのである。

ここにきて再度問い込まれるのは、みてきたような啓蒙の時間的、空間的認識が自然的時間と社会的時間、つまるところ自然と社会の二分法に原拠していることである。というのも、そこにこそ、啓蒙の〈知〉が単線的な発展図式に傾斜していく一つの有力な素因とともに、それが「構造と主体」という捉え方の基底に伏在する、認識論優位の「没空間の時間論的偏向」（ソジャ）に陥っていく遠因がひそんでいるからである。われわれは、そこからさらに遡って、社会生活の時間性、空間性をニュートラルなもの、均質・均一的なものとみなす認識の起点に戻ることができるし、その裡に「自律的なものだと想像されてきた理性的個人や中心化された主体」／「世界外・存在」としての「啓蒙の理性」が導き出す「政治的な解放のメタ物語」の水源をみつけることができる（Poster, 1990＝二〇〇一）。

いずれにせよ、均一で等速にすすむ時間と死んだ、凝固した空間を絶対視し特権化する時間－空間認識の向う側に、啓蒙の〈知〉に深く足を下ろした二分法の世界に加えて、「構造と主体」というシェーマを基軸に据える〈全体化〉のパースペクティヴがみえてくる。アーリによると、この〈全体化〉のパースペクティヴは、「構造と主体」が内包する諸過程が「国民国家と境界を一にする各々の社会に内在的なものとして概念化されてきた」（Urry, 2003: 6）点に最大の特徴がある。しかし、ポスターがいみじくも指摘しているように、そうした〈全体化〉のパースペクティヴが措定した主体もいまやゆらぎの只中にある（Poster, 1990＝二〇〇一）。注目されるのは、そうしたゆらぎとともに、単数的な諸量の変化とか事象の推移とみなされてきた時間の経験がはなはだバリエーションに富むといった認識や、空間が矛盾に満ちみちているという感覚が高まっていることである。ここから「空間の拡がり（spatiality）」に着目する論調が強まっているのである。

4　モダニティの時間的、空間的フレーム（2）——「拡がりのある時間」と「生きられた空間」

グローバル化の進展によって、人びとの間で啓蒙の時間的、空間的認識に必ずしも同定化されない新たな時間的、空間的感覚が生じている。イメージの移動と電子的メディアが決定的な意味をもつようになる世界で、人びとは、自分たち自身の社会のリズムや歴史以外に多くの時間と空間があることに、また異なった時間のなかで、様々な経路およびパターンを感覚的に共有することで「生きられた時間」の多様性に気づくようになっている。他方、国民国家の領土性にたいしてはこだわりが弱くなっている（↓脱境界化）。こうした状況下で、モダニティはそもそも歴史的にみて平衡からはおよそ遠いものである、といった認識が広がっている。そしていまや、「複合的で重層的、かつ乖離的な秩序である」（Appadurai, 1996＝二〇〇四：六八）といった認識に至っている。

もちろん、こうした認識は本章の冒頭で触れたグローバル化認識、すなわち『グローバル』なるものは……単一の影響群を生み出す」といった主張を相対化する論調とシンクロしながら立ちあらわれている。たとえば、グローバル化にともなって、時間がいっそう迅速化、合理化され、尺度としての性格を強め（↓クロック・タイム化）、結果としてそこを主体的に生き抜く人びとのいわば社会的相互作用としての時間が損なわれるとか、グローバル化による世界の縮小が均一的で標準化された空間を拡げ、感覚的、質的に生きる、まさに身体と結びついた「拡がりのある時間」を呑み込んでしまうといった論議はまぎれもなく向うに置かれるようになっている。

実際のところは、「近代国民－国家の規範的性質を構成している、ヒト、領土、主権の正統性の同型性それ自体が、現代世界を特徴づけるヒトの移動形態に脅かされている」（Appadurai, 1996＝二〇〇四：三四〇）といった状況が進み、時間が〈複数的〉に経過するといった意識が育まれている。そうした意識の高まりとともに、人間は根本的に時間的なものであり、自分自身の意味をその実在の時間的特徴のなかに見出そうとするハイデガーとか、時間を「生成の時間」としてとらえ、身体と結びついているとするベルグソンの理論的立場、また行為、事象、役割のなかに埋め込まれた時間に着目して、過去を変容させ未来に意味を与える「現在の創発性」を強調する、『現在の哲学』におけるミードの理論的立場に関心が寄せられるようになっている（Heidegger, 1929＝一九六〇；Bergson, 1889＝一九九〇；Mead, 1959）。こうした関心のあり様は、ある意味で過去、現在、未来という等分化された「絶対的時間」／「外的時間」とは明らかに異なる、フッサールのいう「内的時間」へのまなざしとして約言することができよう（Husserl, 1966＝一九六七）(5)。

当然のことながら、以上のような動きとともに、空間認識にも新たな動きがみられるようになっている。それは端的にグローバル化の進展にともなって、空間の画一化・均質化の動きが内的差異化・分節化の動きと激しくせめぎあいながら、より多相性と非同型性を帯びたものになっているといった認識として立ちあらわれている。ちなみに、そういった認識を介して浮き彫りにされる空間の重層性については、多様な解釈が加えられている。たとえば、ハーヴェイは資本による場所の再強化がもたらす多様性を、またバシュラールは時間にたいして均質的に流れる量的なものではなく質を与える差異化をそこに含意させている（Harvey, 1989＝一九九九；Bachelard, 1957＝一九六九）。ルフェーヴルはといえば、空間を「白紙のページ」としてではなく、意味を運ぶものとしてとらえ、社会的活動の只中から生じるとともに、社会的活動を再生産するものでもある、と論じている（Lefebvre, 1974＝二〇〇〇）。アーリに至っては、ルフェーヴルに依拠しながら、空間は単なる〈空間〉ではなく、さまざまな空間であり、畢竟、空間的関係であり、空間化であるとしている。ともあれ、人びとの意識の中心を占めるようになっているのは、動き、近接性、特異性、知覚、象徴性、意味とともにある空間である。マッシーはこれを「空間性」と称している（Massey, 1994）。

もっとも、近年は、指摘されるような空間の差異化、重層性を場所もしくは場所性にひきつけて論じる動きが目立っている。たとえば、前掲のハーヴェイは、資本をひきつけるための場所について、トムリンソンは、グローバル化の対抗拠点としての場所――「家庭」および「居間」――について論及している（Harvey, 1989＝一九九九；Tomlinson, 1999）。だが、このところ場所もしくは場所性ということで含意されるようになっているのは、先のマッシーの「空間性」の系につながる、アパデュライのいう以下のようなローカリティである（Appadurai,1996＝二〇〇四：三一八）。

「ローカリティとは、何よりもまず関係的でコンテクスト的なものであって、スケールにかかわるものでも、空間的なものでもない。それは複雑な現象学的属性であり、社会的直接性＝非媒介性の感覚、相互行為の技法、コンテクストの相対性が連続的に結びつくことによって構成されている。この現象学的属性は、ある種の行為性《エージェンシー》や社会性、再生産性のうちに表出するものであり……ローカリティがもつ主要な属性である。対照的に……《近接《ネイバーフッド》》という用語によって、ローカリティが次元あるいは価値として可変的に現実化される、現に存在する社会形態を言い表している。この意味での近接とは、状況づけられた共同体であり、空間的であれ仮想的であれ、現実性と社会的再生産の可能性をその特徴とする。」

もはや明らかである。場所もしくは場所性のリアリティは、いまや「拡がりのある時間」、「生きられた空間」に組み込まれてはじめて現出するのである(6)。そして「国民－国家の時代そのものが終焉を迎えつつある」（Appadurai,1996＝二〇〇四：四八）という歴史認識の下に、モダニティを「ある状態」から「別の状態」への単なる推移としてではなく、両者の間をさまよえる「複合的で重層的、かつ乖離的な秩序」とみなす視点が有力になっている。それでも、モダニティの両義性についてはなお語らねばならない点が多々がある。

5　「創発的なもの」の立ちあがり

これまで述べてきたことを前提とするなら、いま、ここにおいてあえて「絶対的時間」、そして「幾何学の連続的空間」を主張することは、それこそ進歩と発展を至上とするイデオロギーのバイアスのなかにあるということになる。少なくとも、まっすぐに問いが答えにリンクする啓蒙の〈知〉の罠に陥っているといわれてもしかたがない。だが、グローバル化にともなう「時間と空間の圧縮」（ハーヴェイ）とか「瞬間的時間」（アーリ）の一層の進展は、一見したところ、国民国家の機制を外したところで「絶対的時間」および「幾何学の連続的空間」の再埋め込みをうながしているようにみえる[7]。それを全体としてどう理解するかはさておき、ここに今日のグローバルな世界を通底する情報通信技術（ＩＣＴ）の社会への作動面に着目する必要があることはたしかである。

ドゥルーズの『差異と反復』に依拠していうと、情報通信技術が社会を席捲する情報社会／グローバル化社会では、実現されるべきものとの単純で一義的な関係としてあるポッシブルなものにたいして、そうしたものと偶然性をはらんだ多義的な関係としてあるヴァーチャルなものの方が「実質的な」ものになる（Deleuze, 1968＝一九九二）。その結果「世界は複雑に織り合う出来事の連続としてあらわれる」（Capra, 1996: 30）ようになる。われわれはここであらためて情報通信技術を規定因とする電子メディアの役割に注目するわけであるが、さしあたり指摘しておきたいのは、ヴァーチャルなものが上述した「拡がりのある時間」と「生きられた空間」としてあらわれているということである。考えてみれば、このヴァーチャルなものに底在するそうした時間的、空間的経験は、まさにモダニティの電子的社会に特有の「かたち」を示しているといっていい。ここには、先の場所論議でいうと、場所が非場所になり、場所へと反転する相が埋め込まれているし、さらに「グローカル化」のアトラクタということでいうと、「マクロ・レベルの特性に『順応する』能力」(Gilbert, 1995:151) がうごめいている。

そこでさしあたり、人と人との関係の基軸をなしている「創発的なもの」の立ち上がりの相とそこを通底する「節合」(articulation) の存在態様を示すことで、こうした場所の転回とローカルなレベルでみられる「順応する」能力に内在する、「拡がりのある時間」と「生きられた空間」の「かたち」をさぐることにしよう。ここで「創発的なもの」として言及される状態は、複数の主体(変化をもたらす行為主体《エージェント》)が相互作用を介して行為することで、個々の行為を越えて新たな集合的特性／質的に新しい関係が生み出されることを指している。この場合、相互作用によってさまざまなつながりが交互に並び合い、交わり合い、結び合って、「予測のつかない突然の変化」(Urry, 2000: 213) が起こることに視線が向けられるが、大切なのは、変化にたいして構成諸主体が能動的に対応し、より高次の特性を生み出す(＝創発する)という点である。つまり「創発的なもの」の要を成すのは、諸主体間の交流としてある相互作用が新たな変化をもたらし、そうした変化が累積されることで人びとのつながりとか関係が変わり、システム自体の構造が変わっていくプロセスである。

だから、ここでは因果を線形的に描く還元主義に陥ることは基本的にない。むしろ予測不可能な仕方で諸主体が関連し合う際の、諸主体が「ゆらぎ」ながらも、それをより高次なものへと展開していく状態(being)が自覚的に追求されることになる。結局、「創発的なもの」においては、諸主体がたえず変化の過程にさらされながら、相互作用を通じて予期しなかった新しい質の関係をつくり出す行為(doing)が何にもまして重要ということになるのである。

さて、「創発的なもの」を以上のようにとらえた上であらためて問われるのは、「多数の存在の集列、群体、集合」を「創発的なもの」として現象させる、「関係」としての相互作用のなかみである。われわれはここで「節合」という概念にゆきあたるのであるが、それは行為主体の、異主体との交わりを通して獲得された「当事者性」と、社会の側の変容に即して練り上げた「他者性」とのすりあわせの「かたち」/状態としてあるものである。それは内に閉じていかないという特性を有している。つまり諸主体の「自由な越境」をメルクマールとするものである。こうしてみると、「節合」は諸主体の多元的で相互的なつながりを、横に広がる接面(interface)において示すものであるといえる。いずれにせよ、「節合」にはシステムの維持を前提とする「統合」(integration)との決定的な違いがあるし、地域内部での完結性(autonomy)を与件とする「内発的発展」に回収されていかない複層性を観て取ることができる。そしてその内部に抱え込んだ無秩序と不均衡こそ、既述した「創発的なもの」への磁場を成している、と考えられる。

ところでここまで述べてきて、現に「異質なものと共存する」、すなわち「異主体と折り合う」ことを抹消しようとする動き(8)が極端に強まっている世界にあって、みてきたような「創発的なもの」と「節合」が、先の「拡がりのある時間」と「生きられた空間」において担保され／機能していると確信をもって言明することができないことに気づく。むしろ、相互依存関係にあるハイブリッドなさまざまなネットワークやフローが驚くほど多様で対照的な軌道をしるすなかで、「拡がりのある時間」と「生きられた空間」が「絶対的時間」と「幾何学の連続的空間」にたいする否定の上にではなく、そうしたものとの衝突と混交の繰り返しを通して再帰的に立ち上がっているように感じられるのである。

たしかに、グローバル化の進展によって、世界がネグリとハートのいうような「帝国」(Negri and Hard, 2000＝二〇〇三)、すなわちもはや一切のオールタナティヴをも懐胎しない「歴史の状態」(→「歴史の終わり」)へと踏み入るなかで、上述のようなモダニティの再帰性が見えにくくなっている。そしてその分、「拡がりのある時間」と「生きられた空間」という物語《ナラティブ》の表出《エクスプレッション》が難しくなっているといえるかもしれない。それでも、アーリが「グローバルなフラクタル」と呼ぶようなもの(Urry 2003: 98)の基層にそうした物語が埋め込まれていることを観ることはできるはずだ。もちろん、だからこそあらたに、そうした物語の「脱埋め込み」の契機をさぐることが課題になるのである。いま簡単にはいえないが、その場合、人びとがみずからの身体をかけて実践する日々の営みを、上述した「創発的なもの」と関連づけながら、すぐれて時間的、空間的経験を内在するものとして析出することがポイントになる、と考えられる。

6　おわりに——近代批判からモダニティの差異の認識へ

以上、本章では、近代の時間と空間の機制を二つの時間と二つの空間を並び立て、それらを比較考量することによって明らかにしてきた。そしてモダニティの両義性を二つの時間、二つの空間の相克＝拒絶と反転の位相においてとらえた。だが、グローバル化の進展する世界において、二つの時間、二つの空間という問いの立て方[9]自体が問われるようになるとともに、モダニティが「複合的で重層的、かつ乖離的な秩序」として自己転回を遂げるようになっている。そしてあらためて、国民国家の境界化の段階からポスト国民国家の脱境界化の段階をくぐり抜けるモダニティのあり様といったものが取りざたされている。同時に、両義性ということで以前において見出されたものと、現在において見出されるものとの〈差異〉の解明が課題になっている。とはいえ、指摘される〈差異〉はきわめて屈曲していて、簡単に解き明かせるものではない。またそれだけに、課題の大きさといったものを認識せざるを得ない。

本章でこころみた「創発的なもの」、そしてそれに連なる「節合」への言及は、明らかにそうした課題を意識したものであり、それが成功しているかどうかはともあれ、課題解明に向けて補助線を引くという役割を担っていることだけはたしかである。いま指摘できることは、そのような言及によって、社会科学における一連の非線形的な分析とそれらが多少とも視野に入れた「グローバル化」のアトラクタの可能性が浮き彫りになり、さらに線形的な説明図式が上述の〈差異〉の解明以前にモダニティの両義性そのものの解明に向かないことを遠回しに言い当てることができるようになったという点である。しかし、「創発的なもの」、それから「節合」という概念がグローバル化研究（globalization studies）においてどのような位置を占めているかの検証は、その重要性が認識されながらも、まったく手つかずの状態にある。

いずれにせよ、「拡がりのある時間」と「生きられた空間」がモダニティの両義性に深く底礎しながら、「創発的なもの」および「節合」を旋回軸としながら、今日、ある種の交流的社会圏（social sphere）を構成する要件として立ちあらわれているというのが、本章で得た暫定的な結論である。近年、「拡がりのある時間」にしても「生きられた空間」にしても、これらを近代批判の文脈で、つまりコミュニタリアン風に読み解く動きが強まっている。しかしここでの立場からすれば、そうした動きは、まっすぐに問いが答えにリンクする歴史の単線理解の亜流もしくは「裏返し」でしかない。ここでの立論の基礎は、「拡がりのある時間」と「生きられた空間」をモダニティの差異（化）を問うアングルから迫るところに置かれている[10]。

同時に、モダニティの両義性を多様性として認識する近年の動向についても、一言触れておきたい。

こうした多様性認識は、一見したところ、グローバル化が一方で進歩と発展（そして競争）の物語を社会の前景に押し出しながら、その放恣な展開を内部から制約する集合性／関係性をはぐくんでいるといった事況（↓「グローカル化」のアトラクタ）に照準しているようにみえるが、結局のところ、前者が後者を否定する、あるいは前者が後者にたいしてミニマムな内実しか持たせないというような形でグローバル化がより純化したものになっているという現実の動きを肯認してしまっているのである。こうした動向については、何よりも、先に一瞥したモダニティの再帰性のメカニズムに立ち返って鋭意に検討するべきである、と考えられる。

＊本章の一部（1～3）は、吉原（二〇〇七）の第1章を要約的に再構成した上で、あらたに加筆したものである。

注

（1）アーリはこうも言う。「グローバルなものもローカルなものも他方があってはじめて存在する。グローバル‐ローカルなるものは、共生的で、不安定で、不可逆的な関係の集合のなかで発展し、そこでは、それぞれが時間とともに動的に進展する世界規模に広がっている夥しい数の反復を通して変容を遂げている」(Urry, 2003: 84)と。いうまでもなく、この「グローカル化」のアトラクタという概念は、今日のグローバル化の理解にとって鍵を成す、と考えられる。

(2)この点に関連してよく取り上げられるのが近代合理主義の鼻祖として名高いデカルトである。彼はたしかに普遍的な合理性とか理性的主観を強調した。しかしそれらは、アリストテレス的なレトリックにたいする明証性をたしかめようとして得られた「意図せざる結果」であった。古典というものに深く足を下しながら、いつのまにか近代の扉に手をかけていたというわけである。

(3)ここで指摘しておきたいのは、以上のように受容された西欧近代が日本近代の底流を成したために二つの誤謬が生じたという点である。一つは西欧近代に内在する民族性、歴史性を貶価してモデル化することによって、自らの民族性、歴史性につき合わせて批判的に受容する契機を持ち得なかったこと、そしてもう一つは、モデル化した抽象的な理念によって日本社会を「遅れたもの」、「未成熟なもの」として一方的に斬ってしまったことである。だから、批判的に受容しながら、ダイナミズムを自ら創発するという過程がはぐくまれることがなかった。同時に、そうした日本の近代は啓蒙の〈知〉を違和無く受け入れたエリートを写映するものでもあった。

(4)「絶対的時間」と「幾何学の連続的空間」の嚆矢は、大航海時代の教会においてきり開かれた。教会が織り成した時間と働くものが織り成した時間とがせめぎ合うなかで、一方で世界の距離が、他方で時間が等分されるといった時代が幕開けたのである。歴史上、「都市と都市との距離が計測可能な距離により決定され、人間の時間が機械仕掛けの時計によって測られていく世界」(的場、二〇〇七:三四)の到来である。

(5)フッサールの「内的時間」は、的場昭弘によると、概ね以下のようになる(的場、二〇〇七)。記憶のなかで再現される過去は一定の過去の事実としてあるのではなく、現在の書き換えられた記憶として頭に収納されている。同様に、未来は現在から自律して超越的に存在するのではなく、現在とかかわるかぎりで、まさに現在が変化するのにつれて変化する。したがって、こうした「内的時間」は過去、現在、未来という等分された「絶対的時間」／「外的時間」とは明確に区別される。それは過去、現在、未来の区分が中心的な課題となるクロノロジカルな問題設定からは出て来ない。過去はいうなれば引き出しとしてあり、現在によって自由に出し入れができるもの、また未来は現在からのみ想到できるものとしてある。このように「内的時間」は人びとの「生きられた記憶」としての現在に深く関連しているのである。なお、こうした「内的時間」との関連で、ミード、大森荘蔵の時間論を検討するのも有益であろう。

(6)なお、序でに言っておくと、今日、場所および場所性は、どちらかというと領域的なものから離れて定式化される傾向にある。つまり領域的なものへの帰属とかアイデンティティよりはむしろ、多数の領野《ドメイン》にわたる「パフォーマティヴなもの」の只中からあらわれるつながりとか関係を軸にして定式化されているのである(場所→非場所)。通常、指摘されている「脱場所化→再場所化」のプロセスも、こうしたつながりとか関係の文脈で理解するとわかりやすい。

(7)いまグローカル化は世界全体を熾烈な競争下に置くことによって、「グローカル化」のアトラクタを自ら否定するような新たな局面へと踏み出している。そしてそれとともに「絶対的時間」/「外的時間」と「幾何学の連続的空間」が再び社会の前面に躍り出るような状況が生まれつつある。もちろん、それはかつてのように国民国家の物語に丸ごと包絡されたものとしてあるのではない。問題は、そうした状況にあってもなお、外からの規定にさらされ関与を余儀なくされつつ、内から立ち上がる再構成力によって自らを新たな段階へと引き上げる作用素としての内実を、「拡がりのある時間」と「生きられた空間」が帯同し得ているのかどうかという点である。

(8)こうした動きは世界中にいろいろな形であらわれている。挙げればきりがないが、筆者が特に注目するのは、差異論的人種主義に導かれて移民を排撃する独仏の極右政党、これよりはやや折衷的ではあるものの、移民の排除に異を唱えないイギリスのリベラル・ナショナリズムの動き、そしてグローバル・ツーリズムの進展とともに抱え込むことになったキプム(出稼ぎ労働者)をコミュニティを動員して摘発するアジェグ・バリ(バリ復興運動)である。これらは多文化共生が反転して単一文化の希求へと化した格好の事例である。ちなみに、上述の極右政党の動向については斉藤・岩永(一九九六)を、またアジェグ・バリについては、吉原(二〇〇八;二〇〇九)を参照されたい。

(9)考えてみれば、こうした問いの立て方じたい、近代主義的な単線図式の枠内にあるといえるかもしれない。たしかに、それはそれほど単純なフレームのなかに閉じ込めてしまっているわけではない。むしろ問題は、こうした問い方がまさに近代主義的な単線図式を基礎づけている点にある。そしてそうであればこそ、二つの時間、二つの空間をいわゆる二分法のドグマから解き放つ必要がある。二つの時間、二つの空間は「差異と同一化の弁証法」によって緊密にむすびついているのである。むろん、それはモダニティの両義性を貫くものでもある。

　なお、ここでアーリのいう「瞬間的時間」(instantaneous time) について言及すると、上述の弁証法がポスト電子的社会においてどのように作用しているかが明らかになる、と考えられるが、ここでは紙幅の関係で割愛せざるを得ない。詳細はアーリ (2000＝二〇〇六) を参照されたい。

(10) 近代批判ではなくモダニティの差異(化)の認識が重要であるという主張は、筆者がこの間声高におこなってきたものであるが、あまりかえりみられることはなかった。これは日本の社会科学のあり様と深く関連していると思われる。しかしごく最近になって、経験場を踏まえて筆者の主張に共振するものがあらわれている。たとえば、枡潟俊子はその一人である。枡潟(二〇一〇)を参照されたい。

文献

Anderson, B., *Imagined Communities: Reflections on the Origin and Spread of Nationalism*, Verso ＝一九八七年、白石隆・白石さや訳『想像の共同体』リブロポート。

Appadurai, A., 1996, *Modernity at large: Cultural Dimensions of Globalization*, University of Minnesota Press. ＝二〇〇二年、門田健一訳「グローバル文化経済における乖離構造と差異」『思想』九三三号：五―三一；二〇〇四年、門田健一訳『さまよえる近代―グローバル化の文化研究』平凡社。

Bachelard, G., 1957, *La poetique de l'espace*, Presses universitaires de France. ＝一九六九年、岩村行雄訳『空間の

詩学』思潮社。
Baudelaire, C., 1981, *Selected Writing on Arts and Artists*, Cambridge University Press. ＝阿部良雄訳、一九八七年、『ボードレール全集』Ⅳ、筑摩書房。
Bergson, H., 1889, *Essai sur les données immediates de la conscience*, Félix Alcan. ＝一九九〇年、平井啓之訳『時間と自由』白水社。
Capra, F., 1996, *The Web of Life*, HarperCollins.
Cooke, P., 1990, *Back to the Future: Modernity, Postmodernity and Locality*, Routledge. ＝一九九五年、坂井達郎訳『ポストモダンと地方主義』日本経済評論社。
Deleuze, G., 1968, *Différence et repetition*, Presses universitaires de France. 一九九二年、財津理訳『差異と反復』河出書房新社。
Gilbert, N., 1995, 'Emergence in social simulation,' N.Gilbert and R.Conte (eds.), *Artificial Societies*, UCL Press.
Harvey, D., 1989, *The Condition of Postmodernity: An Enquiry into the Origin of Cultural Change*, Blackwell. ＝一九九九年、吉原直樹監訳『ポストモダニティの条件』青木書店。
Hassan, I., 1985, 'The culture of postmodernism,' *Theory, Culture & Society*, Vol2, No.3,119-131.
Heidegger, M., 1929, *Sein und Zeit*, M.Niemeyer. ＝一九六〇年、桑木務訳『存在と時間』上・中・下、岩波書店。
Husserl, E., 1966, *Zur Phänomenologie des inneren Zeitbewußtseins*, (1908-1917), M.Nijhoff. ＝一九六七年、立松弘孝訳『内的時間意識の現象学』みすず書房。
Hutcheon, L., 1988, *A Politics of Postmodernism*, Routledge.
Jessop, B., 2000 'The crisis of the national spatio-temporal fix and the tendential ecological dominance of globalizing capitalism,' *International Journal of Urban and Regional Research*, 24:323-60.
Lefebvre, H., 1974, *La production de l'espace*, Edition Anthropos. ＝二〇〇〇年、斉藤日出治訳『空間の生産』青木書店。

Lyotard, J.-F., 1979, *La condition postmoderne*, Les editions de Minuit. ＝一九八六年、小林康夫訳『ポストモダンの条件―知・社会・言語ゲーム』水声社。

桝潟俊子、二〇一〇年、「近代山村における『空間的実践』」『社会学評論』Vol.60, No.4, 535-552.

Massey, D., 1994, *Space, Place and Gender*, Polity.

的場昭弘、二〇〇七年、「『大きな物語』の再編とポストモダン」『神奈川大学評論』五七、三三―三九。

Mead, G.H., 1959, *The Philosophy of the Present*, Open Court. ＝二〇〇一年、河村望訳『現在の哲学・過去の本性』（著作集九）人間の科学新社。

Negri, A. and Hardt, M., 2000, *Empire*, Harvard University Press. ＝二〇〇三年、水嶋憲一ほか訳『帝国：グローバル化の世界秩序とマルチチュードの可能性』以文社。

Poster, M., 1990, *The Mode of Information*, Blackwell. ＝二〇〇一年、室井尚・吉岡洋訳『情報様式論』岩波書店。

斉藤日出治・岩永真治、一九九六年、『都市の美学』（これからの世界史一三）、平凡社。

Tomlinson, J., 1999, *Globalization and Culture*, Polity. ＝二〇〇〇年、片岡信訳『グローバリゼーション』青土社。

Urry, J. 2000, *Sociology beyond Societies: Mobilities for the Twenty-first Century*, Routledge. ＝二〇〇六年、吉原直樹監訳『社会を越える社会学―移動・環境・シティズンシップ』法政大学出版局。

――, 2003, *Global Complexity*, Polity.

吉原直樹、二〇〇二年、『都市とモダニティの理論』東京大学出版会。

――、二〇〇四年、『時間と空間で読む近代の物語―戦後社会の水脈をさぐる』有斐閣。

――、二〇〇七年、『モビリティと場所―21世紀都市空間の転回―』東京大学出版会。

――、二〇〇八年、「おわりに―バリのイスラム化のゆくえ」吉原直樹編『グローバル・ツーリズムの進展と地域コミュニティの変容』御茶の水書房。

――、二〇〇九年、「アジェグ・バリ」倉澤愛子・吉原直樹編『変わるバリ　変わらないバリ』勉誠出版。

第1章　生活時空間としての「場」

——その歴史的変質

齋藤　道子

1　はじめに

われわれの日常生活は、ある時は電車の中、別の時間には仕事場、さらにまた別の時間には家庭と、時間と空間の座標軸上を動くさまざまな「場」において営まれている。人間が生活を営む時空間としてのこうした「場」は、その特徴として、数学や物理学で考えられるような没個性的で無機質のものとは異なり、さらにはまた単なる生物としての生命維持の場という性質をも超えて、個人的あるいは社会的に意味を持つ、あるいは意味を作り出す時空間という性格を持っている。

これまで時空間あるいは場に関して、様々な分野からの考察や論及がなされてきた。原広司は、空間に対しては古くから、「容器としての空間」と「場としての空間」という性格が考えられてきたと指摘している(原、一九九六：四〇、四八)が、特に氏の指摘する次の二点は、生活空間としての「場」を考える本章においての基本的な前提と一致している。

第一は、空間の「容器性」を代表する概念として取り上げられている「境界」で、特に強調されているその両義性——外部に対して閉じられていると同時に開かれてもいる、原はこれを"clopen"という概念で表現する——である(原、一九九六：四四—四五)。空間の持つこの性質は、のちに引用するG. ジンメルも指摘しているが、本章における重要な前提概念である。

もう一点は、「場としての空間」を論じる中で、アリストテレスの場所に対する考え方の一端として紹介されている「場所に力がある」という考え方である(原、一九九六：四九)。本来生活空間とは、後述するような時空間自身が既に持っている意味や力、あるいは主体的行為者としての人間の意思・欲望などの様々な「力」が作用しあう場所と考えられる。その意味で本章が主題として扱う「生活時空間としての「場」」は、「空間の概念はそれだけ切り離してはならないし、静的なままであってもならない。空間は生産物-生産者であり、経済的な諸関係と社会的な諸関係の担い手である」というH・ルフェーヴルの主張(Lefebvre, 1974 = 二〇〇〇：七)、さらにはM・ジェイが紹介しているV・ベンヤミンやT・W・アドルノらの唱える「力の場(Kraftfeld)」という概念(Jay, 1993 = 一九九六：一—二)と共通性を持っている。

我々の生活の営まれる時空間をこのような「場」として捉えたとき、「場」の形態、機能や性質、行為者としての人間との関わり、さらに「場」に対する支配や管理の形は、歴史的過程を経て今日に至っている。生活の「場」の歴史的過程をたどることによって、「現代」のおかれている状況をあらためて問いなおしてみたい、これが本章のねらいである。

2　現代社会という「場」

まず、われわれが生きている現代の「場」の状況を確認することから始めよう。

街中であるいは電車の中で、携帯電話による会話やメールのやりとり、デジタルオーディオプレイヤーのイヤホンを耳にした人々、こうした姿は今や日常茶飯事、ごく普通のことである。電車で携帯電話に向かって一心にメールを打っている人と隣り合わせた場合、画面を覗いていると相手に思われないように、意識的にそちらを見ないようにした経験、あるいはイヤホンを耳にして電車のドアの前に立っている人に、降りようとして「すみません」と声をかけたにもかかわらず無視された経験は、かなりの人に共通するところであろう。我々がメールを打っている人の手許や画面に目が行ってはいけないように思うのは、そこに他人が踏み込んではいけない「個人」の世界を感じるからであり、一方イヤホンで音楽を聴いている人には、隣に立っている人間の声は聞こえないのであろう。どちらの場合も、電車の中といういわば公共の場であるにもかかわらず、その隣にいる人間との間には壁・境界が存在していると言える。

ジンメルは、「橋と扉」という短いが極めて示唆に富む論文の中で、分割と結合という彼の思想の中核をなす主題に関し、分割されたものを結合するものとして「橋」と「扉」の機能を論じているが、その中で扉に関して次のように述べている。少し長いが引用してみよう。

「始めて小屋を建てた人間は、……連続する無限の空間から一区画を切り取り、これをひとつの意味にしたがって或る特殊な統一体へと形成したのである。すなわち、空間の一部分はそれ自身の内部で統一的に結合されるとともに、それ以外の世界全体から切り離されたのである。しかし扉は、人間のいる空間とその外側にあるいっさいのものとのあいだのいわば関節をなすことによって、ほかならぬこの内部と外部との分割を廃棄する。」(Simmel, 1957 = 一九九八：三八)

われわれが日常接する、携帯メールに向かっている人やイヤホンで音楽に没頭している人は、このジンメルの表現に従えば、公共の空間にいながらにして、メール相手とのコミュニケーションや、演奏しているプレイヤーからのメッセージを受け取ることにより、自分にとって意味を持つ「小屋」空間を造っていると考えることができる。そしてこの「小屋」は扉によって外界(公共空間)と接している。携帯電話機をパチンと閉じて顔を上げた瞬間、イヤホンを耳から離した瞬間、まさにそれまで閉じていた扉が開くのである。

このように現代社会の生活の「場」の特徴として、まず公共の空間に無数の「小屋」、すなわち「個室」が存在していることを指摘することができよう。

さらにもう一つの特徴は、メールの相手やイヤホンで聴いているその音楽の演奏家というような意味を作り出す相手が現実にこの「個室」の中にはいない、すなわち同じ空間に共存していない（演奏家の場合は録音した時と現在との関係を考えれば、時間も共有していないであろう）ことである。換言すれば、目に見えない、その意味で現実感の乏しい相手との間にコミュニケーションが成立し、意味が生まれているのである。

公共空間の中の無数の「個室」、そして共存を必要としない相手との間での意味の生産、これが現代のわれわれが生活している「場」の特徴と言える。

この特徴を産み出すもとになっているのが、携帯電話でのメールに象徴されるインターネットの普及であることは言うまでもない。インターネットにより、われわれは時間・空間の制約をいとも簡単に飛び越えて、空間を共有していない相手とのあいだに意味のある世界を作り出すことができる。空間には無数の「個室」が作られ、意味を生産する無数の主体がいまや地球空間を覆っているのである。

こうした現代社会の「場」の特徴は近々二〇世紀以降の状況であると言える。現代社会の「場」の特質をさらにはっきりと見定めるために、以下本章では人間が生活してきた「場」を歴史的に振り返り、現代の「場」がどのような過程を経て成立してきたのか、という視点に立って、そこからあらためて現代の特質を考えていきたい。

3　固有の性質・意味を持つ空間——歴史的社会の「場」：その一

現代のわれわれにとって、旅行はまさに楽しみである。行く先々の土地にはどんな名所・名物があるのか、われわれは胸を弾ませる。しかし過去においては、見知らぬ土地への旅はまさに命がけの危険な行為であった。古代中国での事例を挙げよう。

一九七五〜七六年にかけて、中国湖北省雲夢《うんぼう》県睡虎地《すいこち》の秦代（前二二一〜前二〇六）の墓から、削った竹の札に文字を記したいわゆる竹簡が大量に発見された。中国古代史、特に戦国・秦漢史の研究に画期的な進展をもたらした有名な「睡虎地秦簡」である。このなかの時日の吉凶に関する占いを中心とする「日書《にっしょ》」と題された一群の竹簡中には、戦国時代（前四〇三〜前二二一）の旅行の禁忌・儀礼に関する記述が含まれていた。工藤元男の研究によれば、出発・帰宅には時日の吉凶が慎重に選択されたばかりでなく、邦門（城壁にある複数の門のうち最も主要なもの）で特別の儀礼が行われた。出発の際には「禹歩《うほ》」という特別の歩き方で、大洪水をおさめるため中国中を歩き回ったといわれる伝説上の聖天子「禹」に旅行中の安全を祈願し、土を取って懐に入れる。帰宅する際には同じく邦門で旅行中携帯していた

「禹符」という護符を地面に投げつけて異境を通過してきた穢れを払い、「禹歩」を踏み、禹に対して帰家の報告もしくは旅行中の加護への謝辞を述べ、その後はじめて門をくぐって城内に入った、という（工藤、一九九八：二一二―二四五）。

この資料は、古代中国人が外部への旅をいかに危険なものと認識していたかをよく示しているが、特に注目したいのは次の二点である。第一は、出発・帰宅に当たって「邦門」という都市の城門で禹への儀礼が行われていることから、城壁が安全な内部と危険で穢れた外部との境界である、という観念が存在したこと、さらに第二には、出発に当たりそこの土が取られていることであり、おそらくこの土は旅行中携行されたと思われる点である。

このうち、まず城壁を境としての内と外の空間の区別に注目しよう。古来、町を城壁で囲むという様式を持たなかった日本とは異なり、中国やヨーロッパなど城壁を持つ社会では都市の創建と城壁の構築とは切っても切り離せない関係にあった。J・リクワートの研究（Rykwert, 1976＝一九九一）による古代ローマの一連の都市創建儀礼と、中国最古の詩集と言われる『詩経』中の「緜《めん》」という詩の伝える古代中国での邑《ゆう》（まち）作りの様子とは、敷地の選定やそのなわばり（範囲の確定）への細心さ、さらに母国の土が新しい敷地に持ち込まれて祀られるなど、かなりの類似を見せている。特にここでの論点に関して共通しているのは、都市の敷地がともに占いという形で「神的なもの」の意志に基づいて決定されていることであり、城壁はその「神」の選んだ範囲を囲むものであった。すなわちここに、安全を保証された城壁内と危険な外部という空間の区別が生じる。上記の「日書」で、旅立ちと帰宅の儀礼が城門で行われているのは、まさしく城壁に開いた門がこの二つの世界の接点であったからであろう。

もちろんこうした外部や見知らぬ土地への恐怖や穢れの感情は、今日から見れば、根源的には、科学的知識やそれに基づく対処法を持たなかった古代人の、圧倒的な大自然に対する人間の無力感や、地理的知識の欠如という事情が背景にあることは言うまでもないが、自分たちのまち（内部）とそれ以外（外部）を決定的に異空間と考える思考は歴史的にその後も根強く存在した。

阿部謹也はヨーロッパ中世の人々の世界観を、人間の手におえない自然界などの大宇宙と、人間が制御できる世界、空間で言えば自分の住む村や町といった小宇宙の二重構造と説明し、外部からの訪問者あるいは大宇宙と小宇宙の接点にいる人――例えば、人間を殺害という形で大宇宙へ送り出す死刑執行人や、家や村から大宇宙へ出ていくゴミを扱う道路清掃人など――への畏怖や恐怖感の存在と、それらがやがて差別へと変化していく様を描いている（阿部、一九九二：二三八―二四九）。これは、ヨーロッパでこうした意識が古代に留まらず、その後も継続していたことを示している。

ここまで見てきた、自分たちのまち（城壁内）は危険な外界から切り取られた安全な空間であるという認識とともに、古代人にはさらにまた自分たちの部族の力は、祖先以来ずっと住み続けている土地から得ている、という観念が存在した。

古代中国では、土地は特定の族・集団と緊密に結びつき、その土地の力がその族の安定した生活と繁栄を保証していると考えられていた。族の力はその土地の力そのものであり、こうした状況下ではたとえ戦争に勝ったとしても他部族の土地を支配占領することはその土地の祟りを招くとして畏れられた。春秋時代（前七七一〜前四〇三）になると、当時多数存在した諸侯国を統べていた周王朝の力が弱まり、諸侯国どうしの戦争が増加し、その結果、敗れた国の少なくとも支配者層が勝者によって強制移住させられる「遷《せん》」という現象が多くなり始める。これは敗者をその力の源である本来の土地から無理矢理引き離すことによってその力を弱め、一方本来の居住者を追い出して誰のものでもないいわば抽象的な空間を作り出すことによって、そこを安定的に自らの支配下に組み込もうという勝者の意図によるものであろう。春秋時代史研究の重要な文献史料である『春秋左氏伝』（別名『左伝』。以下本章では『左伝』と称する）には、こうした「遷」の事例が見える一方、新たな支配者となった諸侯（その土地からすれば余所者）に病気という形でその土地の祟りが起こり、あわててもとの支配者を呼びもどした記事とが同居しており、中国にあってはこの春秋という時代が、政治的意図の前に土地と人間との一体感が、強烈な抵抗のきしみを発しながらも動揺を始めた時代であったことを物語っている（齋藤、一九九五：一七一―一七五、一九〇―一九六）。

土地とそこに住む人間との同様の一体感は、Y・トウアン（Tuan, 1974＝一九九二：一七二）やA・グレーヴィッチ（Gurevich, 1984 ＝ 一九九三：六三）らによってオーストラリアのアランダ族や古代スカンディナビア人の例が紹介されるなど、中国に限らず普遍的なものの見方であったと思われるが、上記の「日書」において注目した第二点目の、旅立ちの儀礼で土を取って懐に入れるという行為は、まさしくこうした観念の延長上で理解されるべきものであろう。部族社会時代の中国では戦士達は自らの部族の発祥の土を持って転戦した、という小南一郎の指摘（小南、一九八七：三三一—三三五）や、J・リクワートの紹介する、古代ローマの町の創建時には新しい敷地の穴の中に植民者達の母国から持ってきた土が投入されたという例（Rykwert,1976＝一九九一：二〇〇）も、同様の観念の反映と考えられる。

ここまで見てきた、自らの住むまちが外部の空間から切り取られた安全な空間であるという意識、さらに極めて移動の少ない時代にあって自らの一族がずっと住み続けてきた土地の力が自らの族の力そのものであるという意識、これらは既に今日のわれわれからはほとんど失われているが、さらに歴史的に見ると、都市の城壁内部はそれだけで既に政治的な意味を持つ空間であった。

春秋時代以前の中国社会は「邑制国家」と表現されるように、邑が国家の主要構成素であり、一邑が国家という都市国家的形態が本来的であったと思われるが、春秋時代になっても周王朝からの封建に起源を持つ諸侯国の形態は、諸侯の住む邑が周辺のいくつかの邑を点として支配する（具体的支配の形式は、諸侯によって大夫と呼ばれる貴族たちに所領として与えられる）というものであり、次の戦国時代以降の領域国家とは大きく異なっていた。こうした中で諸侯の住む邑が本来「国」と呼ばれていた。邑は城壁内の空間と城壁外に広がる郊と呼ばれる一定範囲の空間から成り、郊には被支配者である農民が居住していたが、この郊の範囲は――もちろん邑によって一定ではなかったであろうが――春秋時代の「国」の場合、最大で城壁から二〇～二五キロ程度の範囲であったと考えられる（齋藤、一九九九：八〇―八二）。

この諸侯の住む邑（今でいえば都、当時の概念では「国」）はまさにその国家の政治的機能の中心であった。この「国」において政治的行為はどのようになされていたのであろうか。一般に皇帝による専制支配の典型のように思われる中国にあっても、春秋時代頃までは血縁集団を社会的単位とする氏族制のもとで共同体的色彩が強く、各諸侯国の政治も諸侯個人が恣意的に行うことはできず、同姓一族など共同体の承認を得る必要があった。

そのため春秋時代には、政治的決定とその承認には「盟」が行われた。「盟」とは取り決めたことの遵守を参加者が神の前に誓う儀礼である。先にも挙げた『左伝』によってこの時代の各国の政治的取り決めに伴う盟の行われた場所と参加者を見ていくと、諸侯の祖先を祀る宗廟・公宮・部族発祥の土地を祀る社・大夫の邸（以上いずれも城壁内）において、諸侯・公子・大夫・国人《こくじん》(1)・技術者集団である百工、のすべてかあるいはいずれかが参加して、公権の継承など政治的内容の盟が結ばれている。城壁外の農民は史料から見る限り、こうした盟に参加することは一切できなかったようである。

ここから見て、城壁内という空間は、新しい公の承認、あるいは公権を安定させるための取り決めとそれを確認する盟といった政治的行為に参加できる人々の居住する空間であり、さらにそうした政治的意味を持つ盟の行われる特定の場所を包含した空間でもある。言葉を換えれば、城壁内こそが政治的共同体の空間であり、「国」共同体の成員とは見なされない人々の住む郊とは画然と区別されていたのである（齋藤、二〇〇一：五―八）。

固有の性質・意味を持つ空間として、古代社会における、余所者の土地に対する自分たちの居住地、さらには城壁の外側に対する自分たちの共同体空間としての城壁内、といった区別をこれまで見てきた。これらの空間は、安全で守護された空間であり、政治的にも自分たちの運命を自分たちで決められる共同体の成員の場であった。一言で言えば、そこに住む共同体としての「われわれ」に開かれ、「われわれ」に共有される空間であり、「他者」には閉じられた空間が、古代人の生活の「場」であったといえる。そして同時にこの空間は、前節で見たジンメルの言い方に倣えば、共同体としての「われわれ」のために外界から切り取られた空間であったと言える。

4　行為とそれを行う空間との整合性――歴史的社会の「場」：その二

上記のような古代都市の城壁内部の空間に対する考察、すなわち古代人の生活の「場」としての空間の考察を、もう少し春秋時代の中国を例としながら続けたい。

注目すべきは、ある行為を行う場所が決まっていたことである。

例えば、前節の盟を結ぶ行為でも、盟の内容によってその結ぶ場所が特定されたようである。例えば、盟の中でも太子の決定や新君即位といった公権の継続や継承に関わるものは、諸侯の祖先を祀る宗廟のなかでも太祖廟といわれる初代の廟で行われた（齋藤、二〇〇一：七）。

また、当時の都市・町には「市」と呼ばれる空間があった。ここは城壁内の区切られた一区画であり、この区域内が専ら商業の行われる場であった。しかし同時に「棄市」という語が「死刑」を意味するように、死刑の執行はこの「市」で行われた。さらに桐本東太や相田洋が指摘するように、市には予兆が現れ、また仙人等の異人が出現する場とも見なされていた（桐本、一九八六：四三、一九九五：五〇—五一、相田、一九九七：五三—七二）。

さらに興味深いのは、「衢」や「衡」などの字で中国史の史料上表現される交差点（十字路）や分かれ道、いわゆる「辻」である。『左伝』・『論語』といった史料から春秋時代の様子を見ると、この「辻」では、神の罰がある人間に下ることを求める詛（呪い）や、権力を巡る争いに敗れて殺されたり自殺したりした人間の死体を曝すこと、あるいは孔子が母の殯（かりもがり）を「衢」で行ったという記事があるように死者への儀礼が行われた（齋藤、二〇〇一：一三—一四）。

これらの例はいずれも、行為にはそれを行うにふさわしい場所があったことを示している。そしてこれは取りも直さず、空間は均質ではないこと、つまり空間にはそれぞれ固有の性質があると認識されていたことを物語っている。すなわち上で例とした場を見れば、「宗廟」は支配者である公の歴代の祖先を祀る場であり、その意味でまさにその「国」の継続してきた時間を象徴する場であり、特に太祖廟はその「国」の時間の始まりを象徴する場であった（齋藤、二〇〇一：一八―一九）。「市」は前述の桐本・相田を始めとする多くの研究者によって、その非日常性や異界（水平的には外部、垂直的には天や冥界）に開かれた空間としての性質が指摘されており、さらに「辻」については、笹本正治が日本における辻での葬儀・祭り・占いなどの豊富な例を集め、その「他界（＝異界）との接点」としての性質を明らかにしている（笹本、一九九一）。日本で歴史的に辻で行われてきたことが先の春秋時代の中国と同様の範疇であることからして、笹本の指摘する「辻」の性質は日本・中国に共通であったと見なしうる。さらには阿部謹也が指摘している、自殺者や処刑された人の遺体を十字路に埋めたり、町の入り口の十字路が処刑場だったという中世ヨーロッパの例や、七世紀に成文化されたランゴバルド法や古イギリスの法で、奴隷の解放は以後どこの方向へ行くのも自由である印として十字路で行われた事例（阿部、一九八七：一六）から見ると、交差点・辻にまつわる観念は、時代的にも地域的にもかなり普遍的なものであったことがわかる。

上記のようにある行為がある場所で限定的に行われるのは、では何故であろうか。「場所には特定の性質があるから」だけでは、説明は十分ではない。また『左伝』の記事を手がかりに、それを考えてみよう。

春秋時代、政治的な意味を持つ盟は前述のように城壁内の特定空間で行われたが、二例だけ城門の外、すなわち区域としては城壁外で行われた盟が見える。ともに黄河に近い鄭《てい》という国の話で、有力大夫が一人は争いの結果他国へ出奔、もう一人は乱を起こして追放となった後、前者の場合は鄭伯（鄭の君主）と国人、後者では大夫たちが、城門の外で、これら大夫の追放・排除を確認するためと思われる盟を結んだのである（襄公三〇年、昭公元年）。さらに、孔子の故国として名高い魯《ろ》では、共に城壁外の辻で、一例は大夫のみで、もう一例は大夫と国人とが参加して、盟に背いた際の詛（呪い）を祈る儀礼が行われた（襄公一一年、定公六年）。これらの例はどれも参加しているのは上記の通り、城壁内に住む、つまりその「国」の共同体の成員であって、城壁内の住民である彼らがわざわざ城外まで来てこうした行為を行ったのである。その必然性は何だったのだろうか。

鍵となるのは、これらがいずれも誰かの「共同体からの排除」を目的とした行為であったことである。すなわち、二例の盟の場合はいずれも出奔または追放した有力大夫の排除を確認したものであり、さらに二例の詛も盟に違約した場合、その人間に罰が下ることを神に求める呪いの内容であるが、「贖罪のもっとも要素的な形は、全く純然たる除去なのである」（Mauss, Hubert, 1899＝一九九九：六〇）とあるように、共同体へ仇なす者へのもっとも重い制裁は古代にあってはその共同体からの追放であったとすれば、ここで詛として想定されている罰の内容も追放ではなかったかと考えられるからである。であるならば、有力大夫の自「国」共同体からの排除を、すでにその地点自体が共同体外である城門外（城壁外の空間）で行うこと、さらに城壁外でもことさら異界に開かれた辻で違約の場合その人に降りかかる追放を約する呪いがなされたのは次のように解釈できそうである。行為はそれを行う場所の持つ性格によって象徴化され、意味を付与される。共同体からの追放・排除の盟や呪いを本来共同体外である空間、さらに異界へと開かれ共同体から離れる力の働く辻で行うことで、その排除の対象となった人物の共同体からの排除は現実化され、意味を強められる、と（齋藤、二〇〇一：一七―二二）。

すなわち、新君の即位に伴う盟は「国」の時間の連続を象徴する場の「宗廟」で行われることで「国」の時間の継続を現実化し、権力争いに敗れた者の死体は共同体に仇をなした者として異界へ開かれた辻に曝すことで共同体からの排除を現実化したのであろう。異界とつながると観念された「市」において人間を冥界に送る死刑が行われたのも、また同じく異界との接点である辻で死者への儀礼がなされたのも、すべて行為の目的を十全に達成するためにはそこで行う必要があったのである。商業がこうした中、なぜ「市」で行われたのかは、商業に何ら非日常性を感じない現代のわれわれには理解しにくいが、商業が根元的に持つ外部性を考えれば、異界に開かれた「市」と商業は難なく結びつくのである。すなわち、K・ポランニーは言っている、「交易とはその場では入手できない財を獲得する方法である。交易はその集団にとって外部的な何か」（Polanyi, 1977 = 一九八七：一五九）である、と。

これまで見てきたように、人間は安全な生活の「場」として自分たち共同体の空間を外部から切り取り、さらにその「場」である空間内の各場所に固有の性質を認めていた。その場所の固有の性質・意味は共同体成員によって共有され、行為はそれぞれその目的と合致した性質を持つ場所においてなされることで現実化され、意味が生産されていたのである。人間の移動や移住の極端に少ない歴史上早い時代に典型的に見られるこうした社会では、生活の「場」としての空間と、その中の特定の場所の持つ意味は共同体成員によって共有されていたと言える。

5　「共在・共存」の力——歴史的社会の「場」：その三

前節で述べたことのうち、行為の目的を十全に達成するためにある行為をそれに相応しい性質を有する空間で行ったという点に関して、「共在・共存」することが持っていた意味をもう少し考えてみたい。

行為を相応しい空間で行うとは、人間がその場へ行って行為をするのであるから、「その空間と共に在る」ことである。「その場に行ったことにして」でも「その場に行ったつもりで」でもなく、実際に足を運んでその場と物理的に「共在・共存」することである。何故「共在・共存」することが必要なのであろうか。

人間行動が何らかの有効な形を持つためにはかなりの程度まで外在的情報による制御、すなわち「象徴的型板 (symbolic templates)」が必要だ、と述べたのはC・ギアーツ (Geertz, 1973 = 一九八七：四〇—四二) である。現代のわれわれでも、憧れのスターのまねをすることは決して珍しくはない。特にスポーツの場合、優秀な選手のスタイルを模倣することは実際的に有効でもあろう。ただその場合、模倣している側は自分と模倣のモデルを対置的に捉えており、自分とそのモデルが別人であることを認識している。「彼のように打つ」「彼のようなシュートがしたい」のである。ところが古代人においては自己とモデルは同一化すると言われる。

K・ケレーニイは、古代人の自我は他者との区別が明確でなく、過去の存在を反復《模倣》するが、その《模倣》とは今日的意味を超えてまさに神話的に同一化することであった、というトーマス・マンの説を紹介している（Kerenyi, 1963＝二〇〇〇：四二）が、E・カッシーラー(2)も、神話や宗教的儀式では象徴と象徴されるものとの区別がなく、「写像」はその「原型」を代表するのではなく、むしろ「原型」そのものであり、「原型」と同じ力があたえられる、と述べている（Cassirer, 1925＝一九四一：三六）。

ケレーニイの引くトーマス・マンやカッシーラーに従えば、古代人は型板としての象徴と一体化する。さらに加えて、カッシーラーは、神話的意識では因果は因子間の相互関係としてではなく、具体的個物の変態（Metamorphose）として説明され、単なる共在の関係が直ちに因果の関係と同一視され、燕が夏と共に現れることから燕が夏を将来すると考えられる例はまさにそれである（Cassirer, 1925＝一九四一：四一―四二）、としているように、古代人の神話的意識では、「何かになる」という変化には、その結果（型板）との共在・共存は不可欠だったとする。

こうした理論を裏付ける現実例は、中国の西周（前一一世紀頃～前七七一）・春秋時代の社会で確認することができる。

西周時代の、周王が家臣に官職を命ずる儀礼では、今命を受けようとしている臣の祖先に昔の周王が与えた命の言葉をそのまま現在の王が繰り返すことで過去の君臣関係を現在に復元し、先祖の職位をそのまま認める継承と反復の原理が貫かれていた（小南、一九九二：二〇—二二）が、ここには先王の言葉をそのまま発する「模倣」と、この儀礼の行われる場が先王を祀る宗廟であったことからして、先王との「共在」がみえる。周王がはじめにその命を与えたそこに祀られる先王と一体化することにより、この君臣関係が現実化・有効化されるのである。さらに即位儀礼においては、一族固有の楽器を演奏することで祖先を呼びだし、その型板たる祖先と共在し一体化することによって新君が誕生したと考えられたのである（齋藤、二〇〇二）。

すなわち古代社会における、カッシーラーのいう「神話的意識」（Cassirer, 1925＝一九四一：四二）のもとでは、行為を有効化しそこに意味を生産するためには、象徴との共在・共存が不可欠であったのである。

6　「共」空間としての帝国——歴史的社会の「場」：その四

これまで主として中国の春秋時代を例としながら見てきた二つの空間認識——自分たちの町や村を外界から「われわれ」のために切り取られた安全な空間と見る認識と、固有の場所ごとの意味を共同体成員が共有し、その空間の力の場で行うことで行為が有効化されると考える認識——は移動の少ない古代もしくは古代的社会にあってはかなりの普遍性を持っていたと思われるが、歴史的にこの二つの観念を比べれば、前者の方が時間的にも早く、さらにより強い程度で解体が進んだように思われる。この前者の観念が解体していく時期や原因は地域によって異なり、ここではそれらを詳しく論ずる紙幅上の余裕もないが[3]、その解体と表裏をなすのが、それまでの「われわれ」の空間という世界を超える領土を有する領域国家の成立と発展であった。中国史で言えば、戦国時代（前四〇三〜前二二一）から始皇帝の統一（前二二一）による秦帝国、それを受けた漢帝国（短期間の中断はあるが、前二〇二〜後二二〇）の時代がその時期に当たる。

面としての領域を有する領域国家の成立は、それ以前のいわば都市を構成素とする国家と比べて、生活の「場」にどのような変化をもたらしたのであろうか。

まずそれまでの「われわれ」の世界（都市・町・村）——外部と隔絶された安全な空間——は、領域国家としてのより広い境界の中で同様な他の「われわれ」の世界と並置される。「われわれ」はより多数の、その新たな国家を構成する以前より多数の「（新しい）われわれ」の一部となる。強制によるものも含めて、以前に比べ（あくまでも相対的にではあるが）増加する人の移動や移住によって、「（それまでの）われわれ」世界への流入者、そこからの流出者の出現は、「（それまでの）われわれ」共同体の成員を結びつけていた絆（中国を例に取れば血縁）を弱体化させる。さらにそれぞれの共同体での耕作を始める時など何かをなすべきタイミングは、自然の動きをモデルとし、基本的にホライズン・カレンダーに依拠していたため原則的には局地的な閉じた空間でしか機能しない「感じられた時間」であった（松本、一九九五：一九、二五）が、新しい領域国家ではそうした固有の土地・共同体と結びついた時間に替わる、領域全体に通用する尺度による時間が必要となる。中国で領域国家が成立してくる戦国時代に、それまでの観象授時暦に替わって暦法計算による暦が出現する（平勢、一九九六：一二八）のは、まさしくそれに対応する動きと言える。すなわちそれまでの閉じられた「われわれ」空間を複数（多数）包含する、新しい「共」空間、新しい「われわれ」集団がここに成立してくることとなる。

ジンメルは、食事という生理的な原始性と不可避的な一般性とを持つ出来事が共同の食事、すなわち共食化によって社会的相互作用の領域となり、それとともに時間やマナーといった秩序の原理、規制が現れると述べる（Simmel, 1957 ＝一九九八：二八八―二八九）。「共」であること、「共」にすることが秩序や規制を不可欠のものとするならば、この新しい「共」空間には、当然それまでの個別的・閉鎖的な「われわれ」空間とは異なる、より普遍的な秩序や規制が必要となる。そしてそれをもたらすのは、「政治的共同体の存在そのものにほんらい備わっているもの」、「集団に属すものであり、集団が集団として維持されているかぎりにおいてのみ存在しつづける」（Arendt, 1969 ＝二〇〇〇：一四一、一三三）と言われる「権力」である。

「権力はつねに数を必要とする」（Arendt, 1969 ＝二〇〇〇：一三〇）というH・アーレントの主張に従えば、新しい領域国家の権力はそれ以前の閉じられた「われわれ」空間における権力より遙かに大きいものになる。この新しい領域国家は、そこに属している人間の共生の場であるという点で公的なものであり、そこに属する人にとってまさに「世界」であるという点では、それまでの閉じられた「われわれ」空間と共通するが、その規模は遙かに大きい。アーレントは、こうした「世界」とそれに関与する人々を、テーブルとその回りに集まる人々とに喩える。テーブルはその回りの人々の介在者として、人々を結びつけると共に適当な距離を取らせる分離の機能を果たしている（Arendt, 1958 = 一九九六：七八―七九）。このたとえは国家の本質を極めて巧みに表現している。すなわち国家はその住人にとっての共生の場という生活空間（「テーブル」）であり、同時に先のジンメルを引き合いに考えれば、共食のテーブルにおけるマナーと言える制度・法律・規範を権力が準備することで集団の秩序を維持し、人々を集団（テーブル）に結びつけ、マナーを共にするものとして人々同士を結びつける。奥村隆が述べるように、権力は人間関係の「ミクロ」の領域でも媒介性の回路として働きうる（奥村、二〇〇二：一八）のである。

いまや新たな領域国家の権力に求められるのは、神的なものの守護のもとで外界から切り取られ、閉じられたかつての生活の場・空間を複数含んで成立したより大きなテーブルの安全と秩序の維持と保証、以前の血縁という閉じられた絆では結びつくことのできない人々にも広がった新しい集団を、相互に、さらにはそのテーブルに結びつける新たな絆の構築である。そして、一点からの多数者の支配をより容易にするのは均整的な配列であり、均整の傾向はすべての専制的な社会形式に固有である（Simmel, 1957 = 一九九八：二四一）とされるように、拡大した領域というテーブルに集まる人々を最も効率的に一点からの命令・法・時間枠としての暦によって把握し、相互に結びつける制度として顕現した権力が、いわゆる「帝国」であろう。

中国を例とすれば、漢帝国では官僚制のもと、一人の皇帝による一般人民の「個別人身的」支配（西嶋、一九八三：四六六）という、「それが象徴するのは社会の完全に均整のとれた構造」（Simmel, 1957＝一九九八：二四二）のピラミッドの型をした権力構造が現出する。さらに中国王朝における皇帝による暦の配布という形での帝国全土の時の管理は、清王朝（後一六四四〜後一九一二）を例として川原（一九九九）によって明らかにされているとおりである。

しかし確認しておかなければならないのは、こうした以前の「われわれ」共同体の権力とは一見異なる様相を示しているような帝国（領域国家）も、実は外部から切り取られた安全な「生活の場」という空間の性質は変わっていないのである。一九世紀以前の「大帝国」が個々の土俗共同体間の差異を温存しつつ、ある統合的な抽象力によって「全体化」されたものであり、かつその「全体」は絶えず自らの拡大を欲望し続けるもの（松浦、一九九七：四九）であるとしても、現実の歴史上に現れたいずれの帝国もその領域は広大とはいえ――理念上は別としても[4]――現実政治的には境界の内部に広がる。その有限の空間がその国の人々の「公共」の場であり、その安全はかつての「神的なもの」にかわって権力が保証する。共同体という「公共」の場を構成する人々を結ぶ絆は、かつての血縁に替わって、権力によって一元的に産出される法・規則・暦といった媒介物の役割となる。すなわち、かつての古代的な「われわれ」共同体と帝国に代表される領域国家とは、大きさこそ異なるものの、形としては相似形である。

こうして、古代人の空間認識のうち、自分たちの空間を外部から切り取られた安全な空間とする意識はより拡大された相似形の形に変化していく。一方もう一つ古代社会に顕著に見られた固有の空間に固有の性質を認めるという意識は、先に引用した中世ヨーロッパの例や日本の辻の諸例から見て、領域国家でも弱まりつつも残存したことは間違いない。

7 「共」の不在化とその意味するもの——現代社会の「場」

歴史的な回顧からようやくわれわれは再び現代に目を向けなければならないところに戻ってきた。歴史上で「帝国」と呼ばれるものは二〇世紀を最後に姿を消してゆき——中国最後の王朝である清、ハプスブルク帝国、オスマン帝国など——もはや今は存在しない。そして今、古代から「帝国」の時代まで続いてきた人間の生活の「場」が持つ本質は、この現代において、著しい、かつてない変化に直面していると言えそうである。

本章の第二節では、現代の「場」の特徴として、公共空間の中の無数の「個室」と、共存を必要としない相手との間での意味の生産、という二点を指摘した。ここまで考察してきた人間の過去の生活の

「場」と比べて、こうした特徴を持つ現代のわれわれの生活の「場」はどこが異なっているのかを改めて考えてみたい。

まず現代の「場」の第一の特徴である、「公共」空間の中の無数の「個室」の存在から考えよう。公共空間とは本来そこに共在する人間がその場の意味・ルールを共有する場であった。現代社会でも例えば道路は人や車の通行するための空間であり、相手とぶつからないように注意すべき場であり、事故を未然に防ぐべくそこでの行動は法律で定められている。しかし公共の空間にいながら携帯電話でメールを送受信するなど個人的な意味を生産する私的な「個室」空間を作っている人にとっては、例え自分のいる場所が道路や電車の中といった公共空間であろうと、実際にはその公共の場の意味を共有していないと言える。

かつて人間は「われわれ」のために外部から空間を切り取って「まち」という「われわれ」の世界を作った。その「まち＝世界」空間内の様々な地点・場所の持つ固有の性質はその成員に共有され、行為の目的はそれに相応しい場所で行うことによって十全な達成が期待された。帝国の時代になっても、その領域内の人間の生活の場として帝国は公共空間であり続けた。公共空間としての帝国の秩序は、皇帝など絶対権力者から一元的に出て帝国の隅々にまで行き渡る法律や命令あるいは規範・暦で維持された。すなわちこれまで、都市や国家といった人間生活の「場」である空間は本来的に共有されるものであった。これに対し、今日見られる状況は、本来意味を共通にすべき空間内での意味を共有しない人の増加である。換言すれば空間的「共；com」の不在化・喪失の方向性である。先にジンメルを引いて見たように（Simmel, 1957 = 一九九八：二八八―二八九）、規範が「共同」であるがゆえに必要なものならば、その「共」空間の減少・縮小は社会規範の働く場の減少・縮小を意味する。とすれば、今われわれの前に起こっていることは、「集団が集団として維持されている限りにおいてのみ存在しつづけ」（Arendt, 1969 = 二〇〇〇：一三三）、「共」空間を律する規範を産みだし、「共」空間の人々を結びつける媒介物であった「権力」の存在基盤に関わることではないだろうか。

ハプスブルク帝国の崩壊していく時期に生きたF・カフカの短編「皇帝の綸旨（Eine kaiserliche Botschaft）」では、瀕死の皇帝から「きみ」への秘密の綸旨を託された使者はいくら努力しても帝国の首都から抜け出せない状況が描かれる。ハプスブルク帝国の解体と没落はいたるところで非領域化の運動を強めた（Deleuze, Guattari, 1975 = 二〇〇〇：四四）と言われる。松浦寿輝はこの短編にインターネット時代への予見性を認めている（松浦、一九九七）が、この短編でカフカは領域という権力の働く空間が解体していくことによる権力（ここでは皇帝に象徴されている）の無意味化を暗示しているのかもしれない。

では現代社会に見られるもう一つの特徴の、共存を必要としない相手との間での意味の生産は、これまでの「場」と何が異なるのであろうか。

すでに見たように、意味の生産と行為の有効化には、相手あるいは目指す意味や性質を具象化しているものとの「共在・共存」――空間の共有――が必須であった。古代中国で旅の安全には本来の住地の土を旅行中携帯することが必要であったのは、まさにその典型であろう。電話という遠距離通信を可能にする機器の登場もこの状況を根本的に変化させることはなかった。なぜなら、話す相手（意味を生産する相手）は目には見えないものの受話器の向こうに同時に存在しているのであり、共在する空間が拡大しただけと理解できるからである。

これに対し現在の状況はどうであろうか。送られたメールはいつでも受け手の都合のよい時間に読むことができる。ここでは既に、共在・共存の基本要件である同時性が失われている。さらに一面識もない、全くの未知の人どうしでのネット上での商取引は、売り手・買い手双方ともかつて一度も空間を共有したことのない相手との取引であり、さらに買い手にとっては一度も実物を見たことがない（その商品と「共存」したことがない）商品の購入である。ここにもまた先の現代の「場」の第一の問題として指摘した「共」の不在が現れている。

一度も会ったことがなく、空間的に目に見えない、時間的にも共存していない相手との交信によって物品の交換や情報の入手といった価値や意味が生産されるという現代の「場」の第二の特徴の意味するところをさらに考えるならば、その相手あるいは提示されている商品を信用するか、というわれわれの判断は、全くその実物を知らないまま、いわば「仮象」に対して下されているのである。そこでは、価値が確実に生産されるのか（支払った代金に見合う商品を手に入れられるのか）、意味が生まれるのか（十全に果たされる約束が結べるのか）は、きわめて頼りない不確実性の上におかれている。これは現代のわれわれの生活の「場」が、行為の相手と共在し、相手や商品を実際に自分の目で見ることのできる場であった「土地・地面」から遊離し、いわば空間にふわふわ頼りなく浮いている状態を連想させる。

今でもわれわれは物理的には「土地・地面」の上で生活しているが、土地自身の性質・意味を感じながら生活の「場」としてきた「土地」、部族が自分たちの力の源泉と信じた「土地」、土地と人間行為の間に意味のキャッチボールがなされて行為の有効化が確信された「土地」、こうした「土地」から現代のわれわれはかつてないほど遠ざかってしまったようである。

かつて筆者が住んだ町（神奈川県）では、大晦日の夕方に家族の頭を小さな御幣で触れ、その御幣を三叉路に立ててくる風習が今も行われていた。これは一年間の穢れを御幣に移し、その穢れを「逢魔が時」である夕暮れ時に、異界との接点である三叉路（辻）から異界へ流すものであろう。しかしこの風習の持っている意味は今やほとんど忘れ去られ、それを行っている人も何故、この時間、この場所に御幣を置くのか、を考えることもない。財の対象としてではない、土地と人間との「交流」は、今や本来の意味を忘れられた単なる風習として、形式的にわずかに残っているだけなのかもしれない。

8　おわりに

現代のわれわれの生活の「場」は、「権力」の存在基盤である「共」空間の不在化への方向性、さらに土地からの乖離という二つの特徴を呈している。

二四時間どこの地域とも交信可能なインターネットの普及により、自己の支配領域内の時間を管理していた「支配者」の手から時間がすり抜けていくことは以前拙稿で論じたが（齋藤、二〇〇〇：一五―一九）、時間だけでなく、自らの存立基盤としての「共」空間の縮小・減少という危機に「権力」はいまや直面している。

共存が本来の価値として求められず、秩序の欠けている「共同食卓」では「共存そのものは、いかなる自立的な意味ももたず、いわば魂をもたないのであり、したがって装飾や作法も、厭わしい官能的な飲食の過程、さらには醜悪ともいえる過程にたいし、もはやいかなる遮蔽をも提供しえない」（Simmel, 1957＝一九九八：二九一）、さらに「権力のいかなる減退も暴力への公然の誘いである」（Arendt, 1969＝二〇〇〇：一七五）という警鐘を、今われわれはどう受けとめるべきなのであろうか。

注

（1）『左伝』などの史料中ではその具体的に指している対象は時によって異なり、支配階層から商人までかなり広い社会階層を含むが、いずれにしても城壁内部の居住者である。

（2）本章で引用した「カッシーラー、一九四二」では「カッシラア」と表記されているが、本章では「カッシーラー」に統一した。

（3）例えば中国では、先に触れたように春秋時代から増加する「遷」や、戦国時代から秦帝国にかけて整備されてくる郡県制の発展などがこの観念を動揺させ、弱体化させていったと思われるが（齋藤、一九九五：一九六）、一方ヨーロッパに関しては、阿部謹也は大宇宙と小宇宙の一元化は一二～一三世紀にキリスト教の普及によってもたらされたと述べている（阿部、一九九二：二四六）。

（4）中国では「天子」という言葉が示すとおり、中国皇帝は「天子」として世界を徳化する存在とされており、自国と対等の他国の存在を清朝の時代まで認めてこなかった。

文献（本章で使用し、引用頁を示したものが初版第一刷でない場合、初版の出版年をカッコ内に示している）

阿部謹也、一九八七年（二刷）（一九七八年）、『中世を旅する人びと——ヨーロッパ庶民生活点描』平凡社。

——、一九九二年（三刷）（一九九一年）『ヨーロッパ中世の宇宙観』講談社学術文庫。

Arendt, H., 1958, *The Human Condition*, University of Chicago Press. ＝一九九六年（五刷）（一九九四年）、志水速雄訳、『人間の条件』ちくま学芸文庫。

——, 1969, *Crises of the Republic*, Harcourt Brace Jovanovich, Inc., New York. ＝二〇〇〇年、『暴力について——共和国の危機』みすずライブラリー、みすず書房。

Cassirer, E., 1925, *Philosophie der symbolischen Formen*, Zweiter Teil, Das mysthische Denken; Bruno Cassirer, Berlin. ＝一九四一年、矢田部達郎訳、『神話——象徴形式の哲学　第二』培風館。

Deleuze, G., Guattari, F., 1975, *Kafka*, Les Éditions de Minuit, Paris. ＝二〇〇〇年（一五刷）（一九七八年）、宇波彰・岩田行一訳、『カフカ——マイナー文学のために——』叢書・ウニベルシタス、法政大学出版局。

Geertz, C., 1973, *The Interpretation of Cultures*, Basic Books, Inc. New York. 一九八七年、吉田禎吾・柳川啓一・中牧弘允・板橋作美訳、『文化の解釈学Ⅱ』、岩波現代選書、岩波書店。

Gurevich, A., 1984, *Categories of the Medieval Culture*, Izdatelstvo "Iskusstvo", Moscow. ＝一九九三年（二刷）

(一九九二年)、川端香男里・栗原成郎訳、『中世文化のカテゴリー』岩波書店。

原広司、一九九六年、「空間の基礎概念と〈記号場〉——空間の比較社会学に向けて」『岩波講座　現代社会学　第六巻　時間と空間の社会学』岩波書店。

平勢隆郎、一九九六年、『中国古代紀年の研究——天文と暦の検討から』東京大学東洋文化研究所。

Jay, M.,1993, *Force Fields*, Routledge, New York. ＝一九九六年、今井道夫・吉田徹也・佐々木啓・富松保文訳、『力の場——思想史と文化批判のあいだ』叢書・ウニベルシタス、法政大学出版局。

川原秀城、一九九九年、「「正朔を頒つ」——皇帝による暦の管理」佐藤次高・福井憲彦編『地域の世界史六　ときの地域史』山川出版社。

桐本東太、一九八六年、「市にさけぶもの——中国古代の市と予兆」『史学』五五—四。

——、一九九五年、「中国古代における市の位相」『史学』六四—三・四。

Kerenyi, K., 1963, *Die Religion der Griechen und Römer*, Droemersche Verlagsanstalt, München/Zürich. ＝二〇〇〇年、高橋英夫訳、『神話と古代宗教』、ちくま学芸文庫。

小南一郎、一九八七年、「社の祭祀の諸形態とその起源」『古史春秋』四。

——、一九九二年、「天命と徳」『東方学報』六四。

工藤元男、一九九八年、『睡虎地秦簡よりみた秦代の国家と社会』創文社。

Lefebvre, H.,1974, *La Production de l'espace*, Anthropos, Paris. ＝二〇〇〇年、斉藤日出治訳、『空間の生産』青木書店。

松浦寿輝、一九九七年、「帝国の表象」山内昌之・増田一夫・村田雄二郎編『帝国とは何か』岩波書店。

松本亮三、一九九五年、「時間と空間の文明学——感じられた時間と刻まれた時間の視点から」松本亮三編『時間と空間の文明学Ⅰ』花伝社。

Mauss, M., Hubert, H., 1899, Essai sur la nature et la fonction du sacrifice. ＝一九九九年(四刷)(一九八三年)、小関藤一郎訳、『供犠』叢書・ウニベルシタス、法政大学出版局。

西嶋定生、一九八三年（復刊第二刷）（一九六一年）、『中国古代帝国の形成と構造——二十等爵制の研究』東京大学出版会。

奥村隆、二〇〇二年、「社会を剥ぎ取られた地点——「無媒介性の夢」をめぐるノート」『社会学評論』五二—四。

Polanyi, K.1977, *The Livelihood of Man.*, Academic Press, Inc., New York. ＝一九八七年（一〇刷）（一九八〇年）、玉野井芳郎・栗本慎一郎訳、『人間の経済Ⅰ——市場社会の虚構性』岩波現代選書、岩波書店。

Rykwert, J., 1976, *The Idea of a Town*, Faber and Faber, London. ＝一九九一年、前川道郎・小野育雄訳、『〈まち〉のイデア——ローマと古代世界と都市の形の人間学——』みすず書房。

齋藤道子、一九九五年、「古代中国における土地と人間」松本亮三編『時間と空間の文明学Ⅰ』花伝社。

——、一九九九年、「春秋時代の「国」——「国」空間の性質とその範囲」『東海大学紀要文学部』七一。

——、二〇〇〇年、「時間と支配——総説」齋藤道子編著『時間と支配——時間と空間の文明学』東海大学出版会。

——、二〇〇一年、「春秋時代の境界空間と秩序——「国」の空間構造」『東海史学』三五。

——、二〇〇二年、「祖先と時間——宗廟・祭器に込められた春秋時代の時間観念」『東海大学紀要文学部』七七。

笹本正治、一九九一年、『辻の世界——歴史民俗学的考察』名著出版。

Simmel G., 1957, *Brücke und Tür, Essays des Philosophen zur Geschichte*, Religion, Kunst und Gesellscaft, im Verein mit Margarete Susmann herausgegeben von Michael Landmann. ＝一九九八年、酒田健一・熊沢義宣・杉野正・居安正訳、『橋と扉〈新装復刊〉』白水社。

相田洋、一九九七年、『異人と市——境界の中国古代史』研文出版。

Tuan, Y., 1974, *Topophilia*, Prentice-Hall, Englewood Cliffs, New Jersey. ＝一九九二年、小野有五・阿部一訳、『トポフィリア——人間と環境』せりか書房。

第2章　遠近法と調性の空間

和泉　浩

1　はじめに

近代（モダニティ）にかかわる問題として「空間」が取りあげられるとき、空間として想定され、また批判的検討の対象になるのは、多くの場合、遠近法的に構築された空間、あるいはそうした空間が前提とする碁盤目状に分割された空間である。こうした場合の遠近法的な空間とは、厳密に図学の技法にもとづいて描きだされた空間（対象）というよりむしろ、均質的で中立的な空間を意味しており、数的に（量的に）構成され、抽象化・全体化されたものであると同時に、一つの視点（視線）からとらえられた空間をさしている。そして、この遠近法的な空間に関してしばしば問題にされるのは、そのなかに（共通の尺度のもとに）位置づけられた対象とそれをまなざす主体とのかかわり、その空間そのものや対象の客観性の構築にかかわる権力や排除の問題であり、また、均質的なもの、あるいは合理的な空間ではとらえることのできない、多様な存在をめぐる問題である。

このように遠近法的な空間をとらえた場合、それはたんなる絵画の一つの技法の問題ではなく、ある種の時間概念と結びついた、まさに「近代」そのものにかかわる問題となる。このため、美術史のみならず、哲学や思想、社会理論、地理学、映像や視覚文化についての研究などさまざまな領域において、とりわけミシェル・フーコーやジャック・ラカンらの研究をもとに、近代の遠近法的に構築された諸空間における、まなざしと主体についての多彩な議論が展開されているのである。

こうした近代における遠近法的空間にかかわる諸問題は、きわめて重要かつ興味深いものではあるが、本章では、遠近法的空間ということで、おそらく上記のような文脈においてまず思い浮かべられ、また既にさまざまな形で論じられている主体やまなざし、あるいは真理などについての問題ではなく、遠近法（線遠近法）の空間と音楽における調性の空間との関係について考えてみたい。

このように芸術の「技術」に焦点をあてることは、多様な広がりや含意を持つ問題を、あまり有益でない形で狭めてしまうように見えるかもしれないが[1]、遠近法が近代について考えるための重要な素材となっているように（たしかに、遠近法が近代の視覚中心主義にかかわるものだとしても、それゆえに）、芸術における技術の問題を考えることは、芸術のみならず、それ以外の領域について考えるうえでの興味深い視点や素材を提供してくれるであろう。芸術の技術としての遠近法と調性の関係を考えることで、そうした考察のための素材を再考する糸口の一端を示し、さらに（近代における）合理化や均質化はけっして一枚岩的なものではなく、また単純に質的なものと対置することができないことを示すことが本章のねらいある。

ところで、この西洋近代における調性と遠近法は、これまで、たとえばマックス・ウェーバーが『宗教社会学論集』の「序言」において、西洋近代合理主義の特殊性があらわれているものとしてこの二つをあげているように、しばしばならべて論じられてきた。遠近法と調性がならべて取りあげられるのは、まず、その両者の歴史的展開が重なり合っているようにみえるからである。遠近法はルネサンスに誕生し、一九世紀後半から二〇世紀初頭に崩壊した。これと同じように調性も、ルネサンスから古典主義時代にかけて体系化され、一九世紀後半から二〇世紀初頭に崩壊した。このため、調性と遠近法の歴史的展開は一見、軌を一にしているようにみえる。また、その両者の合理的に秩序づけられた体系としての性格も、まさに近代的なものとして、共通しているようにみえる。さらに、ルネサンスにおける芸術の理想は、部分とその総和としての全体、ミクロコスモスとマクロコスモスの数学的比率にもとづく調和（ハーモニー）にあったが、時代や文脈によりさまざまな意味を持つ「ハーモニー」という表現が、その「数比」による基礎づけと「協和」という点において、近代の「和声」（ハーモニー）、そして「調性」を想起させるのである。

これらのことから、遠近法と調性はしばしば結びつけて考えられることになる。しかし、その両者には共通する面が存在するとはいえ、それらの歴史的展開においても単純に並置することができないことは、つぎのことを考えるだけでも明らかになる。ルネサンスの絵画の特徴として遠近法をあげることは可能であるが、ルネサンスの音楽を調性音楽とみなすことはできない。

たしかに調性音楽の萌芽といえる要素は、ルネサンス音楽のなかにさまざまなかたちで見出すことができる。しかし、調性音楽の誕生は一七世紀以降、つまりバロック以降のことである。さらに、遠近法はルネサンスにおいて、実際にその技法を用いて多くの絵画が描かれただけでなく、アルベルティやピエロ・デラ・フランチェスカらの多くの人たちによって考察され、その理論的基礎が築かれたが、近代音楽における和声理論の基礎を築いたとされるジャン・フィリップ・ラモーの『和声論』が発表されたのは、ヨハン・セバスティアン・バッハが『平均律クラヴィーア曲集第一巻』[2]をまとめた、一七二二年のことである。また、遠近法はルネサンスにおける絵画の特色の一つであり、さらにルネサンス以降の近代の絵画を象徴する技法とも言えるかもしれないが、このようにある時代の特色をなす技法として調性をあげることができるのは、とりわけ古典派以降の音楽についてである。たとえば、調性音楽の確立にのみもとづく区分ではないとしても、バロック以前の音楽は「古楽」とも呼ばれている。このことは、音楽における近代がそれ以降のことであるということを示しているとも言えるであろう。

こうした遠近法と調性、あるいは絵画の近代と音楽の近代との時代的な「ずれ」は、たんに音楽の「後進性」を意味しているのであろうか。しかし、音楽が理論的考察の対象となり、その技術が「数」によって基礎づけられ、体系化がされるようになったのは、近代になってはじめてではない。中世とルネサンスにおいて音楽は、算術・幾何学・天文学とともに「自由七科」のうちの数の学問である「四科（クアドリウィウム）」の一つをなしており、中世では演奏よりも理論が重視されていた。さらに、音楽と数の関係を見出したのは古代ギリシアのピュタゴラスとされており、古代ギリシアにおいてすでに、音楽に用いる音の算出方法の理論的基礎が形作られていた。つまり、音楽の技術の合理化は、近代以前にすでになされていたのである。

それでは、近代西洋の合理主義の特殊性があらわれているともされる遠近法と調性は、どのような関係にあるのだろうか。それらは、時代的な「ずれ」があるとしても、技術としてならべて論じることができるのであろうか。つぎに、遠近法の空間と調性の空間の構成について考えていくが、そのまえに、本章においてどのような意味で空間という語を用いるのか、少し説明しておく(3)。

芸術と空間の関係について考えてみた場合、さまざまなかたちで芸術の空間とその変容にかかわる問題をたてることができる。たとえば、作品じたいの持つ空間性、作品が展示・演奏される空間、鑑賞・趣味・受容をめぐる空間、芸術の社会的位置づけにかかわる空間、芸術にたずさわる人たちの社会空間など(4)。本章において焦点をあてるのは、以上からも明らかなように、作品のいわば「内部」を構成する空間であるが、それは個々の作品に特有の構図や構成といった意味での空間ではなく、近代の絵画と音楽の特徴をなす「技法」が形づくる空間である。つまり、個々の作品に表現されている独特な空間ではなく、「近代」という枠組みで作品をくくったとき、そこに無数の逸脱が存在し、まさにそのことがそれらのものを「芸術」にし、芸術家の「創造性」の証しになっているとしても、それらを通底し(その技法にしたがっていようと批判的であろうと)、きわめて重要な特徴をなしてきた遠近法と調性という技法の、体系化され、抽象化された理論的空間である。しかし、これらの技法は、たんなる抽象化された理論ではなく、芸術家たちがその創作の基礎的技術として習得すべきものとされたり、あるいはそうされ続けてさえいるものでもある。

ここで、遠近法の空間については、それを空間と呼ぶことにおそらく異論はないであろう。それは実際に、眼前にある画面上の空間を統一的に構成する技法である。これと同じように、調性もまた、音楽作品の内的空間を統一的に構成するための技法である。たしかに、音響現象それじたいは可視的ではないが、その響きが音楽における「音相互の関係性」としてとらえられたとき、その響きは視覚化(ベルクソン的に言えば「空間化」)されている。たとえば、音関係の視覚化の例としては、音相互の関係を規定した音律、楽器、さまざまな形態における楽譜などがあげられる。音相互の関係を規定すること、したがって何らかの形で音を視覚化することなしには「音楽」は存在しえない。さらに、楽典などの音楽理論についての本をひもといてみれば、そこには音(楽音)とともに調相互の関係をあらわした、さまざまな図を目にすることができる。したがって、「調性の空間」という表現も、遠近法の空間ほど一般的ではないかもしれないが、用いられている。それは、視覚化された音相互の関係を統一的に体系化したものであり、そのことによって、そこからの「逸脱」も生じるが、「逸脱」として理論的に把握可能にもなるのである。

2　「消失点」と「主音」

遠近法（透視画法）の図は、固定された一つの視点に映る光景であり、視点を頂点とした視覚のピラミッドの断面図である。その視点から画面に下ろした垂線の足（視心）、つまり視線が画面を垂直に貫く点が「消失点」である[5]。エルウィン・パノフスキーは、デューラーの「Perspectiva という言葉はラテン語であり、〈透して見る〔Durchsehung〕〉という意味である」という定義にもとづき、遠近法の図を「窓」、あるいは「スクリーン」として、つぎのように説明している。

個々の対象が縮尺されて描かれているようなばあいにではなく、画面全体が……いわばそれを透してわれわれが空間をのぞきこんでいるように思いこむ「窓」と化しているようなばあいに……それを透して垣間見られる全体的空間、すべての個物を包みこむ全体的空間がそこに投影される単なるスクリーンとしてとらえなおされているようなばあいに……まったき意味での「遠近法的な」空間直観がおこなわれていると言うことにしよう……。(Panofsky, [1924-5] 1964 = 一九九三：八—九)

遠近法の図は、それを通して外が透し見られる「窓」であることによって、画面のうしろにある、より広い世界、ここからは見えなくとも、窓の外にひろがっている無限の世界の一部分として提示される。窓を開き、首を出しさえすれば、周囲を見わたすことができ、その世界の空気にふれることができるし、実際に外に出ることさえできるだろう。したがって「窓」、つまり壁に囲まれた家屋によって隔てられ、護られているとはいえ、それを見る者もその外の世界と同じ空間に位置づけられる。見る者の位置も、その空間のなかの一つの点になる。このことによって、その切りとられた画面のなかに描かれている対象はいかなるものであれ、見る者と同じように存在するものとして表現されることになる。

遠近法以前の絵画、とくに西洋中世の絵画では、画面のなかの諸対象は一つの視点からながめられたものではなく、個々別々にとらえられ、並置されており、画面は「窓」をなすのではなく、「画像を物質的に支えている」ものであり、内部で完結していた。つまり画面は透視されるものではなく、満たされるものであった。また部分的に遠近法的な表現が用いられるとしても、それは個々の対象が縮尺されて描かれるにとどまり、画面全体が一つの視点からとらえられることはなかった。

この一つの視点の欠如と対象の並置によって、そこに描き出された対象は、それらが位置づけられている空間から切り離され、あたかも浮遊しているかのような印象を与えることになる。つまり、対象とそれを位置づける空間、さらにそれを見る者の位置関係が明確ではないのである。しかしこのことは、けっしてこれらの表現が遠近法に比べて幼稚であるというのではなく、そのようにして描き出された平面的な対象たちは、ある種神秘的な存在となり、独特の効果をあげることになった。

これにたいして遠近法は、そのなかに描き出された対象相互の位置関係と対象を見る視点の位置を明確にし、それらのものを一つの全体をなす空間のなかに秩序正しく位置づける。このことによって、それぞれの対象は、より「リアル」に、しっかりと地に足をつけて存在することになる。たとえ、それらものが空を飛んでいるとしても、その位置を明確に定めることができるのである。

この遠近法の空間を構築するうえで中心をなしているのが「消失点」である[6]。消失点（消点）について黒田正巳は、ルネサンスの遠近法の説明を行うなかで、つぎのように述べている。

> 絵の中の人物の持つ精神的な意味や宗教的な意味が、消点という形式的な中心を利用するようにして絵全体を構成する。それらの中で最も多いのは、絵の中心付近に消点があるものである……すべての直線が絵の中心につまり消点に集中する。中心からすべての直線が発射するといってもよい。するとこの消点は絵の中で最も印象の強いものとなり、絵全体を統率する主宰的位置となる。だからこの消点の位置に、その絵の意味内容を代表するような人物を配置すると、その

人物はそれにふさわしい形式をも賦与されることになる。平行透視図的形式は同時に左右対称の絵になることが多い。こうなるとその絵はますます整然として荘重でさえある。(黒田、一九六五：一一二―三)

調性の空間のなかで、こうした遠近法の空間の「主宰的位置」をしめる消失点に対応するものとして考えられるのは、「主音」と呼ばれている音であろう。この消失点と主音はともに、それぞれの空間における構成や意味の中心をなしている。それでは、この両者のそれぞれの空間における性格、あるいは位置づけは、同一のものとして考えることができるのであろうか。また、その中心にもとづき構成されているそれぞれの空間も、類似したものとしてとらえることができるのであろうか。

消失点は、遠近法の空間を構成している直線たちが収斂する場であり、その空間におけるもっとも遠くはなれた場所を指し示している。つまり消失点は、そこに位置づけられたあらゆる対象が、さらにそれらの対象を位置づけるための共通の基盤をなしている空間じたいが、文字どおり「消失」してしまう点であり、見る者の視点――前提とされるが、見ることのできない点――に対応している(したがって、消失点を「見る」ことはできない)。しかし、この消失は同時に、遠近法の空間には終わりがなく、無限であるということも示している。消失点のあるはずの場所は、あまりにも遠くはなれているために、はっきりとは見ることができない。しかし、そこはたしかに、この空間上に存在しているはずであり、前進してゆけば、かならず「そこ」に到達することができる。見えないのは、ただ「ここ」においてのことにすぎない。

この消失点にたいして「主音」は、調性の空間のなかでどのような位置をしめているのであろうか。まず、主音の定義とは、つぎのようなものである。「音階の基礎になる音で、楽曲の終止音となることが多く、その音階を代表する最も重要な音である」（菊地、一九八八：二五二）。近代の調性音楽におけるすべての音と和音は、この主音を中心に秩序づけられている。その秩序にしたがって、和音の進行（和音をどのような順序で結びつけるのか）の規則も定められている。つまり調性とは、この主音を中心にしてつくりだされる調としての統一感にもとづいて体系化されたものであり、すべての音は主音（主和音）にたいする「機能」によってとらえられる。このため近代音楽における和声は、「機能和声」と呼ばれているのである。つまり主音は、調の空間を支配し、統一するうえでの「主宰的位置」をしめている(7)。

しかし、主音は調性の空間の「主宰的位置」をしめているとはいえ、その空間のなかでの位置づけは、消失点と異なっている。遠近法の空間が展開されたとき、消失点は、視点と同じく、遠近法の空間上にあるはずではあるが、遠近法の空間それじたいと、そこに描き出された対象とも異なる不可視の点であり、まさにこのことが中心としての性格をかたちづくっている。消失点は視点とともに、遠近法の空間の限界をなしている。それはあくまで不可視の、対象化されない存在である。

これにたいして主音は、調性の空間が展開されるとき、あるいは楽曲が進行するなかで、あらゆる音がそこからはじまり、またそこに回帰し、帰着する点として顕在化することで、みずからの存在を強力に誇示し続ける[8]。また、主音は他の音の存在（響き）の基底をなすものであるとはいえ、調性の空間のなかで他の音と異なるものとして存在しているのではなく、それが他の音と異なるのは、基本的には調性という枠組みのなかでのことでしかない。それは可視的であり、対象化されている。

このことは、近代音楽をかたちづくるうえできわめて重要な役割をはたしてきた楽譜、「合理的な記譜法」にもっともよくあらわれている[9]。音楽を書き記すにあたり、主音は他の音と外見上まったく異なるところがない。また、ピアノの白と黒の二色の鍵盤上においても、前もって主音の存在を示すものは何もない。言いかえれば、どの音符でも鍵盤でも主音になりうる。さらに、このことは、このような音相互の関係を可視化したものだけではなく、実際の響きにもあてはまる。どの響きが主音あるいは、主和音になるのかは、調性にもとづく音楽の展開によってのみ明らかになる。この中心になる可能性という点は、たしかに消失点にもあてはまるようにもみえる。遠近法の空間上のどの点でも消失点となりえるし、また視点となることができる。しかし、いったん特定の点が視点、消失点になると、それらは、その空間上のいかなる対象とも、また空間それじたいとも同じように存在するものではなくなるのである。

このように、消失点と主音はそれぞれ、遠近法の空間と調性の空間の中心をなしているとはいえ、それぞれの空間における性格は異なっている。遠近法によって、想像的な存在や神話的な存在、あるいは現実的なものなどさまざまなものが、その空間のなかで対象化されるように、主音もまた、調性の空間においてけっして消失することなく、他の音とともにひとつの音（対象）として対象化される。遠近法の中心は不可視であることによって全体の空間をまとめあげるが、調性の中心は可視的であることによって、その空間を統合する。したがって主音は、遠近法における消失点、視点としての主体（subject）というよりむしろ、絵画における「主題」（subject）の位置をしめている。それは、その空間における他の対象と同じように存在する一つの対象にすぎないものではあるが、そこにともに描かれた対象たちが、それとの関係から意味を与えられる中心として存在している。つまり、近代の音楽における主音、あるいは主音にもとづく「主和音」や「主調」は、いわば音楽という調性にもとづく物語の「主人公」と言える存在なのである。

このため、スーザン・マクレアリによれば、調性音楽はつぎのような伝統的な西洋の物語の図式にしたがうことになる。「主人公は〔女性としての〕他者と呼ばれるものと関係を持つが、最終的には、アイデンティティを強固にすべく必ずその他者を征服する（飼い馴らすか追放する）のであり、それは物語上の満足な結末をもたらすためなのである」（McClary, 1991: 14 ＝一九九七：三七）。

ここで、「他者」とされているのは、異なる調の領域であり、音楽はまず主音（主調）から出発し、それが他のいくつかの異なる調の領域を冒険し、そこを征服し、ふたたびより強固なものとなって主音へと帰還することで、一つの音楽の物語がつくりあげられる。このもっとも体系化された手法が「ソナタ形式」である。

3　調性と平均律の空間

以上のことから、主音と消失点のそれぞれの空間における性質が異なるものであることは明らかであろう。しかし、この主音と消失点が可視か不可視かという点を別にして、それぞれの空間のどの音、どの点も中心（主音、消失点あるいは視点）になりうる可能性があるという点では、調性も遠近法も、空間としては類似したものと考えられるかもしれない。つまり、調性の空間も、遠近法が想定しているような均質な碁盤目状の空間をなしており、ただ消失点がなく、したがって見る者（聴く者）の一つの視点が欠如しているだけで、空間の構成としては変わるところがないのではないか、と。しかし、機能的に体系化されているということによって即、調性の空間が遠近法の空間と同じように、均質の空間をなしているということにはならない。このことを明らかにするためには、ややわかりにくいかもしれないが、より詳しく調性の空間の構成について考えてみる必要がある。

調性の基盤をなしているのは、「三度」（そしてその転回音程である「六度」）と呼ばれる音程がつくりだす和音である。この三度によって、それぞれの和音の性格がより明確になり、異なった性格をもつ和音どうしの連結方法、つまり和声について考えられることになる。たとえば、「ド」と「ソ」という二つの音（五度）のあいだに、どのような三度をくわえるかで、つまり「ミ」の音（長三度）をくわえるか、「ミ♭」の音（短三度）をくわえるかで、その和音の響きは一変し、このことが、長調と短調という調性音楽において鍵となる区別を構成することになる。

この「ドミソ」という、今日では「協和」した和音（ハーモニー）の代表としてきわめて一般的なものにもなっている和音にも含まれている三度の音程は、一五世紀初頭まで、ヨーロッパの大陸側では不協和音とみなされており、楽曲のなかで経過的にしか用いることが「許されて」いなかった（協和と不協和は権力にかかわる社会的問題でもある）。しかし、一五世紀初頭に、三度の音程が古くから好まれていたイギリスの音楽が大陸側にもたらされるようになると、その「甘美な響き」は驚きをもってむかえられ（金澤、一九九八：二四〇）、三度の音程がしだいに大陸の音楽のなかに浸透していった。

この三度の響きも、どのような音律を用いるかによって、かなり変わってしまうのであるが[10]、調としての音響的な理想は、この三度をもっとも「純正な」響きにする音階のなかでの音の関係（音律）を定めることにある。この音程の算出方法として用いられるのが、分母より分子が「一」大きい過分数によって音程を分割するという方法であるが、これは、より単純な整数比であらわすことのできる音程ほどよく協和するという考え方にもとづいている。

この協和した「純正な」音程を基礎づける整数比は、たんなる「響き」の問題ではなく、そこには道徳的、宗教的な価値が付与されていた。ニコラウス・アーノンクールによれば、「数比が単純であるほど高貴であり（道徳的にも）より良いものであり、複雑になればなるほど、あるいは一から離れれば離れるほど悪く、より混乱したものとされた」。つまり「協和音の質は唯一なるもの、つまり基盤としての基音への近さと、簡潔さで測られ」、この絶対的なものである基音（「一」、すなわち神を象徴するもの）への近さにもとづく協和の関係から、それぞれの音程の価値が決められたのである（Harnoncourt, 1982＝一九九七：九九―一〇〇）。

したがって、数比をとおして算出された調性の空間は、一見きわめて秩序づけられ、中立的なもののようにもみえかもしれないが、それはけっして遠近法によって構築される空間が想定しているような碁盤目状の空間になっているのではない。調性の音響空間において、それぞれの音と音との間隔は、「一」に近い「純正な」音程をもとめることによって、複数の協和の関係を組み合わせたものとなり、きわめて不均等なものになる。つまり、「純正な」響きをもとめることによって、音階のなかの音程の幅がばらばらに、不均等になってしまうのである。

そもそも、協和した響きだけで音階を構築することじたいが、理論上も実際上も不可能であり、ある音程を協和したものにしようとすると、どこかの音程においてかならずその歪みが生じる。さらに、この歪みは、調性が調性たるゆえん、つまり調性が、一つの調ではなく、複数の調の体系であるということによって、さらに大きくなる。

この不均等な音程の問題は、とりわけ「バロック」以降急速に進展し、近代の中心的な楽器になっていった鍵盤楽器において大きな問題になった。というのも、鍵盤楽器は容易に音程を変えることができず、調にあわせて調律しなおすことも実際的でないため、響きの点から用いることのできない音程や調が生じてしまうことになるからである。

たしかに、この不均等な「歪んだ」音程は、独特な効果も生み出した。鍵盤が、ある調にあわせて調律されると、音程の幅がばらばらになるため、他の調では音階のなかの音程の関係が異なったものになる。つまり、それぞれの調で独特の音程の間隔が生じることになり、調と純正な音程の理想から逸脱しているとはいえ、このことが個々の調独自の響きを生みだすことになる。しかし、この不均等な音程の幅は、同一鍵盤上においてより多くの調を用いる可能性、したがって音楽作品の展開の可能性の妨げにもなった。

たとえば、この音程の不均等さは、ある旋律をその形を保ったまま、異なった高さに移す場合、つまり移調する場合に問題になる。このことは、図形を対称移動させる場合を思い浮かべれば容易に理解できるであろう。ある図形を対称移動させるためには、その図形は均等に区切られた碁盤目状の空間である方眼紙上に位置づけられていなければならない。音程の幅が均一ではない音階において移調を行うことは、方眼の大きさがばらばらの方眼紙の上で図形の対称移動を行うようなものなのである。これがアナモルフォーズのように、ある規則にもとづき図形が歪むのであれば、効果としてきわめて興味深いものになるかもしれないが、それがかなり不協和な響きを生みだすとなると音楽上の大きな問題になる。

このように調性の空間は、遠近法のように必ずしも均質かつ中立的な空間をなしているわけではない。主音の中心性は、その物語の「主人公」としての性格だけでなく、実は、宗教的価値観に支えられた「響き」、不均等性にも由来していたのである。しかし、先の方眼紙の例によっても明らかなように、さまざまな調を使用する可能性の拡大によって音程の幅が不均等であることが問題になったとき、それを解決するための方法は、幅を均一にするという方眼紙的発想にあることは明らかであろう。それが「平均律」である。

平均律の原理は、ジャン＝フランソワ・ニスロンの師であり、またデカルトとも交流のあったミニモ修道会士で神学者、音楽理論家のマラン・メルセンヌによって著わされた『普遍的和声論』のなかで、一六三六年に発表された。それはリュートなどのフレットをもつ楽器には一部用いられてはいたが、実際に広く用いられるようになったのは、それから二〇〇年以上後の一九世紀後半になってからのことである。というのも、鍵盤楽器に平均律を適用可能にした周波数の原理が発表されたのは、一九世紀になってからのことであり、それ以前は正確な周波数を測定することができなかったため、平均律を用いて鍵盤楽器を調律することができなかったからである。

遠近法における消失点との対比で、上で述べたような調性の空間における主音の特性、つまり他の音とその機能のうえでしか差異がないという特性は、調性というものに理論的に内在していた傾向であるとはいえ、この平均律という音律のうえに位置づけられた調性の空間において完全なものになる。つまり、空間の均質性、中立性というのは、平均律について言える特性なのである。

しかし、平均律による音程の均質化は、調性にとって重大な問題を引き起こすことになった。というのも平均律においては、オクターヴ以外の音程はすべて「純正」ではなくなるため、調を確立するのに重要な、音響の協和にもとづく関係性、つまり「唯一なるもの」としての主音の求心性が弱められることになり、「平均律を主体とする現代の音楽理論にとっては、音程を協和・不協和に分けることは無意味」（菊地、一九八八：二四七）にさえなるからである。

ここにも、不可視のものとしての消失点と、可視的な主音の違いがあらわれている。消失点（視点）は、その遠近法の空間の限界をなしているために、対象化されないものとしての特異な点となるが、主音は他の音とともに対象化されているために、空間が均質化されると、その特異性・中心性はいちじるしく揺らぐことになる。

この音程の平均化によって、平均律は調特有の色彩と「純正な」「美しい」響きを奪い去ったものとして批判されることにもなる。しかし、この平均律によって、「無制限に解放された音空間」、「同一の原理で構成され、限りなく移調できるようになったあらゆる調性」（Alain, 1965＝一九六九：九四）が可能となり、さらに調相互の関係も明確に理論化・体系化されうるようになったのである。「調性和声がもっとも理路整然と組織化されたのは、まさに調性和声がもっとも激しい攻撃をこうむったときであり、しかも奇妙なことに、排撃の張本人であるアルノルト・シェーンベルクのおかげによってであった」(Alain, 1965 = 一九六九：一二四)。

調性は、平均律において、その最大の理論的整合性と展開の可能性、自由を獲得したのであるが、まさにそのとき、その基盤は完全に崩れ去っていた。つまり、平均律において、主音の中心性は、たんなる理論上のものとなり、それは完全に他の音と同等の存在になる。主音は、その存在の根幹をなしていた調的な(「唯一なるもの」による)支えを失い、たんなる一二の音のなかの一つの音として、それぞれの調や、あるいは調には包摂されることのない音の組み合わせのなかで、さまざまな機能や色彩を担うもの、あらかじめ価値の定められたものではなく、位置づけられた文脈において多様な色彩が与えられるものとなったのである。

こうした音と平均律の関係は、ちょうどジョアン・コプチェクが論じている、主体と格子縞型に空間を分割する都市計画(そして法)との関係に類似しているといえるだろう。コプチェクはつぎのように論じている。

「民主主義の下では、各主体の個別性が、何の妨げもなく咲き誇ることができるように、法というものはできるだけ引き下がって、後退し、できるだけ介入しないようにするものだというのがアメリカでの共通理解である」。このような法についての見解は、一七八五年の公有地条例で、「民主主義の父」

であるトマス・ジェファソンが、西部の公有地を、東部の都市計画で用いられている碁盤目状で区画整理するように定めている空間の処理の仕方に現われているのである。「これこそ正にデカルト的身振りである。碁盤目状の都市計画は、地形上のあらゆる特質を無視して、アメリカの国土を抽象的な法に服従させるものである。この計画の擁護論があって、それが広く受け入れられた理由があるとすれば、それは、碁盤目状に区切ることが、押し付けがましくなく中立的な方法で空間を区分する法を施行できたからである」。それは「前もって支配しなくてすむ。碁盤目状の都市計画は、指令によるプログラムなく立てられる計画と見なされたのである」(Copjec, 1994 = 一九九八：一八六—七)。

4　平均律と遠近法

このような平均律の画一化された空間は、その均質性という点において、まさに遠近法が想定しているような格子縞型に分割された空間になっている。そこには消失点と視点が欠けているとはいえ、そのなかでの調的な主音をはじめとするそれぞれの音は、遠近法の空間に位置づけられた対象(あるいは主体)の存在の仕方を示しているかのようである。だとすれば、西洋の音楽は、ようやく一九世紀末、あるいは二〇世紀になってはじめて、ルネサンスにおいて絵画が到達していた空間を獲得したということになるのであろうか。つまり、「合理化」による空間の均質化という点に着目したとき、音楽は絵画に数百年遅れて、「脱魔術化」されたということになるのであろうか。

一九世紀後半からの平均律の興隆はしばしば、とくに平均律に批判的な論者によって、ピアノの大量生産や大量販売といった音楽「外」的な要因と結びつけられて説明されている。しかし、遠近法との関係からみたとき、平均律を一九世紀から二〇世紀初頭の絵画の展開と関係づけて、その芸術上の意味からとらえることもできるのである。

一九世紀後半から二〇世紀の絵画の展開において、一つの重要な特徴をなしているのは、ルネサンス以来の遠近法の崩壊であり、それは線による対象の把握、対象のもつ固有色や輪郭線が失われてゆく過程であった。ミシェル・テヴォーは、セザンヌについてつぎのように述べている。

> セザンヌは処理しうる色目の幅を自ら限定し、そうすることで、「現実的」な色を使って対象を類比的に表象=再現する可能性をきっぱりと捨てたのである。色が果たす具象的な価値より優先されるべきものは色彩体系である。この体系においては、音楽のように、色目それ自体は意味論的に中立であり、その色目が組み込まれる色階や色調こそ、この色目にそれ固有の色彩を与えるのである。(Thévoz, 1996 = 一九九九：一三四)

ここで、「色目」と訳されている仏語「ton」は、英語の「tone」つまり「音色」や「音高」を意味する語であり、「色階（gamme）」は「音階」を、「色調（tonalité）」は「調性」を意味する語である。

ポール・ヴァレリーは、音楽について言及することなしに一九世紀末の文学を理解することはできないと述べているが、一九世紀後半、さらには二〇世紀の絵画について語るためにも音楽が不可欠であることが、このような語彙のレベルにもあらわれているといえるかもしれない。さらにテヴォーは、セザンヌの絵画をつぎのように表現している。「カンヴァスの上の色のタッチは、風景の現実の色を直接に指示するのではなく、色目全体という媒介を水平的に、あるいは連辞論的に経由する。また、この色目全体は、フェルディナン・ド・ソシュールの表現を借りるなら、『ポジティヴな項を欠いた差異の体系』と考えられるものである」（Thévoz, 1996 = 一九九九：一四二）。

上記の引用において、テヴォーが「音楽のように」と表現している「色目」の存在、つまり意味論的に中立の色目＝音、あるいは「ポジティヴな項を欠いた差異の体系」とは、調性ではなく、まさに平均律における音の存在を意味している。ある色目＝音は、あらかじめ何らかの価値や意味が与えられているのではなく、それが組み込まれる色階、あるいは画布においてその意味がつくりだされる。音楽がこのような意味論的に中立の色目を獲得することになったのは、調性ではなく、平均律によってであり、平均律以前は、音楽の色目はあらかじめ「唯一なるもの」にもとづく調的色彩に染められていたのである。

このような一九世紀における諸芸術の「純化」（自律化）の過程、つまり「個々の芸術を、その表現媒体がもつ、比類ない、本質的なものに還元すること、その芸術の真の基盤にもう一度立ち返ること、そのためには他の芸術の表現手段から借用された特徴を除去すること、ある特定の表現媒体にとって本質的ではないすべての約束ごとを排除すること」(Compagnon, 1990＝一九九九：九九)において、音楽が諸芸術の理想的な状態とみなされたのは、それが日常のなかでも用いられる言葉や外的な世界に依拠せずとも、それ独自の一つの作品世界を構築することができたからである。そのなかで、調性と平均律との対立関係はおそらく明確には意識されていなかったであろうが、平均律は、セザンヌがもとめたような色彩体系を可能にする空間を構築したのである。

このような文脈に平均律が位置づけられるとすれば、その画一性や「純正な」響きの喪失ということばかりを強調し、その技法としての芸術上の重要性を単純に否定することが適切でないことは明らかであろう(11)。この平均律による均質な空間は、けっして音楽における色彩を奪ったわけではない。音楽や作曲家たちが、とりわけ「色彩」とのかかわりで語られているのは、さらにさまざまな民族の音楽が西洋音楽のなかに取りいれられていくようになるのは、ほかでもなく均質的な平均律が優勢になった時代のことなのである。ただし、平均律が支配とは無縁のものでないことを上述のコプチェクの議論が示唆していることは、留意する必要があるかもしれない。

5　おわりに

以上のことから、空間の構成としては、遠近法の空間と調性の空間ではなく、遠近法と平均律の空間が、その均質性という点においては類似したものと言うことができるが、しかし、その両者の芸術の展開における意味や位置づけはまったく異なったものであるということが明らかになる。つまり、平均律の空間は、均質的なものであるにもかかわらず（まさにそのために）、反‐遠近法的なものになる。このように平均律の確立と遠近法の崩壊とが結びつくのだとすれば、この崩壊「以前」のもの、解体の対象として調性と遠近法とが並置されることになるとも考えられるであろうが、本章で明らかにしたように、それらの空間としての構成はまったく異なっているのである。

遠近法によって、画面を「窓」として、その内と外に展開される世界を一つの全体をなすものとして合理的に「無限で連続的で等質的な空間、つまりは純粋的に数学的な空間」（パノフスキー）として構成するとき、まさに視点（それに対応する消失点）がその世界を一つにまとめるものになっている。しかし、音楽の空間を、調性のもとに、調和した一つの全体をなすものとして数学的に体系化しようとすると解決不可能な問題が生じる。調性の基盤をなすといえる音程を協和させると、その空間は均質的なものとはかけはなれたものになり、またその空間を合理的に「無限で連続的で等質的な空間」として構築しようとすると、調性の基盤が解体することになる。調性によって、音楽の音の空間は、一つの中心（「一」としての「協和」）から体系づけられる可能性を得るが、そのことによって均質性を犠牲にせざるをえない。視覚と聴覚との違いも考慮にいれる必要があるが、こうしたことから、絵画と音楽の空間、遠近法と調性において、「均質な空間」が時代的にも異なったものになり、その位置づけにも「ずれ」が生じることになるのである。

最後に、「ポジティヴな項を欠いた差異の体系」としての平均律の音空間と均質化についての、もう一つの含意について指摘しておきたい。上述のように、音楽の協和や音律についての基礎的な理論は、すでに古代ギリシアにおいてつくり上げられており、数比による音程のもとめ方も、ピュタゴラスによって発見されたものとされている。そうした数比による音程の算出法をアリストクセノスは批判しているが、それは「楽器による合理化への嫌悪、および、純粋に名人芸的な器楽の支配に対するその嫌悪の情と、本質的に結びついていた。聴覚のみが旋律的音程の価値と無価値を決定すべきだと彼は考えた」（Weber [1921] 1956: 918 = 一九六七：一九八）。

アリストクセノスは、微分音程、つまり細やかな音程の動きに対応することのできないピュタゴラス的な数比にもとづく音程の把握の仕方ではなく、聴覚にねざした、より感覚的な音程を得ようとした。そのために、数比ではなく、音程を細分化し、多様な音程をつくりだした。ここでのアリストクセノスの批判は、ピュタゴラス的な音程の把握（数比による把握）は、けっして感覚にねざしたものではなく、機械的であり、感情を表現する旋律の流れをとらえることはできないという点にある。したがって、音程を等しい間隔に分割する（平均化する）という一見、機械的な操作に見えるものこそ、より感情を表現することのできる音組織を手に入れるための手段になると考えることもできるのである[12]。

本章でみてきたように、一口に近代における「空間の均質化」といっても、その均質化は、絵画と音楽を見たとき、時代的にも、またそのことの持つ意味においても、まったく異なったものになりうることがわかる。したがって、「空間の均質化」を一元的にとらえるのではなく、そのことのもつ含意や歴史、諸領域における違いと関係について明らかにしていくことが、近代（モダニティ）と空間について考えていくうえで不可欠であるといえるだろう。

注

（1）マックス・ウェーバーは、芸術の「技術的手段」こそ、芸術についての社会学的考察の対象になると考えていた。「美的評価」をまじえない、「経験的＝因果的考察にとっては、（最も高度な意味における）『技術』の変化ということこそ、芸術の展開過程を摑むうえで最も重要な、一般的に確定できる要素なのである」（Weber [1917] 1973: 523 = 1982: 337）。この点については、別稿で考察している（和泉、二〇〇四）。

（2）バッハの『平均律クラヴィーア曲集（*Das Wohltemperierte Klavier*）』の「平均律」という訳は誤りであり、この曲集は、平均律とは異なる音律を用いて作曲されたということが今日では知られるようになっている。

（3）ここでは、「空間」そのものの定義の問題には立ち入らない。

（4）こうした展示や演奏、鑑賞の空間については、別稿において美術館と都市空間との関係から取りあげている(和泉、二〇〇九/二〇一〇)。

(5) ここで想定しているのは、平行透視図である。平行透視図とは、建築物や室内の一つの面を画面に平行にして描いた遠近法の図である。ルネサンス、とくにフィレンツェの画家が描いた遠近法の絵画の多くは、平行透視図によるものであった(黒田、一九六五:五一)。ベラスケスの『ラス・メニーナス』についてのフーコーの有名な議論をはじめ、主体とまなざし、近代における遠近法的な空間についての議論のほとんどは、この平行透視図を想定している。一般に、消失点(消点)は、描かれた対象のなかにある平行な直線群と同じ数だけ存在する。遠近法(透視画法)についての詳細な説明は、黒田正巳『透視画』などを参照。

(6) 遠近法の空間における中心と画布の中心は、かならずしも一致するわけではない。それは遠近法の空間を構築するための、そこから視点や視野、あるいは絵画の現実感が導出されるという意味での中心である。以下の黒田の説明のように、その求心的な力から、消失点は実際に画面の中心近くにおかれることが多いが、逆に、まさにその力のために、たとえばアナモルフォーズのように、中心から意図的にずらされることにもなる。

(7) それぞれの調は、「ハ長調」(「ハ」=「ド」の音を主音にする調)や「ニ長調」(「ニ」=「レ」の音を主音にする調)などのように、主音がその調の名前になっている。このことは今日では当然のように思われるかもしれないが、このようになったのは近代になってからのことである。たとえば音の組織そのものが異なってはいたが、中世における教会旋法では、主音にあたる「終止音」にもとづいた名ではなく、「ドリア」や「フリギア」などといった名前がつけられていた。

(8) ここで、おそらくフーコーの『監獄の誕生』の議論を想起される人が多いことであろう。調性は、絶対主義の時代にかたちづくられていった音楽の形式の一つである。

(9) マックス・ウェーバーはつぎのように指摘している。「何程か複雑化した近代の音楽芸術作品は、われわれの楽譜という手段がなければ、生産することも伝承することも再生することもできない。またそれなしには、何処にも、またどのようにしても、そもそも存在すること自体が不可能である。いやそればかりでない、創作者の頭に浮かぶものとして存在することさえできないであろう」（Weber [1921] 1956: 911 ＝一九六七：一七三）。

(10)音律とは、音階のなかの音の関係を規定する基準のことであり、数的関係としてもとめられる。音律には、ピュタゴラス音律、純正律、中全音律、ウェルテンペラメント、平均律など、さまざまなものがある。中世において用いられていたピュタゴラス音律は、ルネサンスにおいて導入された三度に適した音律ではなく、このことからさまざまな音律が考案された。

(11)たしかに平均律「以前の」音律を用いた演奏の響きは「美しい」。しかし、その「美しさ」、「調和」が中立的なものでも、また普遍的なものでもないことは、明確に意識されなければならない。美しい響きは、協和した響きのみではないであろう。

(12)この点について、さらにくわしくは拙論を参照していただきたい（和泉、二〇〇三／二〇〇七）。

文献

Alain, Olivier, 1965, *L'harmonie*, Paris: Presses Universitaires de France. ＝一九六九年、永富正之・二宮正之訳『和声の歴史』白水社。

Compagnon, Antoine, 1990, *Les cinq paradoxes de la modernité*, Paris: Seuil. ＝一九九九年、中地義和訳『近代芸術の五つのパラドックス』水声社。

Copjec, Joan, 1994, *Read My Desire: Lacan against the Historicists*, Massachusetts: MIT Press. ＝一九九八年、梶理和子・下河辺美知子・鈴木英明・村上敏勝訳『わたしの欲望を読みなさい――ラカン理論によるフーコー批判』青土社。

Harnoncourt, Nikolaus, 1982, *Music als Klangrede: Wege zu einem neuen Musikverständnis*, Salzburg und Wien:

Residenz Verlag. ＝一九九七年、樋口隆一・許光俊訳『古楽とは何か――言語としての音楽』音楽之友社。

和泉浩、二〇〇三年、『近代音楽のパラドクス――マックス・ウェーバー「音楽社会学」と音楽の合理化』ハーベスト社。

――、二〇〇四年、「ウェーバー『音楽社会学』における楽器論の問題」『社会学年報』第三三号、東北社会学会。

――、二〇〇七年、「ウェーバー『音楽社会学』における合理化のパラドクスと『音楽的聴覚』」『社会学年報』第三六号、東北社会学会。

――、二〇〇九年、「近代の諸空間における芸術と主体――パノラマ、美術館、複製技術、都市における芸術作品と芸術的主体像」『秋田大学教育文化学部紀要』六四号、秋田大学。

――、二〇一〇年、「近代の都市と美術館における空間と場所――テオドール・W・アドルノ『ヴァレリー プルースト 美術館』をもとに」『秋田大学教育文化学部紀要』六五号、秋田大学。

金澤正剛、一九九八年、『中世音楽の精神史田SD種グレゴリオ聖歌からルネサンス音楽へ』講談社。

菊地有恒、一九八八年、『楽典――音楽家を志す人のために』音楽之友社。

黒田正巳、一九六五年、『透視画――歴史と科学と芸術』美術出版社。

McClary, Susan, 1991, *Feminine Endings: Music, Gender, and Sexuality*, Minnesota: University of Minnesota Press. ＝一九九七年、女性と音楽研究フォーラム訳『フェミニン・エンディング――音楽・ジェンダー・セクシュアリティ』新水社。

Panofsky, Erwin, [1924-5] 1964, "Die Perspektive als symbolische Form," *Aufsätze zu Grundfragen der Kunstwissenschaft*, Berlin: Verlag Bruno Hessling. ＝一九九三年、木田元監訳『〈象徴形式〉としての遠近法』哲学書房。

Thévoz, Michel, 1996, *Le miroir infidèle*, Paris: Les Editions de Minuit. ＝一九九九年、岡田温司・青山勝訳『不実なる鏡――絵画・ラカン・精神分析』人文書院。

Weber, Max, [1917] 1968, "Der Sinn der 》Wertfreiheit《 der soziologischen und ökonomischen Wissenschaften," *Gesammelte Aufsätze zur Wissenschaftslehre*, 3. Aufl. Tübingen: J.C.B.Mohr, 489-540. ＝一九八二年、「社会学・経済学における《価値自由》の意味」出口勇蔵・松井秀親・中村貞二訳『ウェーバー社会科学論集』河出書房新社。

———, 1920,"Vorbemerkung,"*Gesammelte Aufsätze zur Religionssoziologie*, Tübingen: J.C.B.Mohr, 1-16. ＝一九七二年、「宗教社会学論集——序言」大塚久雄・生松敬三訳『宗教社会学論選』みすず書房。

———, [1921] 1956,"Die rationalen und soziologischen Grundlagen der Musik,"*Wirtschaft und Gesellshaft: Grundriss der verstehenden Soziologie*, Tübingen: J.C.B.Mohr, 877-928. ＝一九六七年、安藤英治・池宮英才・角倉一朗訳解『音楽社会学』創文社。

第3章　住まうことの場所論

足立　崇

1　はじめに

一九二八年、スイスのラ・サラで近代建築国際会議（ＣＩＡＭ）が発足した。そこで目指されていたのは、近代科学技術の発展に支持された近代主義建築の有効性のアピールであり、住居や都市環境といった実践的課題の解決であった。ＣＩＡＭはその後一九五六年の第一〇回会議まで、毎回世界で活躍する建築家を集め、現代的課題について提案、決議を行った。ＣＩＡＭの準備段階からかかわり、書記長としてル・コルビュジエらとともに近代建築運動を主導してきたのが批評家のジークフリート・ギーディオンである。彼の著作『空間　時間　建築』（一九四一）は、建築に空間概念をとりこみ、建築を単なる様式や形態としてでなく空間として捉えようとした建築論として世界の建築界に多大な影響を与えた。しかし、そこでの空間はいまだ外在的なものとして捉えられており、その空間論は素朴なリアリズムにとどまっていた。ノルベルグ・シュルツの『実存・空間・建築』(一九七一)は、そうした背景のもと生まれた建築空間論であった。シュルツは安定した環境のイメージ(空間のシェマ)として「実存的空間」という概念を生みだす。シュルツによれば「実存的空間」は場所・通路・領域という諸要素として図式化されており、それらは器物・住居・都市・景観・地理といった諸段階にわたって現れてくるという。そしてその「実存的空間」の具体化が建築的空間であるという。シュルツはその後、以前から影響を受けていたハイデガーの実存哲学を深く学び、『ゲニウス・ロキ——建築の現象学を目指して』(一九八〇)や『住まいのコンセプト』(一九八五)などにみられるように、建築空間論を建築的場所論へと展開させた。シュルツによれば、人はある環境に定位し同定するとき「住まう」という。定位とはものの空間的相互関係を捉えるものであり、同定とはものの性格を指向するものである。すなわち自己の存在の「どこに」と「いかに」を知り、自らの存在を意味あるものとして体験するとき人は「住まう」という。

そのころ、日本においても建築的場所論の先駆的研究が現れてくる。玉腰芳夫の学位論文『日本古代の住居——その建築的場所の研究』(一九七七)はその一つである。師増田友也の影響で現象学を深く学んだ玉腰は、ギーディオンの建築空間論を空間の先在性を自明とする自然的態度にとどまっているとし、自らは空間を明証な直観にもたらし、空間構成に関心する超越論的態度に立とうとした。そして、副題で「建築的場所」という言葉を用いているように、空間の根源的事象としての開けること（建てること）における場所に着目し、建築的場所としての「住まい」のあり方を究明しようとした。玉腰にとって「場所は、少なくとも、個別性が保たれながら無限を許容するという概念でなければならない」とされ、「相対的ここ」（対象化される諸場所）とその基盤であり生きられるのみの「絶対的ここ」（対象化されない場所）とを区別しつつそれらを貫くものとして「場所」なる言葉を用い、「場所」を層関係において両義的に捉えている。前川道郎（一九九八）によって指摘されているように、シュルツの建築的場所論がハイデガーの実存哲学に影響を受けつつも、人間の生の空間性のアプローチよりは、むしろ生きられ体験される空間のアプローチから建築的場所の意味を解明するものであったのに対し、玉腰のそれは古代日本における「住まう」ことを論じつつ、人間の身体の空間性を現象学的に解明しようとするものであった。

玉腰の拓いた建築的場所論はその後、西垣安比古の学位論文『朝鮮に於ける「すまい」の場所論的研究』（一九八九）などに引き継がれていく。西垣は方法論としての「住まう」ことの場所論的究明について「人が「すまい」に「すまう」ということの意味の解明は人間存在の表現の解釈を通じて、いわば解釈学的方法によって、表現了解の地盤へと遡源することで実現される」とし、そこでの解釈学的方法は「表現了解の地盤に立脚しつつ、そこからの、より根底的な地盤への遡源を目指すほかなく、いわば円環的なアプローチであり、脚下照顧の事柄」であるとし、それは「我々を自覚の事柄へと導く」という。

西垣は、シュルツがよっているハイデガーとボルノウをとりあげ、ハイデガーが事実性、被投性という根源的否定性を引き受け、その在り方に徹底することでかえって真に「住まう」ことが拓かれるとするのに対し、ボルノウはハイデガーの言う事実性、被投性を克服し、途上の在り方を脱して、目標に至り、そこに根をおろすことによってはじめて「住まう」ことが成就されるという。そして、どちらかといえばシュルツがボルノウの立場に近いのに対し、自身はハイデガーの立場に近いと述べている。しかし、それはハイデガーの存在論的思惟に対応して同じ道筋をたどっているということではない。あくまで朝鮮の伝統的「住まい」をとおしての場所論的究明において、シュルツやボルノウに見られる途上の在り方と真に「住まう」在り方との二元的捉え方よりは、ハイデガーのような両者が響きあった捉え方に立場が近いという意味である。

こうした建築的場所論の研究は、近年多くの建築論研究者によって遂行され、アプローチの仕方や対象も多様化している(1)。これらに共通して言えるのは、生活空間を人間存在にとって直接の現象として、生きられ体験される空間として人間学的に捉え、その場所の構造を明らかにしようとする点であろう。ここでの一文もそうした動向を背景としたものであり、台湾先住民のヤミ(2)と呼ばれる人々の「住まい」を事例としながら、集落共同体として「住まう」ことを究明するための途上的試みである。

2　ヤミの生活環境

ヤミの人々の住む蘭嶼という島は、台湾本島とフィリピンのバタン諸島との間に位置する周囲三八・四㎞の火山島である。島の大部分は山岳地で、中央部には海抜五五二ｍの芳蘭山が、東南部には海抜四八〇ｍの望南峰がある。九本の川があり、それに沿って扇状地が発達しているが、そのほかの平坦地は少ない。ヤミの人々は山を背に海を一望できる扇状地に集落を形成して暮らしている（**写真1、2**）。現在、蘭嶼には六つの集落（イモロド村、イラタイ村、イヴァリヌ村、イラヌミルク村、イラライ村、ヤユ村）があるが、伝統的集落が保存されているのはイヴァリヌ村とイラライ村のみである。伝統的集落の家屋宅地は、基本的に前庭アオロド、主屋バアイ、副屋マカラン、涼台タガカルによって構成されている（**図1**）。副屋マカランは主屋バアイと同レベルに建てられた木造高床式の建物で、漁具の製作や接客、子供達の就寝などに使われる。涼台タガカルは前庭アオロドに建てられた小さな木造高床式の建物で、四方に開放されているため、夏はここで涼み、接客や寝・食の場所としても使われる。主屋バアイは深さ約二メートルのくぼみに建てられた木造地床式の建物で、地上からは屋根面しか見えない。一般に小規模のものから大規模のものへ建て替えていき、出入口の数によって形式や名称が異なる。出入口が四つの主屋がその完成形とされる。

ここでヤミの生活環境をとりあげるのは、自立性の高い文化を集落単位で残している稀少な例であ

写真１　集落前方には海が広がる

写真２　集落後方には山が控える

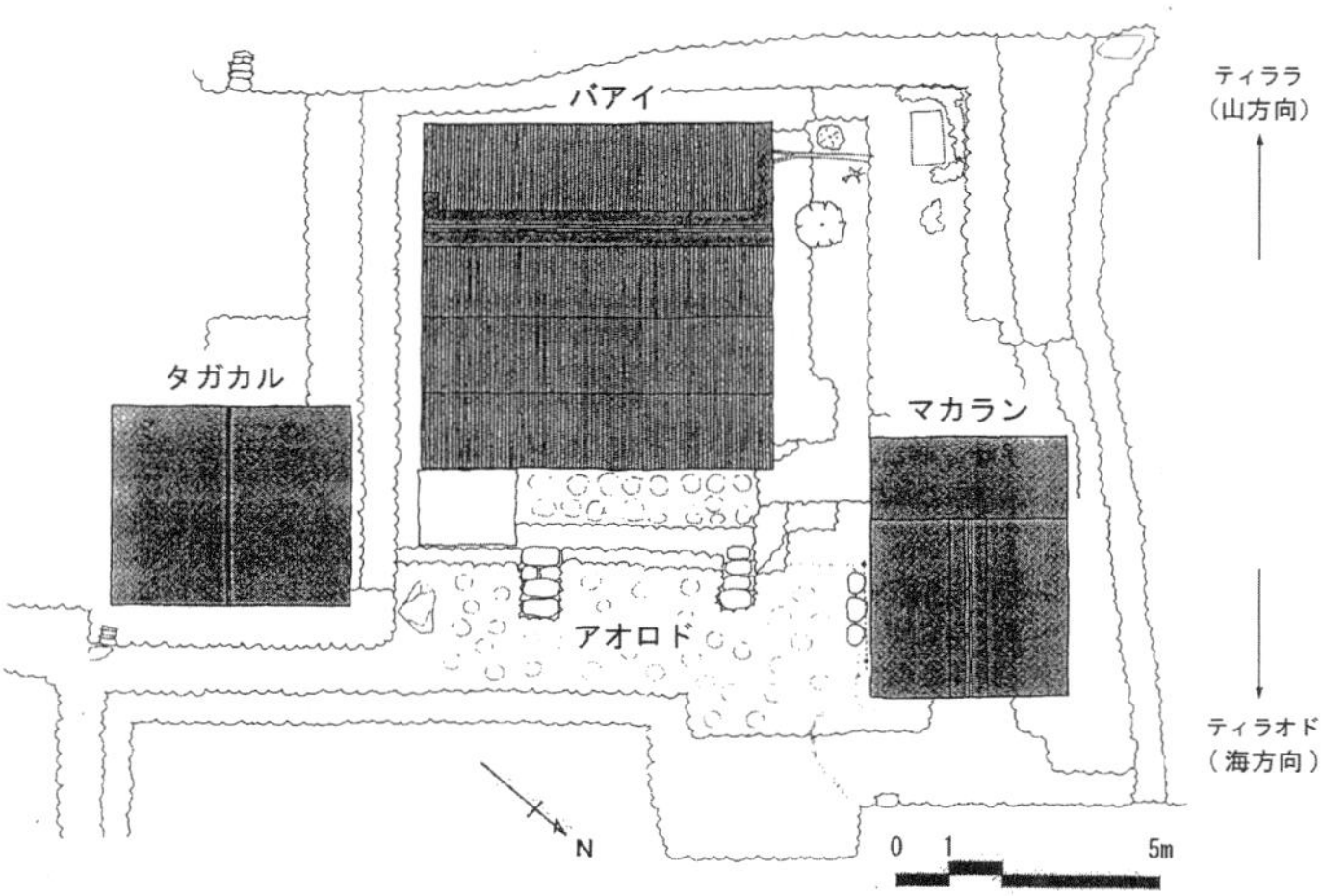

図１　家屋宅地図

り、老年層を中心にいまなお伝統的家屋で生活を営んでいるからである。戦後の台湾政府による同化政策や貨幣経済の浸透、台湾本島との往来などにより、ヤミの文化も大きく変容してきているが、老年層を中心に農耕、漁撈、飼畜を生業とした伝統的生活や文化はまだ保持されている。ヤミの社会には台湾本島の他の先住民のように村の首長のような者はいない。そのため、村の中に階層制はなく核家族としての同居集団の自律性がきわめて高いのが特徴である。また、リネージは父系的にたどることができ、父系的親族関係によって飛魚漁期の集団漁を行う船組が組織されたり、水田の所有や灌漑用水路の管理が行われる。ただし父系関係のみが重要ではなく、水田の開墾や家屋建設などは夫婦を中心とした双方的親族関係にもとづいてなされる。

黒潮のとおりみちにあたる蘭嶼には、毎年春になると飛魚やシイラなどの回遊魚がやってくる。この時期、港には飛魚漁に備えて船首・船尾が上向きに突起した独特の船がならぶ。漁は三月から六月にかけて大型船（九〜一〇人乗り）・小型船（三人乗り）によって行われる夜間の集団漁と、五月から六月にかけて小型船（一〜二人乗り）によって行われる昼間の個人漁とに分けられる。ヤミにとって飛魚は、貴重な食料であると同時に海の彼方の天界からやってくる特別な魚として重視されている。そのため飛魚漁は他の漁と区別される最も重要な漁撈とされ、さまざまな禁忌によってその生活行為や場所が規定されている。ここではヤミにとって重要な飛魚漁期に着目し、その時期の就寝と食事の定位の仕方と通常のそれとの比較をとおして住まいの場所秩序の変化とその意味を明らかにしたい。

3　就寝の仕方

通常、主屋バアイで寝るとき、家長はドスパニドのマバックに、妻はドスパニドのオスパニドにそれぞれ仰向けになる（**図2**）。このとき頭を海方向に向け、足裏を山方向に向け、身体を海—山方向に沿わせて寝る。古老によると、山方向やサレイ側に頭を向けて寝るのは遺体の安置の仕方と同じであるから良くないという。ヤミにとって寝るときの姿勢はサレイ側—スクル側や海方向—山方向といった方向によって規定されている。サレイ側—スクル側は理念的にではあるが日没—日出の方向に

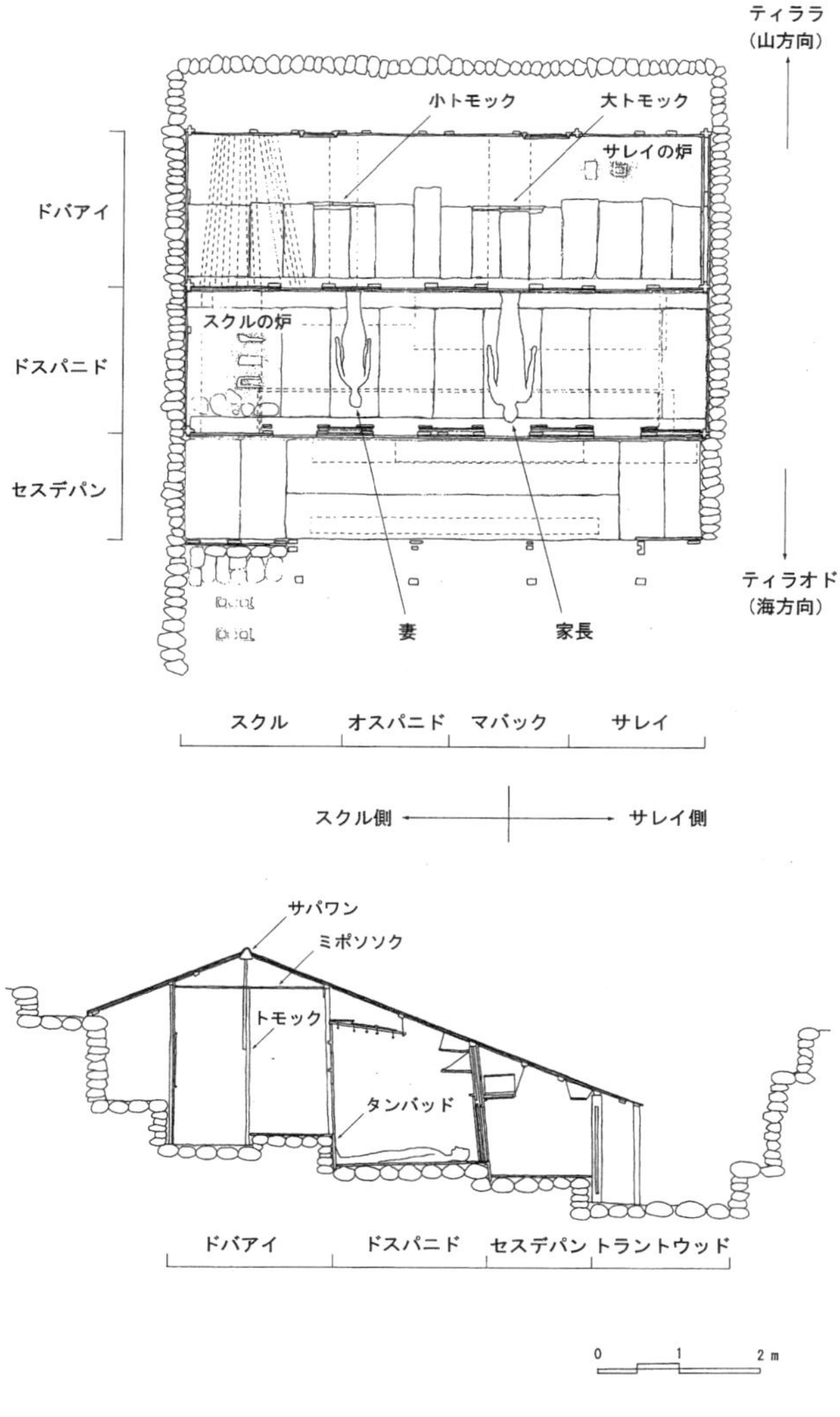

図２　通常の就寝の仕方（主屋平・断面図）

対応すると言われる。また、サレイ側は主屋における男性の生活する場所で死霊アニト(3)ともかかわる場所とされ、スクル側は女性の生活する場所とされている。家長の定位するマバック(mavak)は「中心・中間(avak)の場所」という意味で、棟持柱大トモックの立つ中心の場所であり、サレイ側とスクル側との境界の場所である。

大トモックは「主屋の霊魂」とも言われ、主屋のマバックに中心として立てられている。これら大トモックやマバックを根底から規定しているのは、神話における海と山の意味である。ヤミの洪水神話では海は人間の命や住まいを奪い無化するものとして、背後の山はそうした海から逃れ最終的に留まることのできる不動性を有した場所として語られている。家長は寝るときに中心の場所マバックにおいて海―山方向に身体を沿わせ、大トモックさらにはその背後の不動性を有した山と結びついている。

こうした結びつきは、家長が両足の裏を腰壁タンバッドにつけて寝るという姿勢からも読みとることができる。タンバッドは大トモックや棟木サパワンと同様特別の儀礼をして製作される部材で、家屋の相続と分配においても重視されるものである。タンバッドは垂直より若干山側に傾けられているが、これはドスパニドの床面が水平でなく海側が高くなるように傾けられていることと対応している。寝るときに足裏をタンバッドにつけることは、床の傾きに対し身体を足下から安定させることともかかわっている。とくに、タンバッドにつけた家長の足先には大トモックがあり、家長はタンバッドを踏むことで大トモックと海―山方向に結びついている。タンバッドは家長を大トモックやその先の山と海―山方向に結びつけるよう媒介するのである。家長がマバックにおいてタンバッドを踏みつつ寝ることで、大トモックさらには山が海―山方向に不動性を有して立ち現れ、そこに家族が安心して寝ることのできる場所が開かれるのである。

次に、飛魚漁期の寝方を見ていきたい。夜間の集団漁が始まると、大型船を所有する船組は、船員の主屋の中から船宿を選び、そこを船員たちの就寝や食事、飛魚燻製の場所とする。このとき船員はドバアイのサレイと、ドスパニド・セスデパンのマバック・サレイに定位し、その

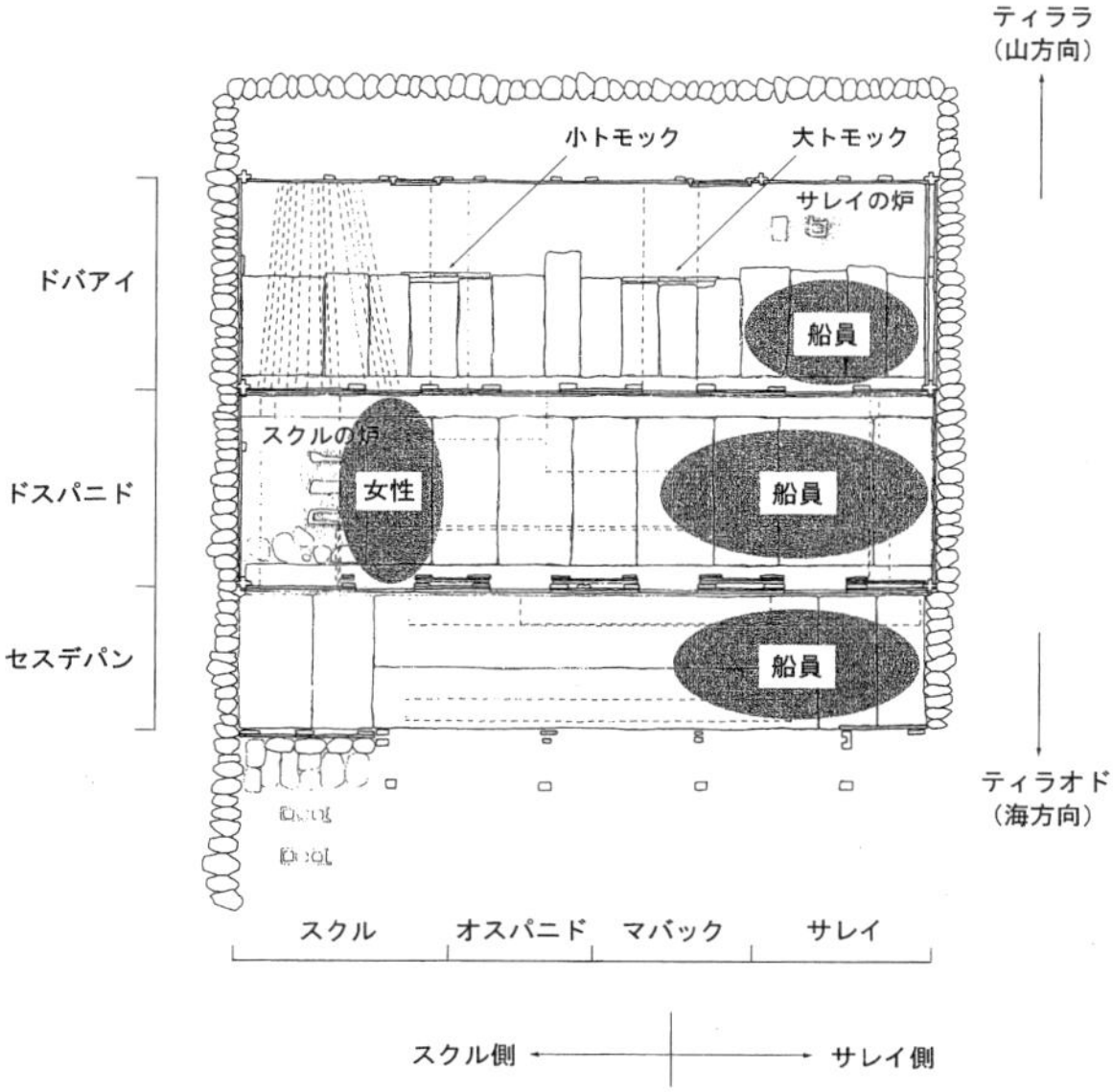

図3　飛魚漁期の就寝の仕方

家の女性はドスパニドのスクルに定位する(図3)。この時期、船員は船宿で寝、その家族は各自の主屋で寝る。船員が家族と一緒に寝ることは禁忌とされており、とくに妻との性交は飛魚漁期全体を通じて固く禁じられている。これは性交すると飛魚が逃げて捕れなくなるためである。また、夜間の集団漁が終わり昼間の個人漁がはじまると船員は各自の主屋で寝るが、このとき家長はドスパニドのサレイに、妻はスクルに定位する。船宿で寝るにしても、各自の主屋で寝るにしても、男性と女性の定位する場所がマバックを境に分離する。通常の寝方では、家長がマバックに定位することで、そこに中心の場所が開かれた。しかし、飛魚漁期、家長を含む男性たちはマバックでなく、サレイに定位する。マバックはこのときサレイ側(男性側)とスクル側(女性側)とを分かつ境界として立ち現れるのである。

4　食事の仕方

通常、主屋で食事するとき、家長は山側を背にセスデパンのマバックに坐し、妻はオスパニドに同様にして坐す。そして息子はサレイ側に坐し、娘はスクル側に坐す(図4)。家長と妻の定位の仕方は、通常寝るときの位置関係と対応している。古老によると、主屋のなかで坐すとき、サレイ側あるいは山側に面してはならず、スクル側か海側に面さなければならないという。主屋に坐すときもその身体

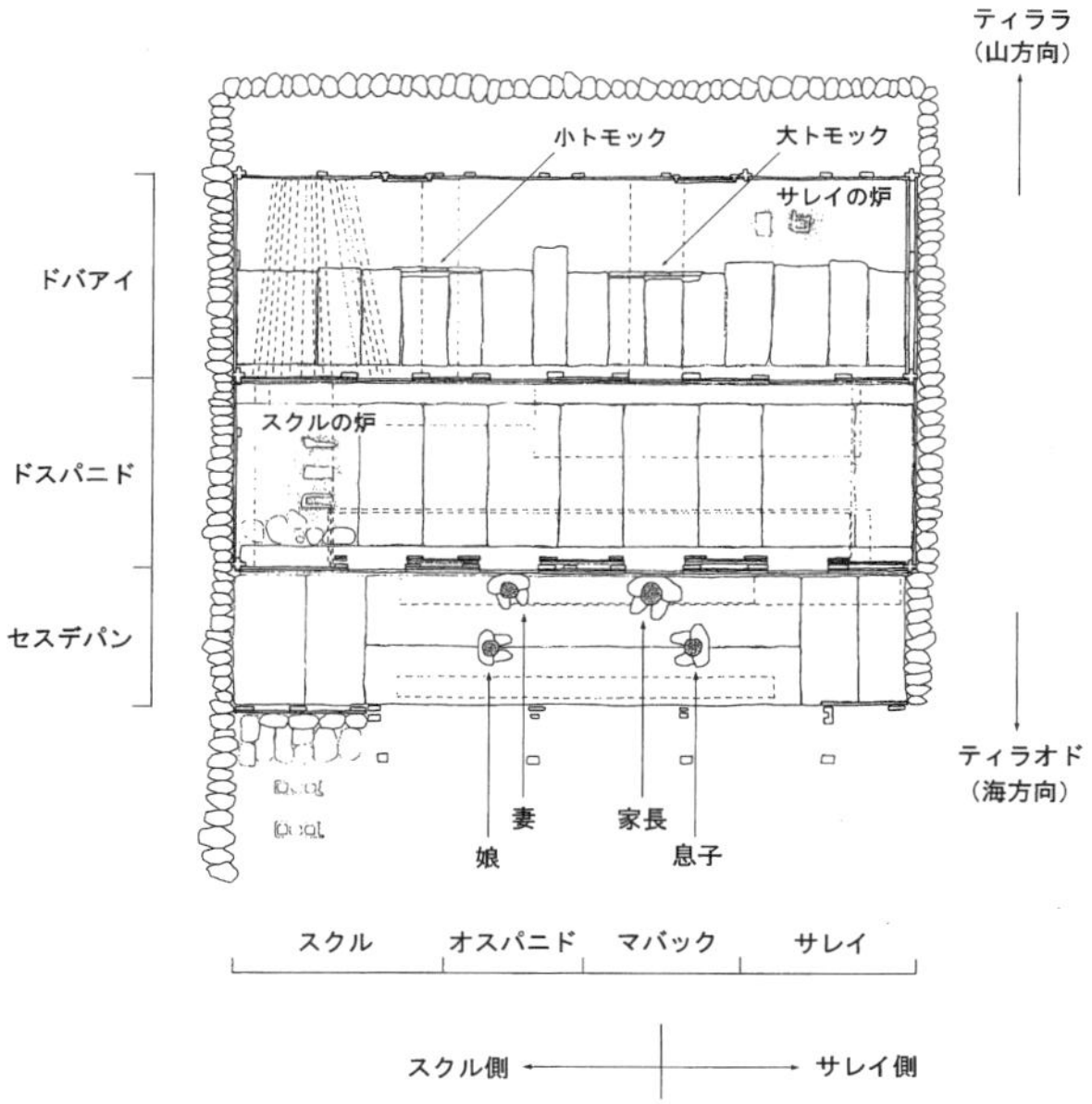

図4 通常の食事の仕方

方向が重視されるのである。主屋建造後に行われる主屋落成礼では、主屋において家長を中心とした歌会が開かれる。これは集落内外の客人が参加するもので夜を徹して行われる。そこでは、家長が大トモックに背をあてて坐す。家長は大トモックさらにはその先の山を背にして海―山方向に自らの身体を合わせるのである。家長が食事するあり方もこうしたあり方と重ねてとらえることができる。食事に際して家長はマバックに坐し、背後の大トモックや不動性を有した山と海―山方向に結びつく。そうすることで、そこに家族が安心して食事できる場所が開かれる

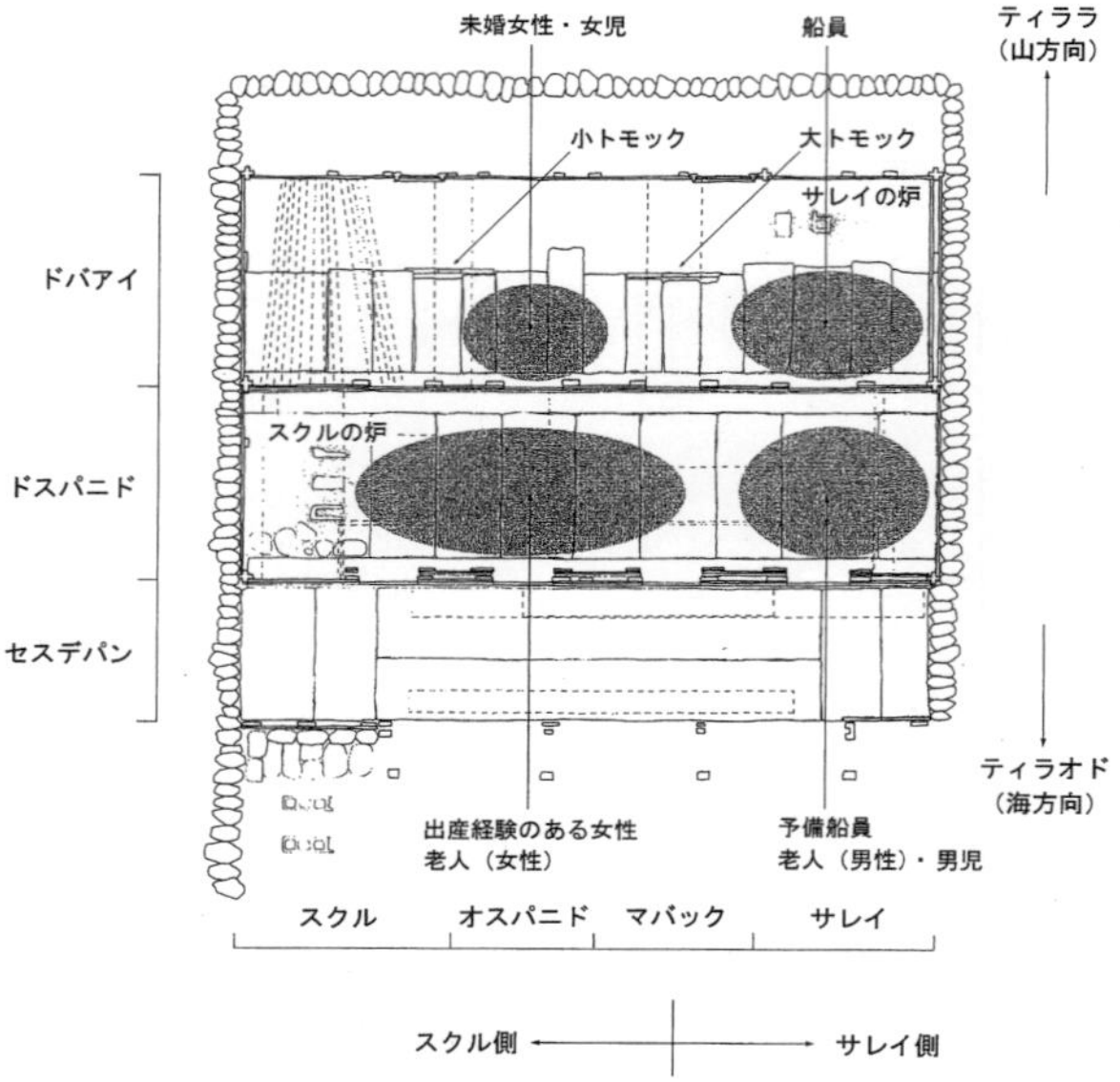

図5　飛魚漁期の食事の仕方

のである。

　それでは飛魚漁期の食事の仕方はどうであろうか。飛魚漁期のはじめに行われる儀礼では船宿における船員とその家族との共食が行われる。このとき船員はドバアイのサレイに、予備船員と老人(男性)と男児はドスパニドのサレイに定位し、未婚の女性と女児はドバアイのオスパニドに、出産経験のある女性と老人(女性)はドスパニドのスクル、オスパニド、マバックにそれぞれ定位する(図5)。また、飛魚漁期に各自の主屋で食事する場合、家長を含む男性たちはセスデパンのサレイ側に、妻を含む女性たちはスクル側に定位し、子供たちはその間に定位する。

船宿においても各自の主屋においても、飛魚漁期の寝方と同様、家長を含む男性の定位する場所は全体的にサレイ側であり、女性の定位する場所は全体的にスクル側である。マバックはここでもサレイ側（男性側）とスクル側（女性側）とを分かつ境界として立ち現れるのである。

これまで見てきたように、通常の寝・食では、家長と大トモックと山がマバックにおいて海―山方向に結びつき、マバックは家長やその家族にとって不動性を有する中心の場所として立ち現れた。それに対し、飛魚漁期の寝・食では、マバックがサレイ側（男性側）とスクル側（女性側）とを分かつ境界として立ち現れる。こうした場所秩序の変化は何を意味しているのであろうか。

5　内・外の二重構造と中心の場所

(1)飛魚搬入路

夜間の集団漁をはじめるにあたり豊漁を願う儀礼が行われる。これは昼間の個人漁のはじめに行われる儀礼と類似したものであり、ともに漁の開始にあたって節目となる重要なものである。徐瀛洲（一九八二）によってその過程を説明する。

過程1――ミバノア

正装した船員が船宿を出て海岸に行き船の中に入る。舵手が若者に飛魚漁期の禁忌を説明した後、船員は船の中に立ち、海に向かって銀兜を振って飛魚を招来する。海岸で鶏か豚を殺し、その血を小石に塗りつけて長寿を祈る。さらに二人の船員がその血を船の側面に塗りつけて魚がたくさん船の中に引き上げられるよう祈る。殺した鶏か豚の肉片を船尾近くにおき、死霊アニトに対して豊漁になるよう祈る。さらに海の彼方の天界にいる天の人に対しても魚をたくさんもたらすよう祈る。

過程2――オマラウ

船員とその家族が船宿に集まり豊漁を祈り共食する。このとき二人の船員が釣り針をくわえ、釣られた魚のまねをして豊漁を祈る。

過程3――マンラグ

正装した船員が船宿を出て海岸の船のところに行く。小石と砂を船のなかに投げ入れ、そのように魚が船の中に入るよう祈る。オール受けを揺すり、そのように船が魚でいっぱいになるよう祈る。海水を船にかけ、豊漁になるよう祈る。それから大きめの小石を五つ船首に置き、小さめの小石を五つ船尾に置く。船員はオールを船宿に持ち帰り、前庭に立てた枝木にたてかける(この枝木は魚を竿に干す前にかけるものである)。そしてその枝木を揺らし、テエイという樹の実のように魚がたくさんかけられて揺れるよう祈る。さらに前庭に立てた干し竿を引き下ろし、榕樹の蔓のように魚が竿にたくさんかかるよう祈る。それから船員は全員船宿の中に入り、捕った魚がそのように船宿の中に搬入されるよう祈る。船員はオールをもって海岸の船のところに行き、舵手が船の自分の席に立ち、海に向かって銀兜を振って飛魚を招来する。

以上が、儀礼の流れである。ミバノアでは、船員が海の彼方に向かい飛魚を招来する。飛魚は普段海の彼方の天界におり、飛魚漁期になると天界からやってきて、漁期がすぎれば再び天界に帰っていくと信じられている。ここで鶏や豚の血を小石と船に塗りつけるのは黒羽根の飛魚が「わたしに血をささげれば、多くの魚をあたえよう」と約束したという伝説による。この約束の言葉は黒羽根の飛魚を介した天界にいる天の人の言葉ともいわれる。ミバノアにおいて船員が血を天の人に捧げ、海に向かって飛魚を招来することで、海の彼方の天界が開かれ、飛魚がやってくるのである。

マンラグでは、飛魚を捕って持ち帰ったときの所作を諸場所で模擬的に行い、豊漁が願われる。それは飛魚が船の中に入れられるところから始まり、飛魚の重みで船のオール受けがうごくこと、枝木や干し竿に飛魚がたくさんかかること、船宿のなかに飛魚が搬入されることの順に進行する。マンラグでは海で飛魚を捕り船宿に搬入するまでの道筋を所作をまじえながらたどり、その搬入路を開示する。そして、ミバノアで海岸に出て天の人に血を捧げ飛魚を招来したように、搬入路は海ひいてはその先の天界へと開かれる。また、マンラグでは船員が飛魚の搬入を模して船宿に入り祈るが、船員は実際の搬入のときサレイを通らなければならず、祈りはサレイの炉の近くでなされる。飛魚搬入路はサレイの炉と海ひいては天界とを結ぶ路といえる。

集落内の飛魚搬入路は船組ごとに定められた路であり、飛魚を海岸から船宿に持ち帰るときはかならずこの路を通らねばならず、他人の家屋宅地を通ってはならない。他人が飛魚をもって家屋宅地に進入するとそこに不運がもたらされて、飛魚が捕れなくなるからである。飛魚漁期に竹の柵を主屋周囲に設け、宅地内に他人が進入するのを防ぐのもこれと関連している。こうした路の規定は、主屋落成礼にもみられる。主屋落成礼では他集落の客人が集落周縁の一カ所に集まり、そこから新しい主屋まで一定の路を通って一列になりやって来る。このとき通る路も飛魚搬入路と同じ道筋である。また、葬送儀礼にも同様の例をみることができる。葬送儀礼では亡くなった人の主屋を喪屋とし、そこにいったん遺体を安置する。最終的に遺体は喪屋から墓地まで運ばれるが、このとき通る路も飛魚搬入路と同じ道筋である。この路沿いには竹の棒が置かれ、死霊アニトが周囲の家屋宅地に現れないようにされる。そして、他人が喪屋に進入したり葬送の路を通ることは禁忌となる。このように飛魚搬入路は飛魚だけでなく、落成礼における他集落の客人や葬送儀礼における遺体の通る道筋でもある。共通していえるのは、それらが本来集落周縁のものあるいは集落外部のものということである。とくに他者の飛魚や遺体は路周辺の人にとって、不漁や不運、死霊アニトをもたらすものであり、庇護された内部を侵す外部的なものあるいは異他的なものといえる。そのため、それらを持ち運ぶときは集落周縁と主屋とをむすぶ隔離された一定の路を通らねばならないのである。このとき路は集落内部に亀裂のように入り込む異質な外なる場所として立ち現れる。ただここで飛魚搬入路を外なる場所というのは、その路を通らない周辺の者にとってのことである。飛魚搬入路を通る者にとってそこはどのような場所として立ち現れるのか。主屋内の飛魚搬入路であるサレイ、およびその最奥部に設けられるサレイの炉に焦点を当てて見ていきたい。

(2)サレイの炉と海

主屋には、二つの炉が設けられている。一つは飛魚・シイラなどを調理する炉で、ドバアイのサレイに設けられる。もう一つはそれ以外の魚介類や芋、豚、山羊、鶏などを調理する炉で、ドスパニドのスクルに設けられる。一般に、サレイの炉は男性がその使用に責任を負い、スクルの炉は女性が責任を負う。これはサレイ側が男性側で、スクル側が女性側であることと対応している。ただし、こうした規定が厳密に守られるのは飛魚漁期のみで、それ以外の時期はサレイの炉を女性が使用してもよく、スクルの炉を男性が使用してもよい。ここでは、飛魚漁期におけるサレイの炉の意味を考察しつつ飛魚搬入路がどのように立ち現れるかを見ていきたい。

飛魚漁期におけるサレイの炉に関し注目されることとして、鶏の血の入った小さな竹筒を炉棚にかけることがあげられる。この竹筒はサレイの炉の灰とかかわって用いられる。たとえば飛魚やシイラを壺で煮るとき、壺のなかにサレイの炉の灰が入るとそれは穢され、食べられなくなるが、竹筒を壺の口につけると食べられるようになるという。竹筒は灰により穢された飛魚やシイラを浄化する力を持つのである。

この竹筒の扱いには慎重さが要求される。たとえば、大トモックの上に掛けた竹筒を壊すことは、喧嘩のとき誤って大トモックを激打することと同様重大なことであり、このようなことが起こった場合、家屋と宅地をすべて破棄しなければならない。これは大トモックとのかかわりにおいてであるが、竹筒がサレイの炉棚に掛けられるときも、竹筒は子供の手の届かないところに掛けられ、鼠からも遠ざけられなければならない。子供や鼠によって竹筒が壊されると、身体に腫れ物ができるからである。サレイの炉とのかかわりにおいても竹筒を壊すことは厳重に禁じられているのである。竹筒は灰によって穢された飛魚を浄化するものであるが、破壊すると逆に身体や「住まい」を脅かす力も秘めている。これは大トモックやサレイの炉がそれだけ身体や「住まい」と直結しているということも示している。

飛魚漁期はサレイの炉を男性だけが使用でき、女性は使用できないと言ったが、これはそうした慎重な扱いを要するサレイの炉を隔離することとかかわっている。たとえば、個人漁のはじまる時期になるとトラントウッド、セスデパン、ドスパニド、ドバアイそれぞれのマバックにあたる場所に竹の棒を海—山方向に置くといわれる。また、トラントウッドのマバックに竹の棒を海—山方向に置き、紐をセスデパンのマバックに海—山方向に張るともいわれる。これらはいずれも女性が男性のいるサレイに進入できないようにするためである。さきに飛魚漁期に性交してはならないことや、寝・食のとき、マバックを境に男性と女性が分離することを見た。竹の棒をマバックに置くことで、マバックがサレイ側（男性側）とスクル側（女性側）とを分かつ境界として立ち現れ、サレイの炉やサレイ側に定位する男性が女性から隔離されるのである。古老によれば、こうして隔離されたサレイは、掃除をしてはならないという。サレイを掃除すると飛魚やシイラが逃げてしまい捕れなくなるからである。また飛魚を燻製にするとき、夜中でも一人がサレイの炉の火を見守らなければならず、主屋の戸は開けていなければならないという（通常であれば寝るときは閉じている）。これは、煙の充満を防ぐためでもあろうが、古老によると、主屋の出入口は飛魚の口と同じで、戸を開けないと飛魚が捕れなくなるからだという。豊漁を願う共食オマラウで、船員が釣られた魚を演じる場所もサレイの炉付近であったが、これらはいずれもサレイが、海にいる飛魚と直接的にかかわる場所であることを示している。サレイは飛魚搬入路として動線的に海と結びつくだけでなく、そこが即海とつながっているかのように重層的に海と結びつく場所となっているのである。

ヤミの人々の中でロミアクと呼ばれる霊能力者は、憑依状態になると天界に行き天の人と会って話をしたり、死霊の島に行き死霊アニトと会って話をすることができるとされる。ロミアクが見た天界の家屋の話が皆川隆一（一九八六）らによっていくつか報告されている。それによれば天界の家屋は、サレイ側が海になっており、飛魚やシイラ、その他の魚がたくさん泳いでいたという。この天界の家屋に住む天の人はシマニチョと呼ばれ、天界の最高の層にいるものである。家屋のサレイ側に魚がたくさんいるのはこれらすべてがシマニチョの創造したものであるからだという。また、別の報告によれば天界の家屋は、トモック後方の土間が海になっており、魚がたくさん泳いでいるという。この家屋に住む天の人はシオミナと呼ばれ、天界の二番目に高い層にいる。かつてヤミの祖先に供儀をすれば魚をたくさん与えると、黒羽根の飛魚を介して約束したのがシオミナである。このように天界の天の人は飛魚とそのはじまりにおいてかかわっており、天界の家屋のサレイ側やドバアイの土間部分、すなわち通常の主屋でいうサレイの炉の位置するところは海になっているのである。先に飛魚漁期の海がサレイの炉の位置する場所と重層的に結びつくことをみたが、海は天界の家屋のドバアイのサレイとも重層的に結びついているのである。飛魚漁のはじめ海の彼方の天界に向かって飛魚を招来し、飛魚がやってくることで主屋と海と天界とが結びつく。それは単に線的に結びつくだけでなく、最も内奥のサレイの炉と最も外なる天界の家屋の同部分とが、ともに海と直結することをとおしてその根底で重層的に結びつくといえる。サレイの炉において内・外が反転しつつ重層的に結びつくのである。

(3)中心としてのマバック／境界としてのマバック

以上見てきたように、飛魚漁期にサレイが飛魚搬入路として立ち現れることで、主屋の場所秩序は大きく変化する。船員は船宿に出入りするとき静かにしなければならないし、子供も船宿のなかで喧嘩することを禁じられる。主屋は飛魚漁とのかかわりにおいて安静を保たねばならない場所になる。とくにサレイは最奥部にサレイの炉を有した場所であり、飛魚のいる海ひいては天界と重層的に結びついた場所であるため、他の領域から隔離され安静が保たれる。重要なのはそのように隔離されたサレイがそこに住む人にとって庇護された内なる場所としてでなく、むしろ主屋内部に挿入された外なる場所として立ち現れるということである。船員はそうしたサレイに定位して寝・食するわけだが、当然そこに安心して休らうことはできないであろう。かつてイヴァリヌ村の船員は夜間漁を終えた後、船宿で寝ずに海岸の船屋で寝ることもあったという。これは船員である男性が女性や家族から分離して寝るということの徹底を示すが、さらにこの時期のサレイがかならずしも寝るに適した場所でなかったということも示していよう。寝・食の場所、とりわけ就寝の場所は、庇護された安心できる場所でなければならない。家長にとって通常の寝・食の場所マバックは、大トモックとの結びつきにおいてそうした庇護性を有していた。一方、飛魚漁期の寝・食の場所サレイはそうした庇護性を有さないのである。

ここで、通常の主屋の場所秩序が飛魚漁期に大きく変化することの意味をもう一度考えてみたい。通常の寝・食では、男性がマバックに家長として定位し、大トモックと海―山方向に結びつく。このときマバックは不動性を有した中心の場所として立ち現れた。それに対し、飛魚漁期、家長である男性は家族とくに女性から離れてサレイに定位し寝・食した。通常から飛魚漁期への移行に際し、家長はマバックからサレイへと変位し、マバックは中心の場所というよりむしろサレイ側(男性側)とスクル側(女性側)とを分かつ境界として立ち現れたのである。これは家長にとって、マバックという主屋の中心からの変位による脱中心化であり、同時に、家長という家族の中心からの脱中心化でもあった。このとき家長は、家族から離れ、サレイに定位しつつ海という外に出た船員としてある。マバックは、空けられることで境界として立ち現れるが、飛魚漁期が過ぎれば再び家長の定位する中心の場所として立ち現れる。通常から飛魚漁期へ、さらに通常への移行によって、マバックに中心の意味と境界の意味が交互に付与される。こうして中心の場所でありつつ、中間の場所（境界）でもある「中心・中間（avak）の場所」というマバック（mavak）本来の両義的意味が生きなおされ、更新されるのである。つまり、飛魚漁期を介した場所秩序の変換をとおして、マバックという主屋における中心の場所がそのつど新たにされ、その中心性が保持されるのである。

6 おわりに

ヤミの「住まい」を考察していくなかで常に重要な場所として浮かびあがってくるのが「住まい」における中心の場所である。洪水神話では全てを無化する海が立ち現れ、それを契機に背後の山が不動性を有した世界の中心として立ち現れる。「主屋の霊魂」とされる大トモックはそうした不動性を有した山に比定されて主屋における中心の場所マバックに立てられている。ただし、マバックは、山や大トモックと結びついた中心であると同時に、海―山方向に沿った通路でもある。マバックは家人が自足して住まうことのできる不動の中心であり、同時に海―山方向に沿った移行可能な通路として、途上に自足する場所となっていたのである。また、マバックは飛魚漁期になれば、中心の場所というよりむしろ境界として立ち現れる。マバックは中心であると同時に境界でもある場所として両義性を有していたのである。そして、中心から境界へ、境界から中心へという場所秩序の循環的変換をとおしてはじめて、中心の場所でありつつ、中間の場所（境界）でもある「中心・中間の場所」というマバック本来の両義的意味が生きなおされ、その中心性が保持されていたのである。ここで中心から境界への変換は、マバックという場所の海―山方向の通路から境界への変換と見ることもできる。マバックにおいて海方向―山方向とサレイ側（男性側）―スクル側（女性側）という二つの直交する場所秩序の優越性が変換するともいえる。中心の場所マバックはそうした二つの場所秩序を統べ生成する場所でもあったのである。

注

（1）紙幅の都合上ここで詳しく触れることはできないが、日本における建築空間論の展開に関しては　下記論攷で詳細にまとめられている。
前川道郎、一九九八年、「〈場所〉ということ」、『建築的場所論の研究』（前川道郎編）、中央公論美術出版
田路貴浩、二〇〇三年、「建築論」、『建築史学』四一、建築史学会

（2）近年、台湾では「ヤミ（雅美）」でなく、「タオ（達悟）」とよばれることも多いが、日本では「ヤミ」のほうが

一般的であるため、あえてこのままの名称を用いることにする。ちなみに「ヤミ」は、鳥居龍蔵が一八九七年に最初の人類学的調査をおこなったときにつけたとされる名称である。「タオ」はヤミ語で「人」を意味する tao という言葉からきている。また台湾に生活しているタイヤル、サイシャット、ツォウ、ブヌン、ルカイ、パイワン、アミ、プユマ、ヤミ(タオ)、サオ、クヴァラン、タロコ、サキザヤ、セデックといった人々は現在法的に「原住民族」と総称されている。

(3) 死霊アニトは死亡した人間の霊魂である。ヤミの人々はアニトを非常に恐れている。それは、アニトが生きている人を妬み、不作や不漁ときには病気や死をもたらすと信じられているからである。

文献

陳玉美、一九九五年、「夫妻、家屋與聚落　蘭嶼雅美族的空間觀念」、『空間、力與社會』(黃應貴 主編)、中央研究院民族學研究所

關華山、一九八九年、「雅美族的生活實質環境與宗教理念」、『中央研究院民族學研究所集刊』六七

蔣斌、一九八四年、「蘭嶼雅美族家屋宅地的成長、遷移與継承」、『中央研究院民族學研究所集刊』五八。

前川道郎、一九九八年、「〈場所〉ということ」、『建築的場所論の研究』(前川道郎編)、中央公論美術出版。

皆川隆一、一九八六年、『雅美族民俗資料I』、私家版。

西垣安比古、一九八九年、『朝鮮に於ける「すまい」の場所論的研究』(学位論文)、私家版。

その後、下記書籍として刊行されている。

西垣安比古、二〇〇〇年、『朝鮮の「すまい」——その場所論的究明の試み』、中央公論美術出版。

日本順益台湾原住民研究会編、二〇〇一年、『台湾原住民研究概覧——日本からの視点』、風響社。

Norberg-Schulz, Ch., 1971, *Existence, Space and Architecture*, London. ＝一九七三年、加藤邦男訳、『実存・空間・建築』、鹿島出版会。

――, 1980, *Genius Loci, Towards a Phenomenology of Architecture*, London. ＝加藤邦男・田崎祐生訳、一九九四年、『ゲニウス・ロキ――建築の現象学をめざして』、住まいの図書館出版局。

――, 1985, *The Concept of Dwelling, On the Way to Figurative Architecture*, New York. ＝川向正人訳、一九八八年、『住まいのコンセプト』、鹿島出版会。

Sigfried Giedion:*Space, Time and Architecture*, Cambridge, Harvard University Press, 1941. ＝太田實訳、一九六九年『空間　時間　建築』1・2、丸善。

玉腰芳夫、一九七七年、『日本古代の住居――その建築的場所の研究』（学位論文）、私家版。

その後、下記書籍として刊行されている。

玉腰芳夫、一九八〇年、『古代日本の住まい――建築的場所の研究』、ナカニシヤ出版。

徐瀛洲、一九八二年、『蘭嶼雅美族漁撈――回游魚』、南天書局。


（本章は、拙著『台湾ヤミの住まいの建築論――中心・通路・境界の場所――』中央公論美術出版の第六章「生活行為にみる中心と内・外の場所秩序」を、本書にあわせ加筆修正したものである）

第4章　空間から場所へ

大城　直樹

社会空間の前提条件は、その空間の内部にそれ自体の特定の仕方で現実に持続し残り続けている。（中略）〈空間の構築技法〉の課題は、多くの場合、地層、年代、堆積層などといった隠喩的な省略表現を用いて提起される、この持続性を記述し分析し説明することである。（Lefebvre, 1991＝二〇〇〇：三三九、一部改訳）

1　はじめに

「空間から場所へ」とは、デイヴィド・ハーヴェイのよく知られた論文のタイトルであり、この論文に触発されるかたちで、『空間から場所へ』という書物をかつて筆者らは編集したことがある（荒山・大城、一九九八）。直接的にその論文の内容を反映させたものではなく、むしろそのタイトルの二つの術語「空間」と「場所」、そして「から」と「へ」という前置詞の並びに刺激を受けたものであった[(1)]。

ここでいう「空間 space」とは、地理学において一九五〇年代から六〇年代にかけて斯界を席巻した計量主義の流れに棹差す概念であり、それまで主として行われてきた「地域 region」の個性の記述に対して、法則定立的で一般的な手法を用いる際に主張される概念として敷衍していった。一般化し法則を定立しようというのだから、当然、特殊や具体といった位相は希薄化されていく。これに対し、主として米国において、一方では社会への関与性を問うマルクス主義地理学からの、また他方では人間や社会の具体的な場所の経験の重要性を主張する人文主義地理学からの批判が、一九七〇年前後から起こり始めた。この二つの流れは、一九八〇年代後半以降英国において新たな文化地理学ないしは社会＝文化地理学として綜合され、今日活況を呈するにいたっている[(2)]。

人文主義地理学が等質的な空間を前提とし、数値に還元される形でしか表されない人間の活動、また抽象化されてしまうその空間的な経験の具体性を、「場所 place」という概念を前面に押し出して研究すべきとしたことにより、特定の空間的範域と人間の情動的関係、価値付け、意味付与といった定性的な対象が、現象学的手法を間接的に取り入れながら、本格的に扱われていくようになった。だが、この人文主義地理学も、その主体の前提が主意主義的 voluntaristic であり、主体自体の社会的構成／

構築性を棚上げするきらいがあるとして、様々な社会集団における主体のあり方の差異、主体のポジショナリティ（ジェンダー、年齢、エスニシティなど）、社会生活の政治・経済的局面を問う立場から、この点のナイーヴさが批判されるようになった。社会を行為体 agency 論的に見るかあるいは制約的な局面を重視して構造 structure 論的に見るか、はたまた、ギデンズ的な「構造の二重性」概念やブルデューのハビトゥス概念を持ち出してその仲介的な立場をとるか、こうした主体―構造のスペクトルのなかの様々なスタンスから社会―空間関係を検討することを主張する社会＝文化地理学が、さきに触れたようににわかに注目されるようになってきた。こうした動きの中で、「場所」概念もまた、概念的なブレーン・ストーミングを受けることになり、素朴な愛着心といった位相を超えて、特定の空間的範域のマテリアルな（唯物論的？）現実的構成が問われるようになってきた[3]。筆者らの本もこれを受けて著したつもりであり、さきのハーヴェイの論文のタイトルが、正確には「空間から場所へ、そして場所から空間へ」であったように、単に人文主義的な場所理解ではなく、ハイデガー的な本質主義・共同体主義を相対化するようなアプローチを念頭に入れつつ、具体的な事例を挙げ、ミニマルなスケールではあるが、それぞれに理論と実証の節合を模索したものと自負するものである。本章では、まず一九八〇年代以降の「場所」概念の簡単な整理を行って現在に有効な方法を探り、その方法の可能性を、事例を用いつつ検討することにしたい。

2 「場所」をどう考えるか

「場所」をめぐる議論は多士済済百花繚乱の呈を為すものであって、これを限られた紙幅のなかですべてレビューすることは不可能である。ここでは一部の、ただし、本章に関わりのある主要な論者の概念を紹介することで、その一端を見てみることにしたい。

早速だが、「空間的実践を通じた〈場所〉の構築」に言及するなかでハーヴェイは、ルフェーヴルの「空間の生産論」を大いに評価して、それをルフェーヴリアン・マトリックスとして措定しつぎのように問う。「〈場所〉は物質的人工物としてどのように構築され、経験されるのか、また〈場所〉は言説でどのように表象されるのか、逆に現代の文化のなかで〈場所〉は表象として、象徴的な〈場所〉としてどのように使われるのか」と。それに答えるためには、〈場所〉構築における体験や知覚、想像のあいだの弁証法的相互作用に注目する必要があり、同時に、〈場所〉の広がり(存在／不在、空間尺度)や領有(＝独自の摂取・利用)、支配、生産などの関係についても横断的に考察する必要があるとした(Harvey, 1993＝一九九七：九五；Harvey, 1989＝一九九九：二八一—二)。

『ポストモダニティの条件』にいたって、ハーヴェイは表象の問題を後期資本主義の文化論理の枢要な契機として重視するようになった(Harvey, 1989＝一九九九)。とはいえ、ハーヴェイ自身、モンマルトルの丘、そしてその上に建つサクレ＝クールをめぐる表象の競合(カトリック、保守政治家、コミューンらによる）について論じてはいたものの、それが資本主義の論理に直截的に結び付けられていたわけではなかった（Harvey, 1985）。だが「空間から場所へ」という論文の中では、これを関連付けることが模索されているのである。そしてそれは、ハーヴェイのパリ論の集大成となる『パリ』において存分に展開されることとなった（Harvey, 2003＝二〇〇六）。

しかしながら、ここでは資本の論理と場所の関係性について追いかけることは断念し、場所と表象の関係について論じた箇所を詳しく見ていくことにしたい。ハーヴェイは、社会秩序のあらゆる領域で起こる「場所」の生産の意味の変化を解釈するために、ルフェーヴリアン・マトリックスに立ち返ろうと言う。単に「場所」がどのようにして物質的な質を得るかということを理解するだけでは不十分であって、「場所」の評価や階層的ランキングは、おもに表象の活動で決まってくるのであり、「場所」の表象は、幻想や欲望、恐怖、憧れなどが現実の行動に現されることによって物質化するという。「場所」はイメージを支配することは可能ではあるが、それゆえに力を持つ象徴的な「場所」の創造は手をかけずに行いうるというものではなく、骨を折って養成し戦わせることなどが必要とされるとする（Harvey, 1993＝一九九七：九九）。

どんなモニュメントを建造しても、それによって建立者や為政者への愛着を同時に産み出すことはできない。ルフェーヴリアン・マトリクスの強さは、それが表象や想像と物質性をそれぞれ分離したものとして捉えないところに由来する（Harvey, 1993＝一九九七：一〇〇）。もちろん二つの領域はつねに整合的であるわけではなく、表象や象徴の領域の機能と物質的領域の機能とのあいだの矛盾は頻発する。また、その「場所」での人々の日々の営みのなかにほとんど共同性が見られない場合でさえ、「場所」に対する思い入れや愛着は政治的な意味を持ちうる。物質的な「場所」構築と同様に、「場所」が人の内面の中に構築されることを通じて動員され機能する政治的力が存在するとハーヴェイは言う(Harvey, 1993 = 一九九七:一〇〇)。様々な物質的働きや表象的、象徴的働きが弁証法的に相互作用して「場所」が構築されるとき、人々が何をどのようにその「場所」へ与えるかが、それらの働きの評価の指標になると思われる。一方人々はそこに何かを付与することによって、逆に自分自身を力づけることにもなる(Harvey, 1993 = 一九九七:一〇〇)。

このハーヴェイのルフェーヴルを介した「場所」構築についての考え方は興味深い。場所と表象は切り離して考えられるべきものではなく、そこに生じる矛盾をはらんだ力関係に留意すべきであり、様々な物質的働きや表象的働きが弁証法的に相互作用して「場所」が構築されること、その際、場所に付与されるものが何であるかを見極めること、これらのことが「場所」の解釈を行う上で大きなポイントとなってくるのである。

ハーヴェイのポストモダン論に批判的なマッシーも、場所について論じている。彼女は、ハイデガー的な、安定性、アイデンティティ、保守反動的な共同意識に基づいた場所感覚ではなく、進歩的な場所感覚というものを提唱する。それは、より開かれた多様性の場であり、複数のアイデンティティが共存するようなものとして概念化されるような場所感覚である（Massey, 1993＝二〇〇二）。念のために言っておくと、ハーヴェイはマッシーのように身も蓋もない扱い方ではなく、マルクスとある意味では並行するかたちでモダニティと人間生活の疎外というものを検討したとして、ハイデガーの「住まうこと」をめぐる考察を両義的な形ではあるが評価している。

さて、マッシーは、長年暮らしてきたロンドンのキルバーンを事例にして、ハイデガー的なものとは別の仕方で「場所」の特徴を説明していく。まず一点目は、その場所に独自の特徴があるとしても、「それは継ぎ目のない一貫したアイデンティティ、つまりだれもが共有している単一の場所感覚ではけっしてない」ということ。人々には複合的なアイデンティティがあり、それが豊かさの源または紛争の原因のどちらにもなりうるという。二点目として、「その他の世界ならびに英国帝国主義の歴史全体との関わりを抜きにしては、キルバーン・ハイ・ロードについて考える手がかりを得ることさえできない」という。この通りは、アイルランドのすべての県の新聞が売られ、壁にＩＲＡという文字がおどり、サリーを陳列した店があり、『サン』誌を売るイスラム教徒が居るようなそんな通りである。そして三点目として、閉曲線で境界を画定することによって、キルバーンの定義を行うことはないと述べる（Massey, 1993＝二〇〇二：三九―四〇）。

そして、場所のオルタナティヴな解釈を提示していくのだが、それによると、ある場所にその種別性を付与するのは、ずっと過去にまでさかのぼって内面化される歴史ではない。場所はある特定の位置でひとまとめに節合された諸関係の特定の布置から構築されるという事実こそが、場所に種別性を与えるのである。換言すれば、場所の唯一性、つまりローカリティは、社会的諸関係、社会的プロセス、そして経験と理解がともに現前する状況の中で、その特定の相互作用と相互の節合から構築される。場所は境界線のある領域としてではなく、社会的諸関係と理解のネットワークにおいて節合された契機として想像できるだろう。このように考えることによって、外に向かって開かれ、広い世界との結びつきを意識し、グローバルなものとローカルなものとを積極的に統合していく場所感覚が可能となる。ローカルな場所と広い世界のあいだには、経済的、政治的、文化的な実質をもつ現実の関係があり、その関係の中でシステムが設定されるということを問題にしているのだ(Massey, 1993 =二〇〇二)。

以上がマッシーの「場所」概念である。モダニティの歴史地理学を旨とするハーヴェイの場所概念と比べると、ずいぶん共時的なものにうつる。あくまで「いま・ここ」に実在する社会的現実の構成をグローバルなネットワークを念頭に浮かべつつ理解するというわけである。彼女の場合、確かにハーヴェイのような大きな物語を語る立場とは異なり、あくまでも、経験的なローカルなレベルから出発し、抽象的なグローバルな世界との結びつきを地理的想像力によって語っていく。そして、場所に種別性を付与するのはずっと過去にさかのぼって内面化される歴史ではないと述べる彼女は、最後に歴史への目配りも忘れない。「このような諸関係すべてが場所の蓄積された歴史と相互に作用しあい、そこからさらなる種別性の要素を引き出してくる。この時歴史そのものは、ローカルな世界とより広い世界との異なった結びつきの組み合わせの層の上に、さらにそういった層を重ね合わせた所産として概念化される」と(Massey, 1993＝二〇〇二：四三)。ここで参照されるのは、内面化された歴史ではなく、あくまでも、他所との関係性の歴史が堆積した地層の露頭なのである。

このほかにも、「場所」をめぐる議論はある。たとえばフェミニスト地理学者のローズは、場所や家父長的故郷(郷土)が安定的で安全なものというようなロマンティックな観念は、不均等なジェンダー構築を無視しているとする(Rose, 1993＝二〇〇六：六三―八九)。これはマッシーのハイデガー批判と通底するものである。場所がノスタルジックなイメージと結びつけば、どうしても保守的な共同性、そしてそれを下支えする家父長的な社会組織が表に出てきてしまう。また、やや類似するが、クレスウェルも場所に対する批判的な見解を提示している。それは場所がすでに確立されたヒエラルヒーを維持するような利害関係のなかにあって実践を制約するという意味において、場所の編成をイデオロギー的なものとみなすものである。批判的な人文地理学は、その関心を空間に対するこの文化的規範のマッピングへの抵抗、また逸脱に向かうべきだと彼は言う(Cresswell, 1996)。

「場所」構築に関わる表象の不離接性、「場所」の複数のアイデンティティ、よりグローバルな諸契機との関係性、歴史の地層、既存のヒエラルヒーを維持させるような場所のイデオロギー性。他にもまだあろうが、以下の事例に関わるものを取り上げればこれらのものとなる。これらを意識しつつ、具体的に話を進めていくとしよう。

3　場所の系譜学あるいは首里城(4)

筆者の生地でありフィールドである沖縄の那覇の街を歩きながら、この「場所」の問題について考えてみたいと思う。対象は首里城をはじめ遊歩の過程で眼に映り込む風景である。那覇の街自体は、今では沖縄の主要な観光スポットとなった首里の街から見おろせば家また家、あるいは建物が城下から東シナ海まで一面覆い尽くす景色となっている。だが、旧い地図（**図1**）を見れば分かるように、九〇年前までは、首里と那覇のあいだには耕地や荒蕪地が広がっていた。今では繁華街の中心に位置する牧志や壷屋の集落も農村集落であったことも地図から読み取ることができる。現在の国際通りが賑わいはじめるのは、第二次世界大戦後になってからである。

図1　1919（大正8）年の那覇・首里

今日観光客の姿ばかりが目立つ国際通りも、一昔前までは沖縄一繁華な商店街といわれていたし、今なお繁華であることも事実である。しかしながら、そのほぼ中心に当たる丘の上に立つ映画館は閉ざされ（現在は更地）、新都心へと移転した旨の貼り紙がされているし、通りを埋め尽くしていた専門店は著しく減少し、チェーン店の土産物屋ばかりが増殖しつづけている。かつて殷賑を極めた鹿児島系資本の某デパートも、跡形なく取り壊され更地となり駐車場と化した（現在はホテルが建っている）。一九六〇年代生まれの筆者には、子どものときに刷り込まれた映画館と百貨店、そして通りの両側に立ち並ぶ店舗のショーケースの賑やかさと人ごみというイメージによって代表されてきた通りであったが、今では景観的に歯抜けとなった箇所も多く侘しさすら感じられるような場所、一言で言えば、少なくとも筆者の消費行動にとっては魅力に乏しい、没場所化（Relph, 1976＝一九九一）の進行しつつある場所と化している。

さて、この国際通りあたりから東方を見やると、首里の丘の一段高い位置を大きな赤い建造物が占拠しているのが確認できる。これが首里城である（**写真1**）。首里はかつて那覇とは別の独立した行政体（首里市）であったが、それ以前、つまり前近代までは、政治都市として、経済都市那覇とツイン・シティを形成し、那覇には港湾を中心に町人が集まり、首里の丘の上には役人である士族が集住していた。現在の国際通りの衰退は、那覇市北西部に位置する旧米軍住宅地の新都心への開発と並行して起こっている。一部の行政機関や駐車場完備の大型ショッピングセンター、シネコンなどが移転・新

写真１　首里城正殿（筆者撮影、1998 年）

築されることにより、地元客の流れが国際通りからこの新都心へと移ってきているのである。国際通りは今や観光客用の街路と化したといっても過言ではない。こうした状況の中、首里の丘の上にはこうした観光地化の一大中心となった首里城が誇らしげに聳えている。

二〇〇〇年一一月三〇日、首里城を含む沖縄本島のグスク群が「琉球王国のグスク及び関連遺産群」としてユネスコの世界遺産として認定され、一二月二日にリストに登録された。一九九二年に再建されたばかりの首里城は、世界遺産の中でもっとも新しい建造年次をもつであろう。「祖国復帰」二〇周年記念事業の一貫として再建されたこの城は、単に「沖縄」を代表する建築物というだけでなく、沖縄文化のシンボル、沖縄の歴史的アイデンティティを象徴する場所となったかのようである。実際、沖縄を紹介する観光パンフレットの類に首里城の写真が載っていないものはまずないと言って良い。だが、首里城をこのように位置付ける見方は決して一貫したものではなかった。時代によっても（通時的多様性）、異なった価値観、政治的・社会的スタンスをもつ集団間にあっても（共時的多様性）、異なった見方がなされてきたからである。

つぎに、今日に至るまで首里城に対して（少なくとも沖縄にすむ人々にとって）どのようなまなざしが向けられてきたのか、それに関わる幾つかのエピソードを紹介しながら検討することとしたい。

(1) 琉球王国略史

近代の首里城について触れる前に、その前近代の歴史についてごく手短に言及しておこう。首里城（グスク）の創建は一四世紀中期にまで溯ることができるが、その頃の沖縄はまだ統一王国とはなっておらず、按司《あじ》と呼ばれる豪族の覇権争いが続く時期であった。一四二九年に沖縄本島を北・中・南に三分した三山を統一し琉球王国を興したのは中山王尚巴志であり、その居城が首里城であった。以来、一四七〇年のクーデターによる第二尚氏への政権交代をはさんで、一八七九年の「琉球処分」に至って最後の国王尚泰が去るまでの四五〇年間、首里城は尚家の居城として存在しつづけたのである。王宮であり、政務の場でもあったが、同時にまた女性神官らによって担われる国家祭祀の中心的な場でもあった（首里城研究グループ、一九八九；真栄平、一九八九）。

一五世紀後半の尚真王の時代に、士族の首里への居住が義務付けられ、知行地と自身の居住地の分離が行われることとなった。政府役人たる士族はみな首里に在住することになったわけである。中国との冊封―進貢関係を基軸として交易航路を東南アジアにまで伸ばしたこの時期に、琉球王国は最盛期をむかえたとされる（高良、一九九三；外間、一九八六）。だがその後、この王国は二度外からの大きな波を被ることになる。一度目は一六〇九年の島津氏の琉球侵攻であり、これに伴い、実質上徳川政権による幕藩体制の一端を担うことになった。二度目は一八七九年の「琉球処分」で、これにより明治政府による国民国家「日本」の版図へと包摂されていくこととなった。

(2)首里城の立地状況をめぐる風水戦

はじめに琉球王国期のエピソードを紹介したいが、その前提として次の問を発しておく。「はたして首里は国都として磐石の地位を占めつづけてきたのだろうか」。

王国の正史『球陽』巻十に「正議大夫毛文哲・都通事蔡温等、禁城並びに国廟及び玉陵を相す」の項があって、そのなかに「我が首里城を按ずるに、其の地たるや窄狭、其の勢たるや峋嶙、或は低く或は昂く、形、辺坐の如くして、寛潤平夷の取るべきなし無し。登臨すれば、則ち大海洋々として、亦、拱衛眷恋の砂無きが如し。若し俗眼を以て之れを観れば、則ち首里城何ぞ称するに足らん。然れども、竜の来歴、気脈鍾まる所、誠に取るべきもの有り」（球陽研究会、一九七四：二五〇）という一節がある。今これを読めば、まるで首里の風水を疑うものがあったかのような印象を受けるし、それに対する弁明のようにも映る。見出しから、のちに役人の最高位三司官に就任し名宰相とうたわれる蔡温が、一七一〇年に国都の「地理」を相したことが分かる。なぜ蔡温はこのような文章を草したのだろうか。ヒントを探して見よう。

首里の北六〇㎞に沖縄本島北部の中心都市名護市は位置する。旧市街の入口の河畔に街道の中央を塞ぐかたちで「ヒンプンガジュマル（屏風榕樹）」と呼ばれる大木がそびえるが、その根元に一基の石碑があって「三府龍脈碑記」（一七五〇年建立）と題されている。その銘文のなかの件に次のようなくだりがある。やや長くなるが引用してみる。

前古天孫子首出闢国、始建王城於首里府、是由神眼之所相、豈係常人之臆度、奈至後世妄懐愚見、或有言曰首里嶇岨、不若名護平坦之為、愈或有言曰屋部港自西横東、古我地港自東横西、而其間唯有一丘而為隔矣、国頭羽地及大宜味三県、船隻遠経郡伊二嶋、屢為海風所阻、何不劈開是丘、而与船隻往還之便也、云爾嗚呼王城及是丘、悉皆微茫竜脈之所累、豈可妄移王城於他方乎、豈可妄劈是丘而作水路乎、今帰仁本部二県、唯頼是丘一脈、而為三府一体、三府亦頼是丘一脈、而保球陽雄勢、若劈是丘而作水路、則二県竜脈、不唯不相属球陽、却失大体雄勢也、必矣（沖縄県教育庁文化課編：一九八五、一四～一五）。

ここでも首里の地勢、風水の善し悪しが問われているのである。名護よりさらに北の地域に行く船は、本部半島を迂回するために困難が耐えない。本部半島の付け根にある丘を削って運河を開削することで利便を図ってはどうか。名護は首里とは異なり平坦の地にあるので王都に適している。しかし、首里も、この掘削の憂き目に遭うかもしれないこの丘も、ことごとく竜脈の連なるところであって、みだりに王城を他所に移したり、水路を作るためにこの丘を削ったりするのはどうか。本部半島はこの丘をもって気脈が通じており、北山・中山・南山と一体となっているのである。水路を設けることは、この竜脈を分断しせっかくの勢いを殺してしまうことになるのだ。

四〇年の時を経ているとはいえ、これを恐らく当時出されていたであろう名護遷都論を封じるためのレトリックと捉えることは可能であろう。これはまさに、風水的言説を装った首里城の立地をめぐるヘゲモニー争いであり、また政争の道具として風水的言説が遣いまわされた事例であると考えられるのである。王城が首里にあることの存在理由をこの二つの風水的言説が訴えていることにより、逆に我々は、それを疑うものの存在、また必ずしも首里城が一貫して安定した場所性を確保していたのではないことを知ることが出来るのである。

(3)近現代における首里城の利用変化(5)

琉球王国が被った第二の波について話を移そう。一八七二年にいったん琉球藩とされた後、内務大丞松田道之が琉球処分官として沖縄に到着したのが一八七五年である。あいだ西南戦争や内務卿大久保利通の暗殺を挟んで遅滞した後、再び一八七九(明治一二)年一月に、また最終的には、同年三月に警察と軍隊を引き連れて「琉球処分」と相成った。「琉球処分」とはものものしい言葉であるが、実質的には廃藩置県なので、藩主の代わりに県令(のちの知事)が内務省より出向することになる。これに伴い藩王尚泰は首里城を追われ東京へと移ったが、首里城はその後一八九六(明治二九)年まで熊本鎮台分遣隊営所となる。行政の中心は那覇へと移され、王国の威信を失った首里城は、明治三〇年代からは、正殿前の御庭が首里第一尋常高等小学校の校庭として利用され、また正殿の二階は首里市立女子工芸学校の教室に、他の施設は沖縄県立工業徒弟学校にも利用された。尚家が出て後、手入れされることも無く荒廃化する一方であった城内は、門が売却されるなどして、ついには一九〇九(明治四二)年に首里区(一九〇八年区制改正)へ一、〇〇〇円余りで払い下げの許可が下りることになった。これに追い討ちをかけるかのように一九一一(明治四四)年には奄美沖地震の影響で正殿の屋根が陥没してしまう。このように、王国滅亡の後、首里城はいったん軍事施設となり、ついで文教施設となっていったのである。

軍隊も、教育制度も、国民国家の重要な装置ないしは国民養成装置である(フジタニ、一九九四)。他府県においても、城の跡地利用にこれらの施設が置かれていることはよく知られていることである。

ところが一九二二年に、祭神を日琉同祖論の参照点である源為朝、尚家の始祖舜天、そして最後の国王（藩王）尚泰の三柱とする沖縄神社が、内務省より許可された。この段階ではまだ正殿は取り壊し予定であった。翌二三年に正殿を拝殿として県社「沖縄神社」が創立される。社寺登録を行い、文部省宗教局の管轄となった。城内に神社が設けられることはあっても、前近代の城の建物をそのまま神社ないしは宗教施設へと利用した例はこれを置いて他には無いのではないだろうか。

ところでこの年、首里市（一九二〇年、市町村制施行により区から市へ変更）が正殿の解体を決議し取り壊しへ、という記事を新聞で読んだ元沖縄女子師範学校教師の鎌倉芳太郎が、慌てて東京帝国大学の建築史家伊東忠太に相談を持ちかけ、首里城保存の動きが出てくることになる。彼らの奔走の結果、一九二五年に首里城正殿は旧「古社寺保存法」で国宝指定を受ける。それに伴い一九二八年に大修理が開始されるが、工事資金不足でなかなか進展しなかった。一九二九年に「古社寺保存法」に代わり「国宝保存法」（法隆寺・姫路城の修理計画）が制定される。一九三〇年には沖縄本島を台風が襲撃し、正殿がかなりのダメージを受けた。急遽文部省建築技師（柳田菊造）が派遣され修理が行われることとなった。一九三三年に解体修理後、沖縄神社拝殿となるが、祭神に第二尚氏を興した尚円と尚敬が加えられた。尚家の王が祭神に更に加えられたとはいえ、正殿があくまでも神殿ではなく拝殿であることに留意しておきたい。

また一九三〇年代は郷土教育運動が盛んになる時期であるが、三六年にここ首里城の北殿を利用して沖縄郷土博物館が開館した。この時期の首里城は文部省管轄の施設として文部行政の動向（国宝指定、郷土教育運動）をよく反映させていたということになる。

しかし、せっかく大修理を施してよみがえったこの城も一九四五年五月、激しい戦闘の場と化すことにより焼失してしまう。首里城地下には第三二軍司令部の壕が掘り巡らされていて、現在なお龍潭のほとりにはトーチカや壕入口のコンクリート遺構が残されており、そこだけ殺風景な空間となっている。

戦後しばらく経った一九五〇年五月、首里城跡に、米国民政府布令にもとづく沖縄では初めての大学、琉球大学が開学する。一九七九年に移転するまで首里城をその敷地としていたが（八三年の教育学部移転により完了）、その後、首里城公園計画が進み、一九九二年、復帰二〇周年事業として正殿が再建されたのである。

⑷誰が何のために過去の事実の堆積層のどこをどう切りとって読むのか

以上に見てきたように、首里城の辿ってきた道は歓会門から正殿へと到る首里城そのものの路のように曲折している。換言すれば、その場所に堆積した歴史の層には時折不整合や断層が見られるのである。ここで問題にしたいのは、現在、それに対してどのようなまなざしが向けられているのか、そしてその特徴的なバイアスがいかなるものであるか、ということである。

まず、一四・一五世紀に琉球王国が交易国家としてのその栄華を極める一方で、同時期に奄美・宮古・

八重山を征服していった事実を想いおこしておきたい。「沖縄」とは沖縄「本」島および周辺離島を指すものであり、近代に「沖縄県」となるまで、その範域全体が沖縄と称されることは無かった。現在なお、宮古・八重山の人々は沖縄「本」島に行くときに「沖縄に行く」というのである。首里城が琉球王国の象徴である一方で、それを別様に見るもののあったことを忘れてはならないだろう。国民国家の枠組みの中で「沖縄」が語られる場合、沖縄「県」における地域的差異は還元されるか隠蔽されてしまう。空間尺度のエコノミーというべき効果が生じるのである。そして多くの場合、県レベルでの物謂いは無意識に「本」島中心の言説に陥っている場合が少なくない。対外的に首里城を沖縄独自の歴史的シンボルとすることは理解できるが、対内的にそれをどう評価するかが議論されることはほとんどない。議論するだけの意味があるかないかという問題よりも、むしろこの問題構制自体が対象化されないことに疑問を持つべきであろう。空間尺度をめぐるパワー・ポリティクスの見極めが今まさに求められているのである。というのも現在、沖縄の歴史意識とアイデンティティをめぐる議論が賑やかとなって、まさにそのヘゲモニー争いが行われているからである。これは二〇〇〇年三月に「沖縄イニシアティブ」なるマニフェストを琉球大学の三教授(大城常夫・高良倉吉・真栄城守定)が発表したことに端を発しているが、これは保守派が巻き返しを図る知事選とも連動し、実質的には数年前から言説的に展開してきた運動が明瞭に表舞台に現われたものである(大城他、二〇〇〇)。

彼らが批判する大田昌秀前知事の言説に代表される「平和の島・沖縄」という観念は、沖縄は古来平和の島であったが、近代になって日本の一員となることにより悲惨な歴史を歩むことになった。戦争で唯一の地上戦の舞台となり多くの犠牲を強いられたにもかかわらず、以前として基地問題で不当な扱いを受けつづけている。よってこの事実を認識し沖縄から基地を撤去すべきである、といったものであるが、「沖縄イニシアティブ」の論者たちは、国民国家の構成員としての意識を希薄化させる方向へと向かうような、第二次大戦時に沖縄が経験した悲惨さを参照点とし、かつての沖縄はそうではなかったとして構築されるアイデンティティのあり様を批判する。彼らは近代の国民国家への包摂を二度引きうけた沖縄の主体性を強調するのである。琉球処分という強硬手段のもとでのものと、一九七二年の本土復帰と。それを踏まえ、日本国民の一員としての自覚を持ったうえで、基地問題をむしろ中央政府との政治・経済的駆け引きの道具として使うべきだと主張するのである。

実際、「情念」を捨て「論理」をとるべきだと主張するこの新保守主義的な流れは「県政不況」というキャッチコピーとともに革新県政を覆し、沖縄県の経済界を代表する稲嶺恵一知事を一九九九年一一月に誕生させるに至った。基地問題棚上げと引き換えに、二〇〇〇年の八月に沖縄県名護市で開催された主要国首脳会議（G８サミット）は、まさにこの新保守主義的な県政のスペクタクルなイベントとなった(6)。

そして首里城は、この真夏の狂宴とでもいうべきG８サミットの晩餐会場となったのである。会議場のある名護市より六〇㎞も南に位置する場所でなぜ晩餐会が開かれねばならなかったのか。このことを理解するには、琉球王国時代に、中国からの冊封使を迎えるに際し、正殿の前で繰りひろげられた式典と宴の記憶を呼び起こさなければならない。歴史的過去の記憶が、現県政の真正性・正当性を表象するために、まさに現代の冊封の式典として召還されたのである(7)。大田県政の参照点であった近代の記憶を遠く遡って。

近代においてめまぐるしくその機能ないしは利用形態を変転させてきた首里城が公園として整備されていく一方、その記憶の地層の全てが露頭のように表されるものではないという事実を我々は認識すべきである。また認識するだけでなく、この特殊な場所の記憶の重みを体感できるような仕組み・装置・運動を考えていくことも必要だろう。

4　場所の三角測量

これらのことはいわば場所の系譜学に我々がいかに取り組むべきかという問題といえる。つまり場所と特定の空間的範域、そしてそこに住む人々のアイデンティティと権力の介入をめぐる様々な力関係を、通時的な参照軸に力点を置いて考えていくことである。しかしながら、こと現在に関わる際には、同時に共時的な参照軸も考慮に入れねばなるまい。これはマッシー的なテーマ設定であった。そしてこれについて考えることにより、場所と主体の関係の多様性・複数性について頭を悩ますこととなるだろう。なぜなら、ある特定の場所を通じてどのようなスケールが問題となっているかによって主体のポジショナリティが変わるからである。たとえば、当該する問題が沖縄県全域のものなのか、沖縄島周辺のものなのか、生活する集落レベルのものなのか、それより広範な空間的範域なのか、これらの違いによって、当然主体の態度が変わるということも起こりえる。中央政府に対して基地は要らないと言う一方で、身内の安定した就職先である基地がなくなるのは困るという具合に。あるいは、沖縄にある米軍基地のほとんどは沖縄島に立地しており、その点、宮古・八重山の人々には問題の切迫性という点で沖縄島の人々とは温度差が見られるというように。

ここで、筆者なりの「場所」のアイデンティティに関する解釈図式を提示してみようと思う。その模式図は**図2**の通りである。場所は三つのカテゴリーが相互

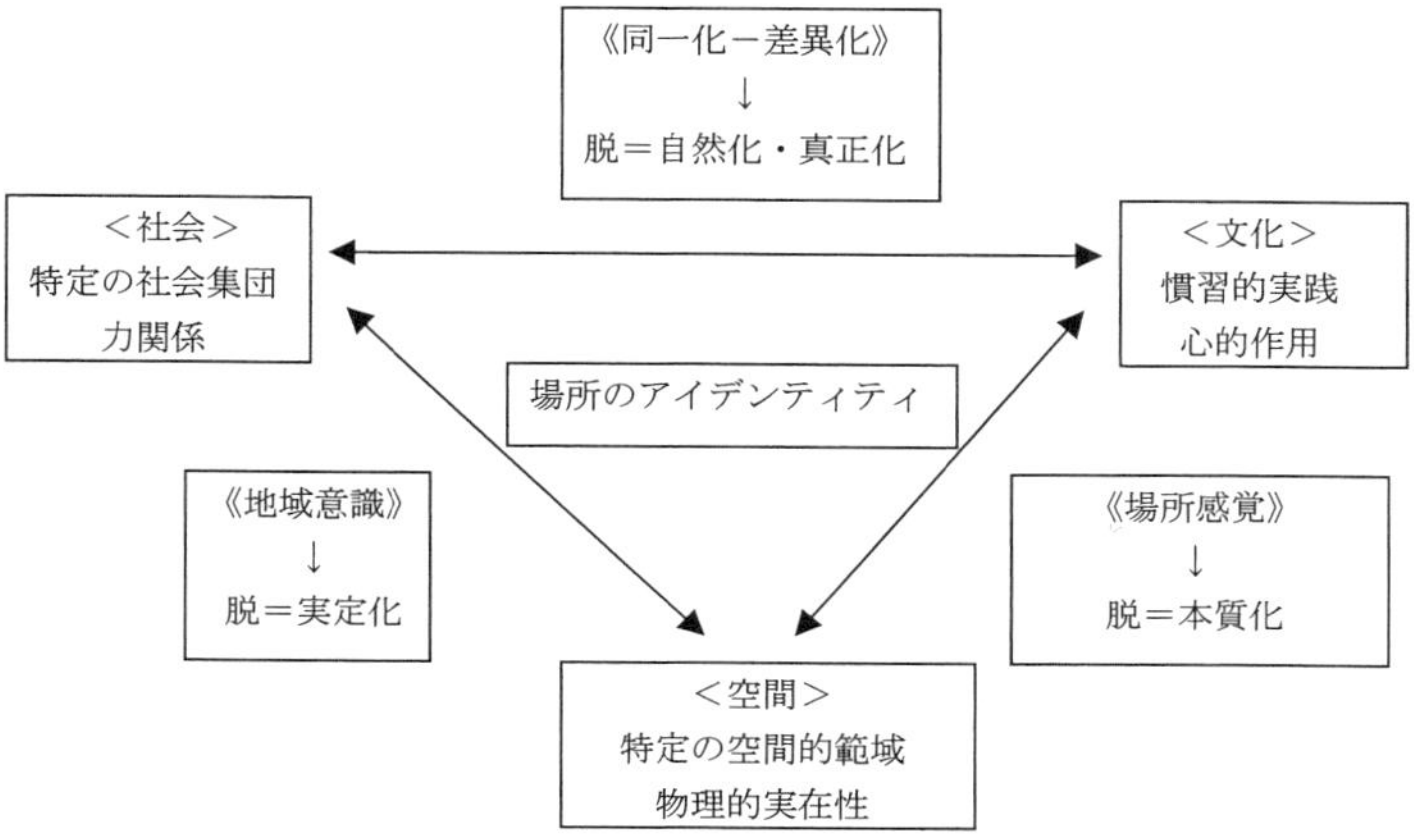

図2 場所のアイデンティティの三角形（筆者作成）

に作用しあう場として措定される。三つのカテゴリーとは、空間、社会、文化である。以下、この図式の説明を行っていく。

ここでいう空間とは、ある特定の空間的範域のことである。地域といわれて想像されるような範域であり、もっとスケールが小さければ場所ということもできる。ただし、ここではその物質的実在性を重視したい。だからといって、ルフェーヴルが批判するような、「空間の表象」による空虚な空間、あるいは「自然」ないしは人間的現実の零度として認められた「純粋性」を仮定しているわけではない(邦訳二八三頁)。社会集団との関係にあって「顕在的なもの(所与)であると同時に、潜在的なもの(可能性の環境)」として考えられるべきものである。

つぎに、この図式では、社会と文化を切り分けているが、ここでいう社会は物理的な集合体や政治的契機を含意するものとイメージし、文化にはより人間の個体的な情動ないしは心的＝精神的領野との関わりを含意させて考えてみたいからである。

場所のアイデンティティの現実的構成について考える際に、まず空間と社会の関係性においては、「地域意識」が問題となる。特定の社会集団が、特定の空間的範域に対して持つものであるが、半ば実定化し、所与のものと思われがちな傾向を有する点に留意する必要がある。しかもこれには外部ないしは他者のまなざしが作用してくる。たとえば、先の首里城の例で言えば、「沖縄らしさ」である。「沖縄らしさ」とは、何らかの機会にその都度表象される無根拠な地域イメージが節合して出来上がる言説的に構築物にすぎない。けっして沖縄に住む人間が好んでイメージするものではないのである。だが、サミットの宴の際にはそれがアピールされることになった。他者のまなざしを反復したというわけである。こうして無反省に繰り返し再生産されていく機械仕掛けのような機制を明らかにするために、その第一段階として、このような地域意識の脱＝実定化をはかる必要があるものと思われる。

また、地域アイデンティティが強く主張されるようになる契機として政治的な出来事が介在し、現在の力関係を疑問視する運動へと発展することにも留意すべきであろう。一九九五年の米兵による少女暴行事件に端を発した県民の米軍基地反対・日米地位協定見直し運動の盛り上がりは、その近年の例である。また、先に触れたサミットの宴自体、県政担当者の政治、この場合は内外への権力の誇示と見なすことができよう。

文化と空間の関係性では、先の「地域意識」と同じような構造を持つ「場所感覚」に注目したい。先に触れたとおり、文化のカテゴリーでは、人間の心的な、ないしは精神的な領域に立ち入って考えたいと考える。そしてこの場合、無論そこに共同主観性が介在していることも念頭に入れねばなるまい。ところで、それが場所愛であろうと場所嫌いであろうと、一連の場所感覚もまた慣習的実践の中で、所与の本質的なものと見なされがちである。アイデンティティが希求されるとき、歴史を参照とすることが多い以上、脱＝本質化の作業は極めて重要な役目を担うことになるはずである。ホブズボウムらの「伝統の捏造」論にあるように、少なくとも大衆レベルで、伝統を重視するようになったのは、近代になって以降である(Hobsbaum, Ranger, 1983＝一九九二)。

さて再び国際通りに戻ろう。その脇道に入っていくと、段丘崖に沿って墓が点在していることに気付かされる。亀甲墓や破風墓といわれる大きな構造物である。別稿で述べたことだが(大城、一九九四)、一見古色蒼然としてはいるものの、すべてが必ずしも何百年も経ったものばかりとは限らないことが多いのである。前近代の琉球王国では、墓の建造は一部を除き士族に限られていた。今日のように、沖縄中どこにいっても墓が目立つような風景は、近代、特に沖縄の場合は二〇世紀初頭に旧慣温存期が終了し、明治民法のもとで相続制度が施行されるようになって、位牌と墓の所有が義務付けられてからなのである。ただ、国際通りの付近には墓が異常なまでに立地している。これは図1にみられるように、もともと那覇の街の後背地に位置し、そこに好んで墓が建設されていったものと考えられる。国際通りの建設は第二次大戦後であるが、墓地がその裾野を取り巻く二つの海岸段丘を横断して、線が引かれたため、必然的に国際通りの周りは墓地だらけとなったのである。

社会と文化の関係性で重視したいのは、日常生活における「同一化―差異化」の「脱＝自然化・真正化」である。特定の規範を有する社会集団が、その慣習的実践において、間主観的な表象を通じながら同一化(自己同定)し、また差異化する。この一度に起こる同一化と差異化が一体どのスケールで生じているのか、また同一化の根っこに措定され共有される文化とは一体何なのか、これを分節化していく必要がある。今しがた首里城の例で見たように、非＝真正な過去というものは忘却されるのでである。近代の首里城は、まさに非＝真正な場所であった。王が追われ、熊本鎮台の分遣隊が駐屯し、尋常高等小学校、女子工芸学校、工業徒弟学校の校庭や教室などに利用され、城門は売却され、挙句には正殿が神社の拝殿にされてしまう。戦争で廃墟になったあとは琉球大学の建物で覆い尽くされてしまった。そんな過去の記憶の層は、城が再建されたことでほとんど忘れ去られようとしているのである。そしてそれが当たり前のように、前近代の記憶へと直結される。アイデンティティを希求する際に、その同定に都合の悪い出来事は意識の野の外に放逐されてしまう。しかしながら、この確実にそこで起きた出来事の記憶の層を突き崩すことはできないのである。

以上、先に通時的な歴史の層を追いかけ、つぎに共時的な見取り図を大雑把にではあるが示してみた。これに加えて、ハーヴェイやルフェーヴルが示して見せた空間の生産ないしは場所の構築と資本主義の発展段階の関係、それと不可分に結びついた表象の分節化の歴史を押さえつつ記述を進めていくことも必要となるだろう。そして、もしこの図式をルフェーヴルのいう「空間的実践」の一部と見なすならば、同時に、彼の言う「空間の表象」と「表象の空間」の両方の作用についても考慮しなければならないはずである。このようにして「場所」に着目すると、今まで目の前に当たり前にあった風景が、何やら妖しく揺らぎ始め、その揺らぎの中から別の顔をのぞかせ始めてくる。

そしてこれとは別に、遊歩のさなか、風景のほうから不意打ちを食らうこともある。先日、テレビを見ていると、沖縄の民家の屋根に乗って魔除けを担うシーサーが、しかも特定の作家によるものばかりが盗難されたとの報道があった。シーサーの失踪である。本来魔物の侵入を防ぐ役割を担うはずのシーサーが、よもやバールで漆喰をはがされ盗まれようとはシーサー自身思ってもみなかったことだろう。使用価値から交換価値の抽象空間に突如さらわれて行ったシーサーの悲哀。かつてGregory (1994) が、ハーバーマスの議論を受けて概念化した、交換価値で満たされた抽象空間から、商品化のベクトルを使用価値の具象空間に送り込むことで生じる「日常生活の植民地化」は、意外な部分で日常の風景の中に現れるのである。

注

（1） 荒山・大城（一九九八）、およびD・ハーヴェイ（1993＝一九八七、加藤訳および中島訳）。
（2） スリフトの議論（Thrift, 1983＝一九九六）参照。
（3） 手元にある「場所 place」をタイトルに掲げる地理学関係の書籍には、「場所の力」（Agnew, J. & Duncan, J. S. ed., 1989）、「場所をつくる」（Anderson, K. & Gale, F. ed.,1992）、「場所・文化・表象」（Duncan. J. & Ley, D. ed., 1993）、「場所のあいだ性」（Entrikin, J. N., 1991）、「場所とアイデンティティの政治」（Keith, M. & Pile, S., ed., 1993）、「場所、モダニティ、消費者の世界」（Sack, R. D.,1992）などがあるが、これらが一九八九年から一九九三年の五年間に出版されたことには改めて驚かされる。
（4） 本節は、神戸大学史学研究会におけるシンポジウムのコメント原稿「首里城を補助線として」（『神戸大学史学年報』第一六号、二〇〇一年）をもとにしているが、適宜加筆を行っている。
（5） 本節の史実説明の多くを、野々村（一九九九）、首里城研究グループ編（一九八九）、におっていることを明記しておく。

(6　沖縄イニシアティヴをめぐる諸問題については、別稿(大城、二〇〇三)を参照されたい

(7)　二〇〇〇年七月二三日付けの『沖縄タイムス』の記事によると、二二日の歓迎夕食会では、「琉舞が披露され、料理は食材や食器、調理方法まで沖縄らしさを強調。独特の文化を強烈にアピールするものになった」。しかしこの「沖縄らしさ」とはいったい何なのだろう。単に「首里らしさ」と言い換えることのできないところに、ひとつのレトリックがある。このことに留意しておきたい。

文　献

Agnew, J. & Duncan, J.S. ed., 1989, *The Power of Place: Bringing together Geographical and Sociological Imaginations*, Unwin Hyman.

Anderson, K. & Gale, F.ed., 1992, *Inventing Places: Studies in Cultural Geography*, Wiley.

荒山正彦・大城直樹編著、一九九八年、『空間から場所へ——地理学的想像力の探求』古今書院。

Cresswell, T., 1996, *In Place/ Out of Place: Geography, Ideology and Transgression*, University of Minnesota Press.

Duncan. J. & Ley, D. ed., 1993, *Place/ Culture/ Representation*, Routledge.

Entrikin, J.N., 1991, *The Betweenness of Place: Towards a Geography of Modernity*, Macmillan.

フジタニ、T、一九九四年、「近代日本における権力のテクノロジー：軍隊・『地方』・身体」『思想』一一月号。

Gregory, D., 1994, *Geographical Imaginations*, Blackwell.

Harvey, D., 1985, *Consciousness and the Urban Experience*, Blackwell.

———, 1989, *The Condition of Postmodernity*, Blackwell. =一九九九年、吉原直樹監訳、『ポストモダニティの条件』青木書店。

———, 1993, From space to place and back again: Reflections on the condition of postmodernity, Bird, J. et al.eds.

Mapping the Futures: Local Cultures, Global Change, Routledge,1993, pp.3-29. ＝一九九七年、加藤茂生訳、「空間から場所へ、そして場所から空間へ：ポストモダニティの条件についての考察」『10+1』no.11, 八五—一〇四頁、一九九七年、中島弘二訳、「空間から場所へ、そして再び」『空間・社会・地理思想』第二号、七九—九七頁)。

——, 2003, *Paris, Capital of Modernity*, BRoutledge. ＝二〇〇六年、大城直樹・遠城明雄訳、『パリ　モダニティの首都』青土社。

外間守善、一九八六年、『沖縄の歴史と文化』中央公論社。

Hobsbawm, E. and T. Ranger (eds.), 1983, *The Invention of Tradition*, The Press of University of Cambridge. ＝前川啓治・梶原景昭訳、一九九二年、『創られた伝統』紀伊國屋書店。

Keith, M. & Pile, S, ed., 1993, *Place and the Politics of Identity*, Routledge.

球陽研究会編、一九七四年、『球陽』(読み下し編)角川書店、二五〇頁。

Lefebvre, H. (Nicholson-Smith,D.trs.), 1991, *The Production of Space*, Blackwell. ＝二〇〇〇年、斉藤日出治訳、『空間の生産』青木書店。

真栄平房敬、一九八九年、『首里城物語』ひるぎ社、一六九頁。

Massey, D., 1993, "Power-geometry and a progressive sense of place", in Bird, J. et al eds. *Mapping the Futures: Local Cultures, Global Change*, Routledge, pp.59-69. ＝二〇〇二年、加藤政洋訳、「権力の幾何学と進歩的な場所感覚」『思想』三二—四四頁。

野々村孝男、一九九九年、『首里城を救った男』ニライ社。

大城常夫・高良倉吉・真栄城守定、二〇〇〇年、『沖縄イニシアティブ—沖縄発・知的戦略—』ひるぎ社、一九五頁。

大城直樹、一九九四年、「墓地と場所感覚」『地理学評論』六七—三、一六九—一八二頁。

——、二〇〇一年、「首里城を補助線として」『神戸大学史学年報』第一六号、二五—三二頁。

――――、二〇〇三年、「地位アイデンティティと歴史意識の交錯―沖縄における歴史修正主義に関して―」、「郷土」研究会編『郷土―表象と実践―』嵯峨野書院、二四八―二六七頁。

沖縄県教育庁文化課編、一九八五年、『金石文―歴史資料調査報告書Ｖ―』沖縄県教育委員会、一四―一五頁。

Relph, E., 1976, *Place and Placelessness*, Pion. ＝一九九一年、高野岳彦・阿部隆・石山美也子訳、『場所の現象学』筑摩書房。

Rose, G., 1993, *Feminism and Geography: The Limits of Geographical Knowledge*, Polity Press. ＝二〇〇一年、吉田容子他訳、『フェミニズムと地理学：地理学的知の限界』地人書房。

Sack, R. D., 1992, *Place, Modernity, and the Consumer's World*, Johns Hopkins University Press.

首里城研究グループ編、一九八九年、『首里城入門』ひるぎ社、一九一頁。

高良倉吉、一九九三年、『琉球王国』岩波書店。

Thrift, N., 1983, On the determination of social action in space and time, *Society and Space*, 1, pp.23-57. ＝一九九六年、遠城明雄訳、「空間と時間における社会的行為の決定について」、日本地理学会「空間と社会」研究グループ編『社会―空間研究の地平―人文地理学のネオ古典を読む』大阪市立大学、一〇〇―一三一頁。

第5章　住まうことのメタファー

小野田泰明

1　現代の方丈

社会と住まいの関係は、都市における独身者の住まいに端的に現れる。いささか極端な例かもしれないが、それを対照的に示しているのが、**図1**、**図2**に示す同面積の二つのユニットだ。図1は一九三〇年代の日本の大都市に数多く見られた木造アパートの一室で、地方から大都市に移り住んだ若年層の多くが生活した空間でもある。多くが木造二階建で、共通玄関を有し、その狭い玄関で靴を脱ぐと、両側に各個室の扉が整然と並ぶ薄暗い廊下が奥に通じている。便所や洗面は共同で、借家人が占有するのは、四畳半もしくは六畳に最低限の収納が付いた極小空間だ。設備系（便所、銭湯等）は共用空間に押し出しされ、畳の間を中心とするユニバーサルなスペースが専用空間として貸し出され

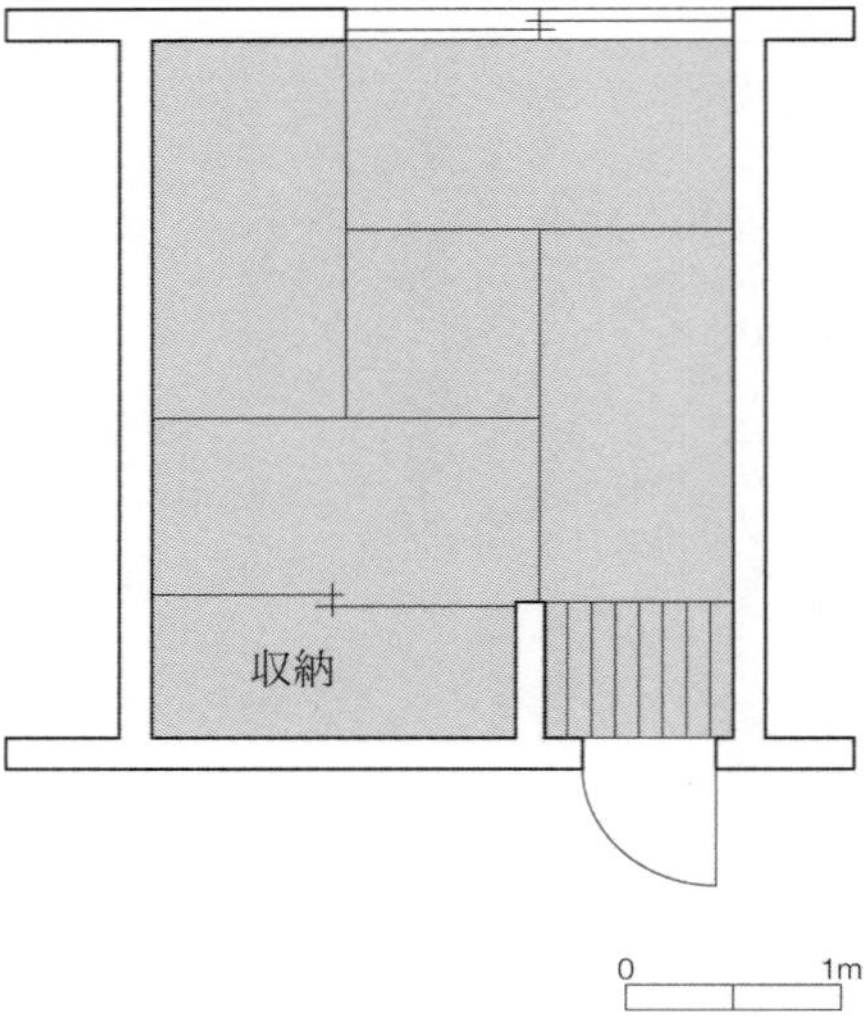

図１　極小ユニット：1930

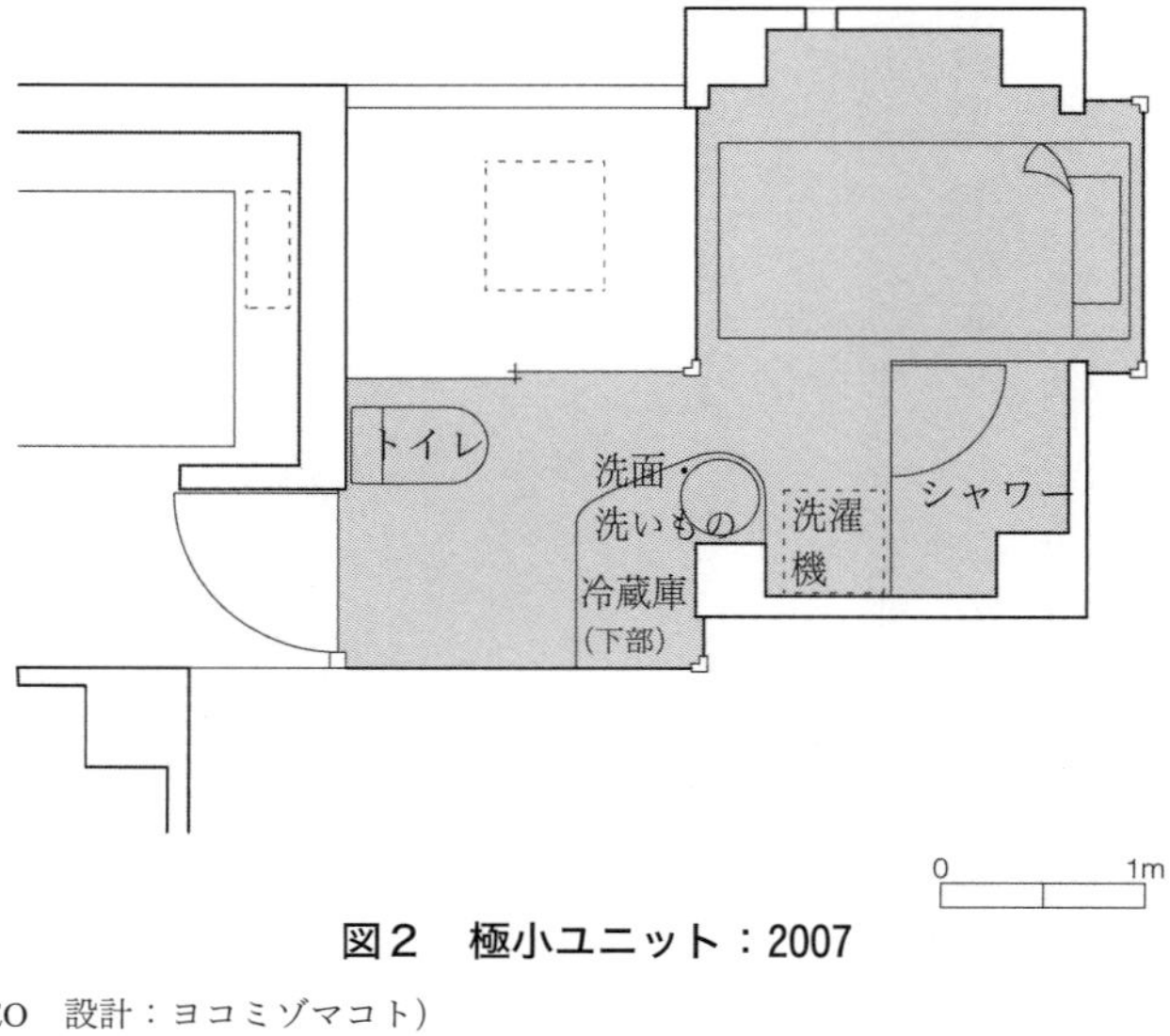

図２　極小ユニット：2007

（TEO　設計：ヨコミゾマコト）

ている。部屋が四畳半の場合、付随する一畳に満たない押入を加算すると専有面積は8・5㎡ほどとなるが、一九三三年警視庁が、貸室数一〇以上のアパートの最低貸室面積を衛生・防災上の観点から7㎡と定めたことが示すように、これは法令ギリギリ、最低限の空間であった。この時代の都市の成長は、本格的な産業化でその社会的需要が爆発的に増加した給与労働者、工場労働者、そして学生を、こうした空間が引き受けることで下支えされていた。

一方の図2は、二〇〇七年に東京築地に竣工した賃貸マンションの平面である。気鋭の建築家ヨコミゾマコトによるこの集合住宅のユニットは、構成上の技術を様々に用いることで約8・5㎡という厳しい面積の中に専用設備としてシャワー、便所、洗面を取り込むことに成功する。八〇年前の居住ユニットと全く同じ面積でありながら、ここには象徴的な裏返しが行われているのだ。つまり、前者では、ほぼ全ての設備系（風呂・便所・洗面）が外出しされているが、後者では逆にこれら設備は個人の専有装置として取り込まれ、8・5㎡はその収容空間ともなっている。二〇世紀前半に、設備の共有によって最小の貸出し空間として設定されたアパートメントが、専用設備を全て取り込みながらも居住可能な空間として再び同じ面積に戻って来たのである。さらに、この面積は方丈（1丈×1丈＝9・2㎡）を約一割縮めた大きさでもある。近・現代の都市居住の最小定住単位(1)は、世の無常を詠み、諸物への執着を戒め、定住生活をも批評した鴨長明の随筆「方丈記」に示された最小の単位から、さらに切り詰めたギリギリのラインで成立しているのだ。

しかし、図2に示される現代の方丈は、長明が住み、図1の木賃アパートにもその基本が引き継がれている空間とはその様相を大きく異にしている。設備を収容する為に各部の寸法は徹底して調整され、人間はその間にかろうじて身体を滑り込ませる存在として扱われる。空間を支配するのは身体と都市インフラとを直結する「クダ（設備）」の束なのである。

もちろん、これは才能ある建築家の手による特殊な事例ではあるが、同面積を巡るこうした引っくり返しは、モダニティと空間の関係の重要な側面を表象している。とりあえず、ここで起こっていることを整理すると次の①〜④のように記述できるであろうか。

①工業化による設備の汎用化：工業化の進展はこれまでは高価であった設備機器を汎用化したが、それによってその個人占有が容易となる。

②サービス業の進化による業態変化：物のサービスから時間のサービスへの変化が、大きな物を所有せずに、必要な時にはサービス（レストラン、ラブホテル、レンタルショップ）を適宜購入するライフスタイルを一般化し、身体に近接する空間のさらなる切り詰めが可能となる。

③空間価値の市場化：近代の経済発展とスラムクリアランスの進展で、都市内の土地の価格付けはより徹底したものになり、それに伴って経済価値を最大化する技術が進展する。結果として貸出し空間の最小化が執拗に目指されていく。

④身体意識の変化：身体を露出する行為の個人化が徹底して求められる一方で、身体を物理的に動

かすスケールは極限まで切り詰めても構わないような、新しい身体意識が定着する。すなわち、工業化①とそれに伴って進行したサービス産業化②によって、土地の市場化③の基底が形成され、最終的にそれら産業構造の変化が生活者の身体感覚の変化④に転換しているとも言えるのである。

最低限居住空間に関して見られるこうした展開は、都市における住まい方全般にも共通する特徴を含んでいる。本章では、戦後から現在まで日本の集合住宅で起こった事象を紐解きながら、住まうことの意味とそのデザインについて考えを巡らせたい。

2 民間借家から公的整備へ

夏目漱石や樋口一葉の作品には近代の都市生活者の心持ちが生き生きと描かれている。こうした生活者の多くが借家住まいであったことが示すように(西川、一九九八)、かつての日本の都市においては、都市構造と借家は密接な関係にあった。一般に借家人の立場は弱いものであるのだが、日露戦争(一九〇四〜〇五)、第一次世界大戦(一九一四〜一八)といった戦争を契機にその位置は、いっそう不安定なものとなっていく。戦争を通じて進展した都市の産業化は、農村から多くの人口を吸い寄せ、都市の土地需給を逼迫させるが、そうした状況に目ざとく反応して家主たちが、借家人らに家賃の値上げや立ち退きを要求するようになるのだ。産業の基盤を支え、農村ほどではないにせよ兵卒の重要な人材プールである都市住民が疲弊することは政府にとっても好ましい事ではない。そこで、これらの社会不安に対応するため、日露戦争後の建物保護ニ関スル法律（一九〇九年）、第一次世界大戦後の借地法、借家法（一九二一年）など、借地借家人の保護が政治的に計られている。都市の人口は昭和に入っても増加し続けるが、戦時体制で厳格化された物資統制の一環として地代家賃統制令（一九三九～一九八六）が交付されるなど、市場的価値と実態との乖離はより一層顕著となっていく。こうした一連の借地・借家人の保護政策は、戦争の負担に喘ぐ中低位の所得者層の生活基盤を守る一方で、家主には借家に対する積極的な投資を躊躇《ためら》わせたとも言われている。結果、日本の借家居住水準は低く押しとどめられ、借家と持家の間に存在する明確な格差を定着させる結果に繋がっていく。

一方でこのことは、戦後の政権によって展開される「持ち家政策」にとっては都合であった。持ち家の購入は労働意欲を触発するとともに内需を拡大して経済発展を確かなものとするが、持ち家と借家の間に大きな格差が存在する状況は、住宅取得への強いインセンティブとして働くからである。結果的に、それまでに積み重ねられて来た格差は戦後も放置されていくことになる。このようにして、切り詰められた貸間を立体化したビルディングタイプ（木賃アパート）は都市内で無造作に増殖し、図1に見るような極小空間の凝集体は都市景の一つとして常態化する。

こうして民間の借家が低い水準に留め置かれる中、住居水準の向上のために適切な住宅群を実現する役割は、公共主体に期待されていく。そうした公的住宅機関の嚆矢として知られているのが、関東大震災からの復興を目指して翌年の一九二四年に設置された同潤会だ。当時としては先鋭的な鉄筋コンクリート造の集合住宅である同潤会アパートなど、優れた社会資本を世に送り出したこの組織は、その後、戦争による統制態勢の中で設立された住宅営団に役割を譲るが、その営団も敗戦によって解散を余儀なくされ、戦災復興院などの復興機関にその役割は受け継がれる。

戦災で焼け野原となった都市の風景は、多くの日本人に大きな衝撃を与えたが、特にそれは木造建築を主体とした従来型都市の脆弱性を知らしめるには十分すぎるものであった。戦後直後の復興期、物資が困窮を極めていたにも関わらず、復興の最重要項目のひとつとして住宅の不燃化が掲げられたのは、そうした事が影響していたのであろう。この困難な課題が最初に具現化されるのが、戦災復興院による不燃アパートだ。一九四八年、高輪台に建てられた第一号以降、よろよろとではあるが都市の不燃化は進められていく。

これら一連の事業はその後、戦災復興院による応急的施策から、その後戦災復興院をひきついだ建設院（後の建設省）や各自治体による定常的なものへ移管され、その根拠法として一九五一年公営住宅法が整備される。この公営住宅法の法案づくりにあたっては、低所得者の福祉事業の一環と考える厚生省（現、厚生労働省）と国土復興のために良質な社会資本整備の一環とすべきとする建設省（現、国土交通省）との間で綱引きがあったようだが、都市整備の緊急度が高かった当時の情勢を反映する形で、後者の主張が盛り込まれ、各自治体による整備においてもそうした流れが継承される。また、この一年前の一九五〇年六月には、国民の自己努力に依る復興を後押しする目的で住宅建設資金を低利で貸し付ける住宅金融公庫が創設され、持ち家普及の推進力となっていく。

これら一連の住宅支援政策の仕上げとして一九五五年設立されるのが、日本住宅公団だ。都市部に集中する人口を受け入れ、民主社会を支える中産階級の居住の場を都市内に確保することを目的とするこの組織は、後に賃貸・分譲を問わず様々な住宅を直接供給し、さらには大規模な都市開発までを手がける包括的な巨大組織に発展していく[2]。住宅金融公庫、公営住宅法、日本住宅公団と、都市に流入した人々の世帯形成をサポートする住宅整備の五五年体制(森反、一九九一／祐成、二〇〇八)はこうして完成し、高度経済成長を支えていく。

3　変容するモデルプラン

戦災復興院による最初の不燃化住宅である高輪台のアパートは、住戸が共用階段を挟んで向かい合う階段室型の住棟構成を採る一方で、台所や便所からなる板張りの作業空間を玄関周りに配し、そこから二つの畳部屋が接続するプランを有し(**図3**)、各住戸は南面した階段室に対して玄関—板間—畳の間という序列で接続している。地上から縁を切った積層型の集合住宅であるにもかかわらず高輪

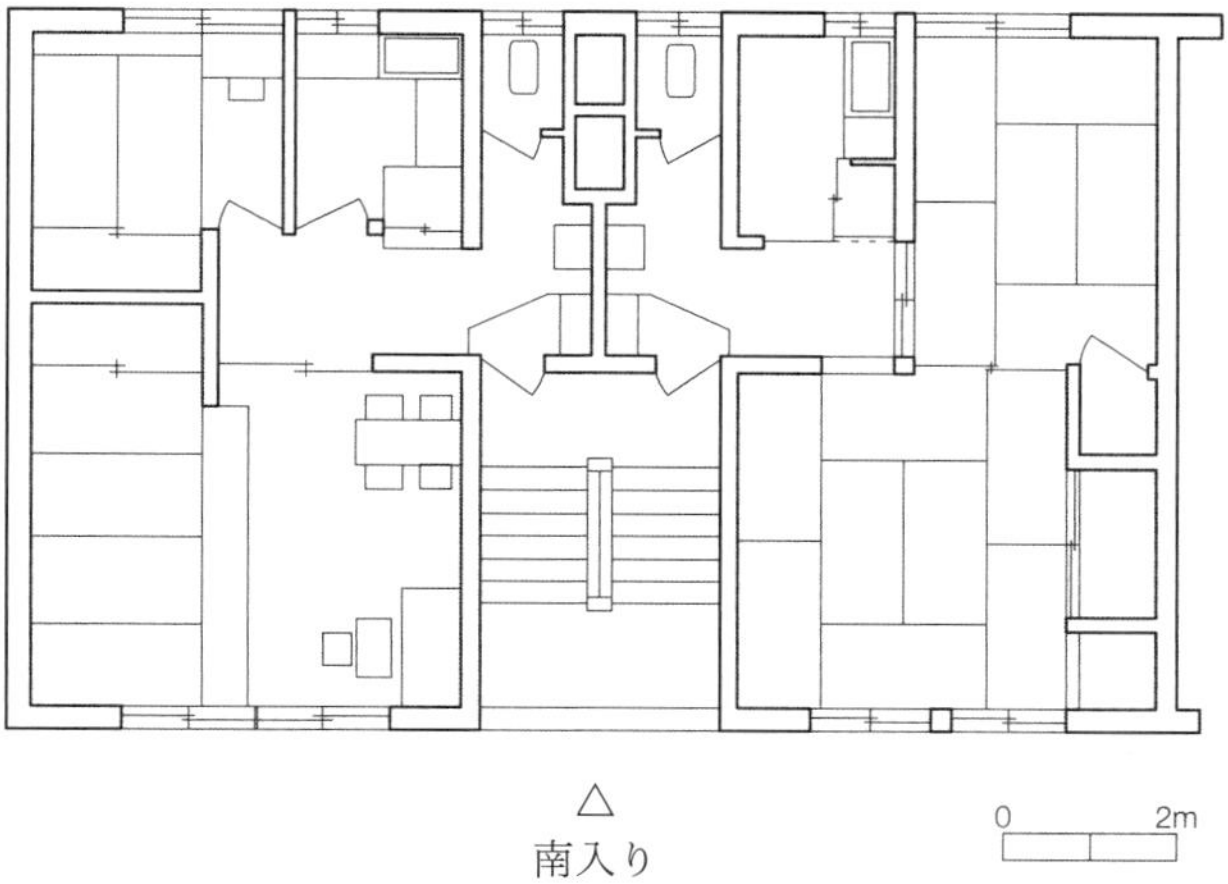

図3　高輪台のアパート

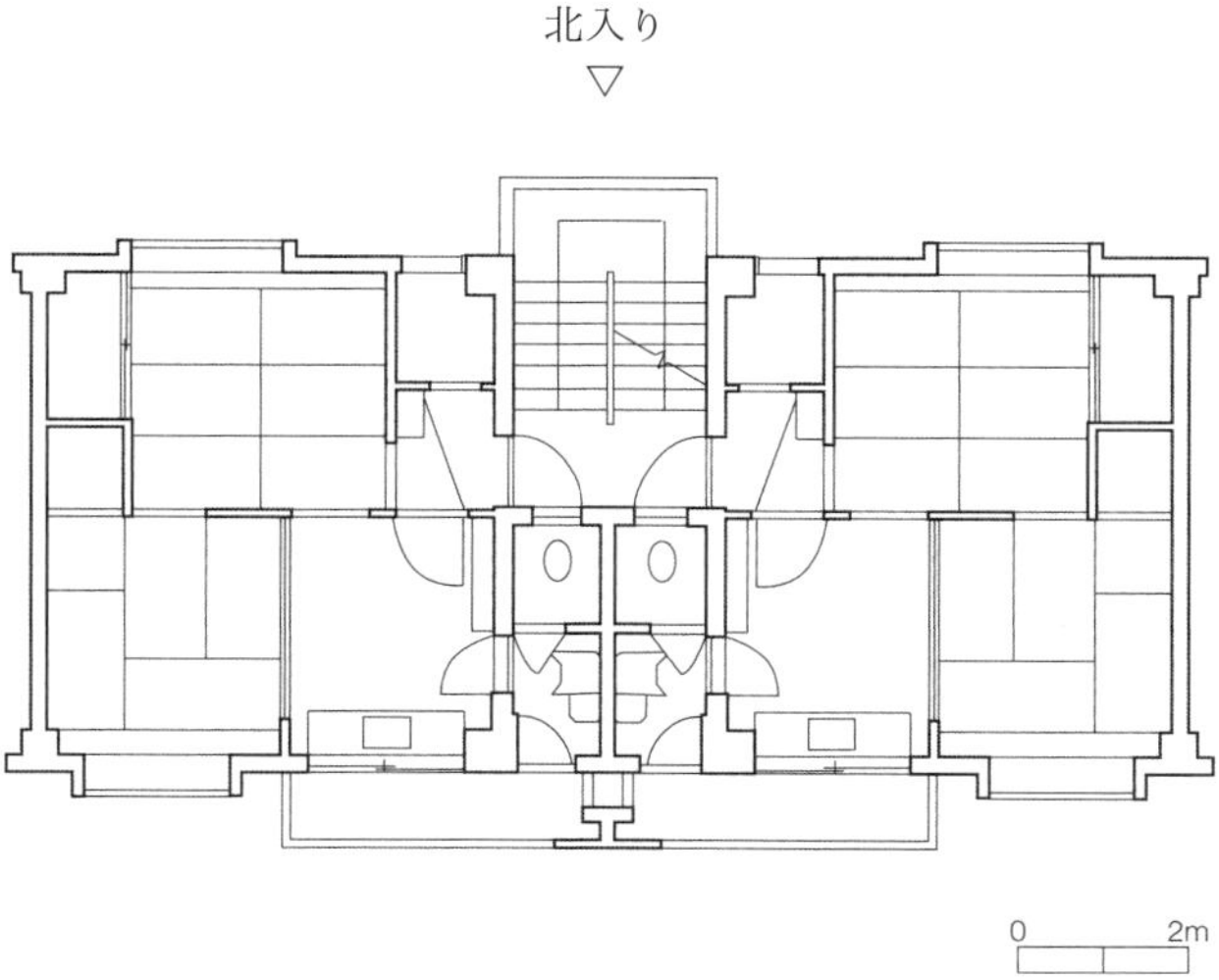

図4　51 C型

台アパートは、屋内で生活が完結せずに水回りから外へ続く板の間を緩衝空間として使っていた以前の戸建て都市住宅の構成を基本的に踏襲している。

しかし、その後の集合住宅の住戸プランは、価値の高い南面を屋内面積として取り込むために階段室を北に配置し、南面を部屋として使うようになる。環境の良い南側の外部空間を作業やコミュニケーションの場所として活用する「南入り」から、それを各住戸の専有屋内空間に組み入れる「北入り」とした変化には、実質的合理性を強く希求する近代的価値観（リッツオ）の影響を読み取る事も出来る。

このように住宅の近代化はじわじわと進行するのだが、やはりその象徴的転換点として挙げられるのは、公的に供給される集合住宅の標準住戸平面開発のために、建設省住宅局が官・学・民に渡る委員会を組織して生み出した51C型であろうか（**図4**）。委員会のメンバーであった東京大学の吉武泰水が、研究室の鈴木成文や郭らと案出したこの案の特徴は、その成立にも影響を与えた京都大学の西山夘三によると、次の六つに分類出来る（西山、一九七五）。①食寝分離を実現するため、台所をひろくした、いわゆるダイニング・キッチンで食事をする。②畳敷のヘヤを寝室と考え、それが独立して（通り抜けずに）使えるよう各室に布団を入れる押し入れを設ける。③寝室の隔離性を高めるためその間の間仕切りはカベとする。④寝室の寸法は必ずしも畳の寸法にとらわれず、ふとんと家具の配置から考えて適正なものとする。⑤（当時は公営住宅には浴室はついていなかったので）行水が出来るよう水の使える場所を設ける。⑥各戸に物置を設ける。

このなかでも最も重要なものが、①の食寝分離といって間違いない。これはもともと戦前、住宅営団にいた西山が、小さな住宅に住む人々が寝室の分離よりも食事場所の分離を優先させていた事象から導き出した概念であった。川崎の勤労者住宅の調査で、これと同様の経験をした先の鈴木成文が、テーブルで食事するＤＫを中心に位置づけることで、建設省の厳しい要求面積（一二坪足らず）の中でも食寝分離が実現出来ることに目を付け、導入したのである。さらにこの型が大きな影響力をもった背景には、巧みなプランニングもさることながら、当時の公団が図上でのアイデアを実体化するために、設備や家具を同時に開発・供給したことが上げられる。具体的には空間の衛生的な機能を担保するステンレスの流し台、立座生活を誘導するテーブルなどである。こうした公団の配慮は、初期には生活改善指導員が配置されるほどの徹底ぶりであった。このように生活行為の誘導には、平面型だけでなく、家具、設備、さらにはその運用のレベルにまで踏み込まなければならないという重要な認識が当時すでに共有されていたのは驚きでもである。

51Ｃ型の開発は、大学人を中心としたチームによって導き出されたという科学的合理性、モデルプランに則って供給を合理化したという手続き的合理性、さらにそれが公団という組織により多層的なリアリティを付与されて実現したという実務的合理性、と合理性がさまざまなレベルで執行されている点で、それ以前の試みとは趣を大きく異にしている。しかしそうした分岐点としての象徴性ゆえに、その後「ｎＤＫ」タイプに画一化していく商品住宅の元凶として曲解されてしまったのは皮肉でもある。後述するように実質的な画一化は、分譲型集合住宅で開発された北廊下型住棟とそれに適合したフロンテージセーブ、つまり間口を切りつめた細長い住戸プランによってもたらされており、階段室型住棟の極小タイプ向けに開発された51C型には直接の責任はないはずだから[3]。

しかしその一方で51C型は、就寝室の完全分離にこだわったために空間が構造壁で小割りされ、単身者や高齢夫婦が居住することが多くなった現在求められているワンルーム的利用が困難、35㎡という最小の空間単位を基本としているために今日の面積水準に合わせた改修も難しいなどの問題点が指摘されている。開発当時の状況にタイトフィットしてしまったために、社会資本としての寿命はかえって短いという合理性のパラドックスに陥ってしまったのだ。

4 集合住宅型分譲住宅の登場

戦後の驚異的な経済成長には様々な理由が挙げられるが、持ち家政策が、終身雇用、サービス残業などの条件を受け入れる基盤として大きな役割を果たしたことは多くが指摘する所である。住宅ローンに縛られているからなかなか仕事をやめられないという逆説的な側面を持ちつつも日本の平均的な賃労働者にとってマイホームは大きな目標でありつづけたのだ。しかしその一方で、そうした郊外の持ち家を最終目的とする厳しい競争状態は、住生活に関する様々なひずみを生み出すことになった。

そうした状況を喝破した上田篤は、郊外住宅を上がりとする双六に例えて、住宅獲得を巡る格闘を「住宅双六」と揶揄した。

このようなマイホームの獲得熱は、郊外のスプロール（虫食い）現象、市街地のミニ開発といった形で、環境にも様々な問題を生起させた。他方、問題を起こしているはずの開発側も事業をやり易い土地の入手が次第に困難になり、土地を効率的に活用する根本的対応を迫られるようになる。こうした両者が直面する問題を解消するために開発されたのが、土地を立体化して売りさばく分譲型集合住宅である。公的主体によるものでは一九五三年の東京都建設局の宮益坂アパートが、民間によるものとしては一九五六年の四谷コーポラスがその最初の事例として知られているこの型は、鉄筋コンクリートの矩体やエレベーターの価格が割高であった当時、土地代の高い東京でしか成立しなかったスキーマであった。しかしながらその後建築技術の進歩や設備生産の工業化によってそれらが安価となるのにともない、広範なエリアに広がっていく。

また、集団で財産（矩体・土地・共用施設）を共有することは様々な権利問題を発生させるが、こうした状況を法的に裏書きするための法整備も若干遅れて進められる。最初の分譲集合住宅の竣工から一〇年後の一九六二年、建物の区分所有等に関する法律が成立するのだ。これによって、分譲住宅所有者の権利関係はある程度整理され、分譲集合住宅（マンション）の建設はさらに加速する。周辺に対する日照権の侵害や高層階における子供の養育問題、そして景観論争と様々な問題を引き起こしながらも、この建築型は都市内で猛烈な繁殖を繰り返していく。

しかし工業化されたとはいえ、エレベーターは設置のみならずその管理にも経費の掛かる高価な設備であり、消費者の南面志向が依然として強い中にあっては貴重な採光面（南面もしくは東南面）を節約して配分することも重要な与件であった。つまり、エレベーターの配置を節約しながら環境の良い面に、いかに多くの住戸を押し込められるかが、集合住宅開発においては重要なテーマであったのである。現在、最も普及している北廊下型立体長屋的フロンテージセーブ構成（**図5**）は、このようにして開拓され、日本の集合住宅の中で支配的な地位を占めていく。

図6は、画一化の典型とも呼ばれている3ＬＤＫの平面であるが、フロンテージセーブ型構成に適合した住戸平面となっている。効率的な配置でエレベーターあたりの住戸数を確保しながら優良な採光面を細かく配分出来るこの平面型は開発側の意向にも上手く応えている。よく言われる住戸平面としての問題ではなく、集合のさせ方がこの型を生み出している大きな要因なのだ。しかし、この住宅では、南側の環境の良い側面に居間を確保しようとするため、個室は北側の廊下に向いた開口面に配置され、結果として個室が狭い玄関を挟み込んでいる。そのため、北側の個室を子供部屋に充てた場合には、居間と子供部屋が水回りで分断されて、子供の動向が良くわからない。また、住宅への訪問者は、その狭い玄関からキッチンや風呂洗面などの間をすり抜けてようやく南面する居間に到達するため、居間から接客要素が排除され易いといった問題を抱えている。さらには、防火上の制約から、

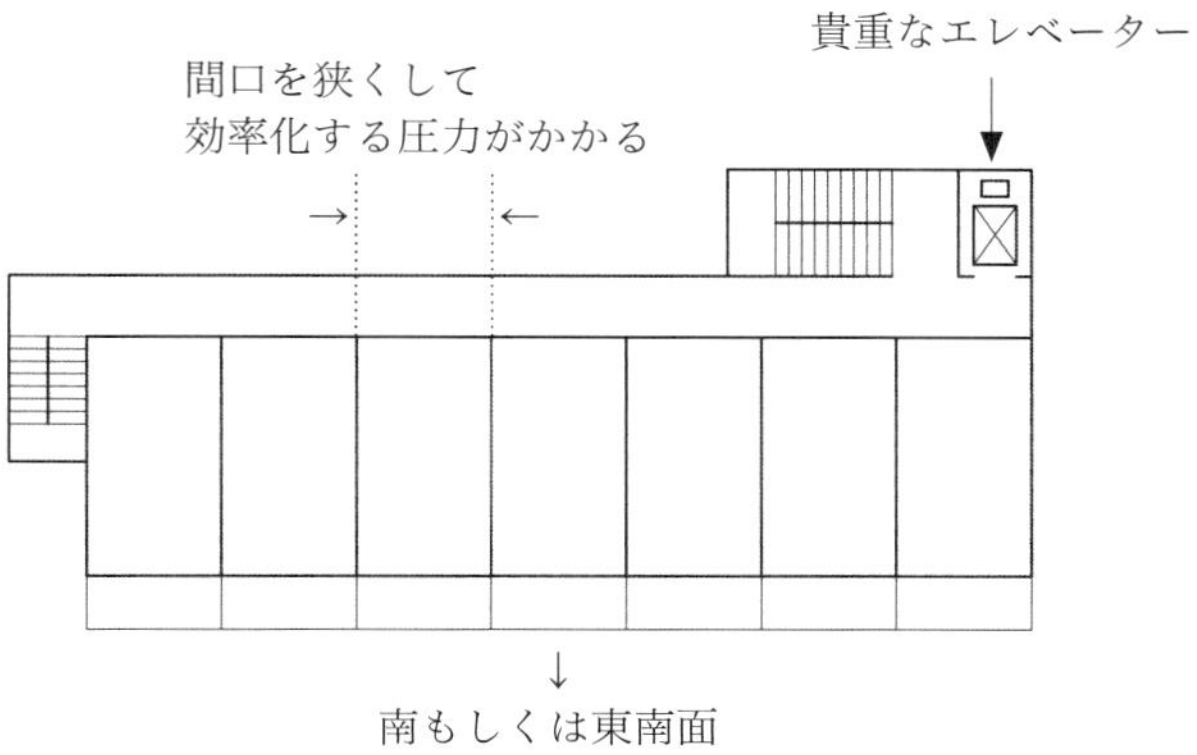

図５　北廊下型集合住宅

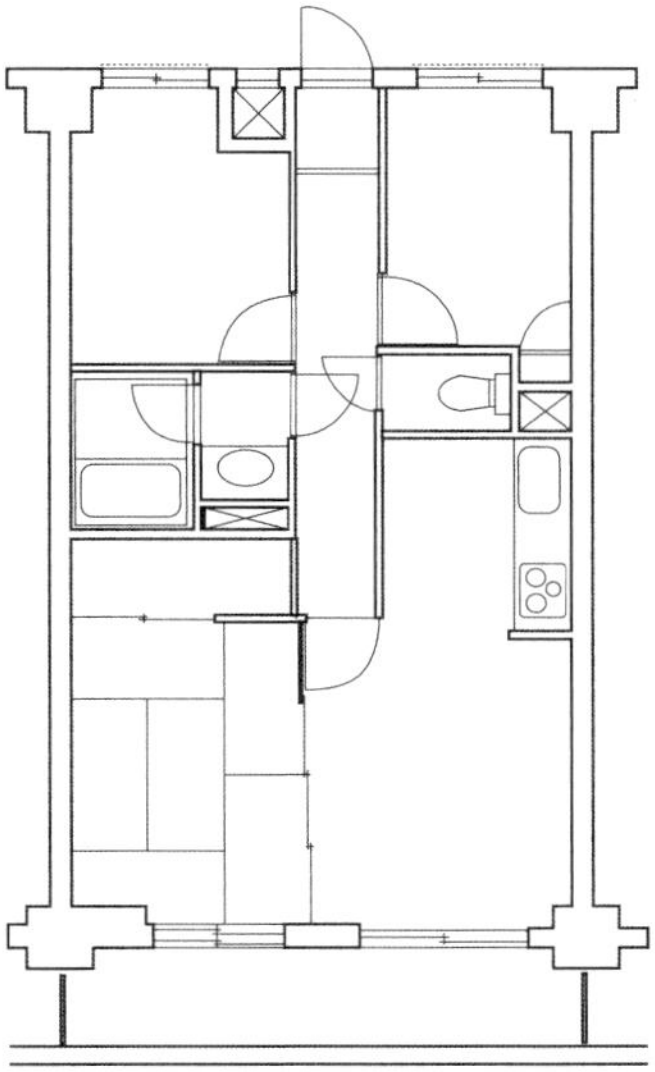

図６　３ＬＤＫ住居の典型例

鉄製の防火戸とすることが求められることが多い玄関のドアは、必然的に外部空間とのつながりを薄くしてしまう。など、住居の閉鎖化を招く傾向が極めて強い建築型でもあった。

例えば日本以上に市場経済の圧力を厳しく受けている中国の民間集合住宅であるが、文化的な理由から四つほどの住戸で一つのエレベーターをシェアする房方式が多く、北廊下型の構成を持つ集合住宅は極めて少ない。お隣の韓国においてもエレベーターを複数の住戸で挟み込んだ階段室型を上に引き延ばしたようなタイプが比較的多く建てられている。日本にいるとなかなか気がつかないが、北廊下で連結されたフロンテージセーブ型の住戸が支配的な現況には、疑念を差し挟む余地も多いのだ。もちろん近年では、中央にエレベーターや階段を取り込んでタワー状に高層化したタイプも多数散見されるようになっているが、これとてフロンテージセーブの圧力とは無縁ではなく、さらには将来の立替え問題など、複雑な課題を内包していることは言うまでもない。

5　公営住宅における実験

こうしたフロンテージセーブ型に画一化する傾向にあるといってもよい日本の状況の中で[4]、少数例ではあるが異議申し立ても行われてきた[5]。しかしながら公団住宅、民間分譲住宅ともに、マーケットの論理に依拠せざるを得ない中でそうした役割を担ったのは、皮肉なことに本来は住宅取得困難者を対象とするはずの公営住宅であった。特にこの傾向は、公営住宅の建設が町づくりの基点として考えられ、定住促進、社会ストックとしての役割が求められる地方において顕著で、進取の気概に満ちた建設系行政スタッフのいるいくつかの地方自治体で優れた実践が行われる。

これらの中でも公営住宅による良質な社会ストック形成がいちはやく目指されたのが茨城県であった。現在まで続くこのトレンドが、最初に明示されたのは、建設省から茨城県に出向していた蓑原敬が、建築家藤本昌也を登用して進めた新しい接地型住宅、一九七三年竣工の茨城県営六番池住宅である。三階建てでありながら各階の住戸が接地性を持つとともに、団地全体で豊かな環境が形成されるよう配置にも工夫がなされたこの計画は当時大きな反響を引き起こしただけでなく（図7）、開発された住戸型は、茨城県版の準接地型住宅として、会神原団地、三反田団地とその後発展しながら整備されていく。これらは現在も良好な住環境として活用されてはいるが、階段が多いという特性から、ユニバーサル・デザインへの対応にはいくつかの課題を抱えていた。そこで、その後一九九〇年代に入って再開されたプロジェクトでは、敷地環境ごとに適切な回答を模索する試みに切り替わっていく。街中に豊かな公開空地を取りながら展開された長町住宅（図8）は、周辺のスケールを適切に捉えているほか、人車の競合にも無理が無く、建築物の将来的な改修に配慮して矩体と設備や内装を明確に分離するスケルトンインフィルを採用するなど社会資本としての配慮もなされている。無理な造成をせず、敷地にもともとあった傾斜を取り込んだ滑川団地は、平面計画においてもガラス張りの土間ス

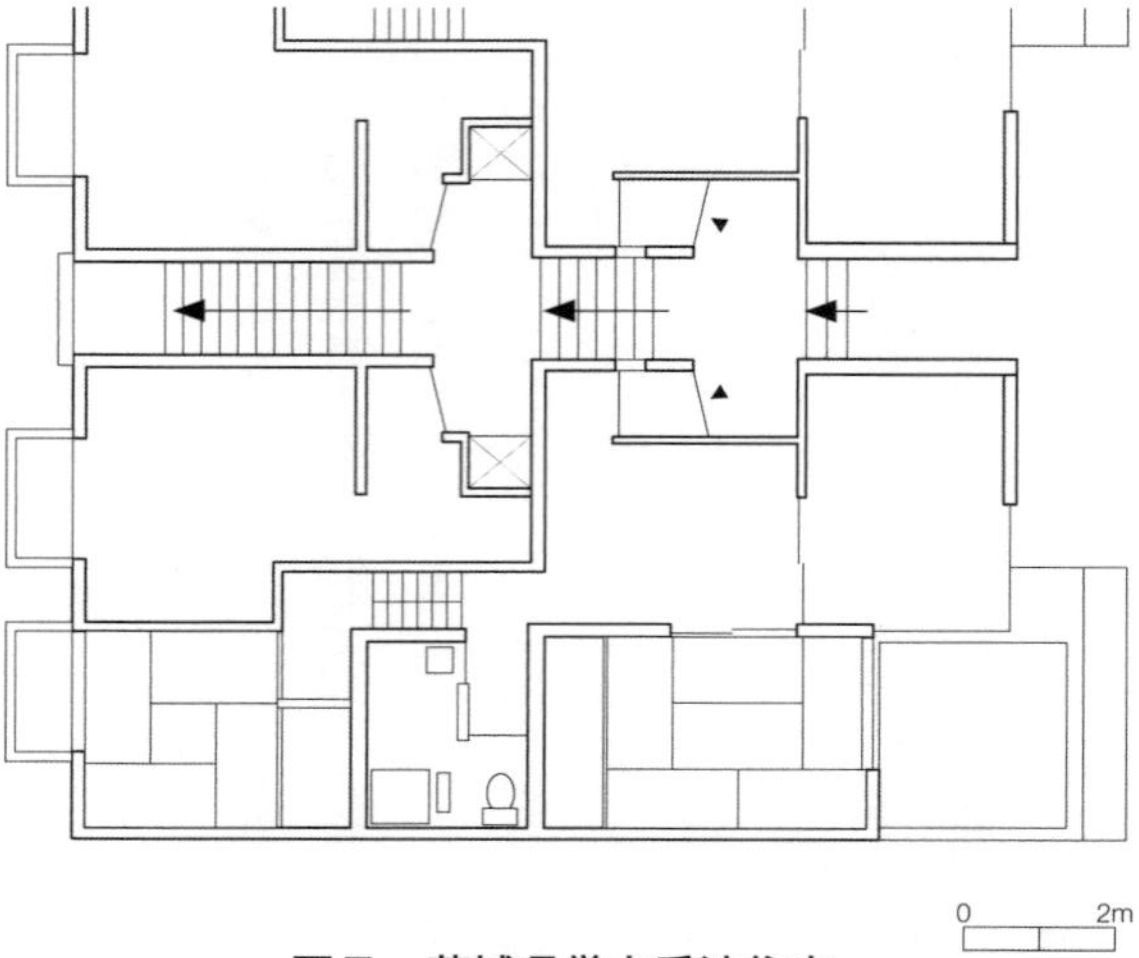

図７　茨城県営六番池住宅

（設計：藤本昌也＋現代計画研究所）

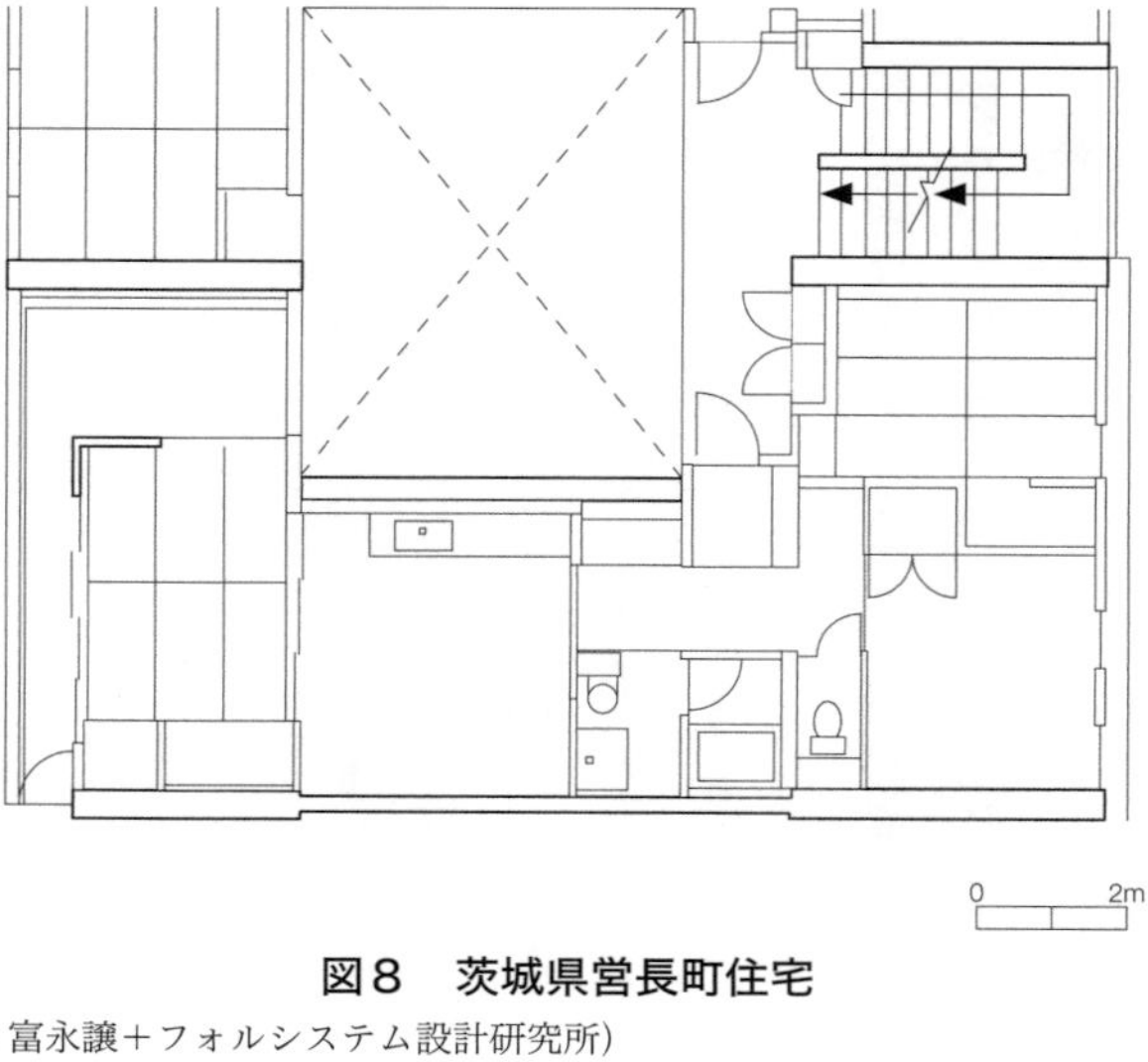

図８　茨城県営長町住宅

（設計：富永譲＋フォルシステム設計研究所）

ペースを設けるなど、内外の一体化が企てられており、ゆるやかな傾斜面の外部空間には、子ども達の元気な声が響いている(図9)。その他に空中回廊を配置することで上階でも接地性を担保しようとした松伏アパートなど、この時期に建設されたものは場所の特性を引き出したユニークなものも多い。居住者層が比較的若年で高齢化問題が顕在化していないといった正の要因も関係はしているが、優秀な設計者との共同によって、実際に良好な環境がつくり出されていることは間違いない。

一方、茨城県と並んで、ユニークな公営住宅が多いのは、くまもとアートポリス事業など積極的な施策展開を行っている熊本県で、熊本市内には県営、市営を含めいくつかの集合住宅が計画されている。それらの中で、規模が比較的コンパクトな県営住宅には、竜蛇平団地(図10)、保田窪団地など、すぐれたものが多い。日本建築学会賞を受けた前者は、南面のセットバックした住棟がゆるやかに中庭を囲む一方で、各住戸には共用空間に向けて住民の生活意識を向けるテラスが用意されるなど、内外の一体化が巧みにデザインされている。後者は、建設当初大きな議論を引き起こしたが、現在は居住者も使い方に馴染んだようで、緑が成長した中庭は憩いの場として親しまれている。こうした熊本県の事例にならって一九九〇年代には岡山県や岐阜県でも環境を積極的に構築しようとする野心的な公営住宅がいくつか建設される。

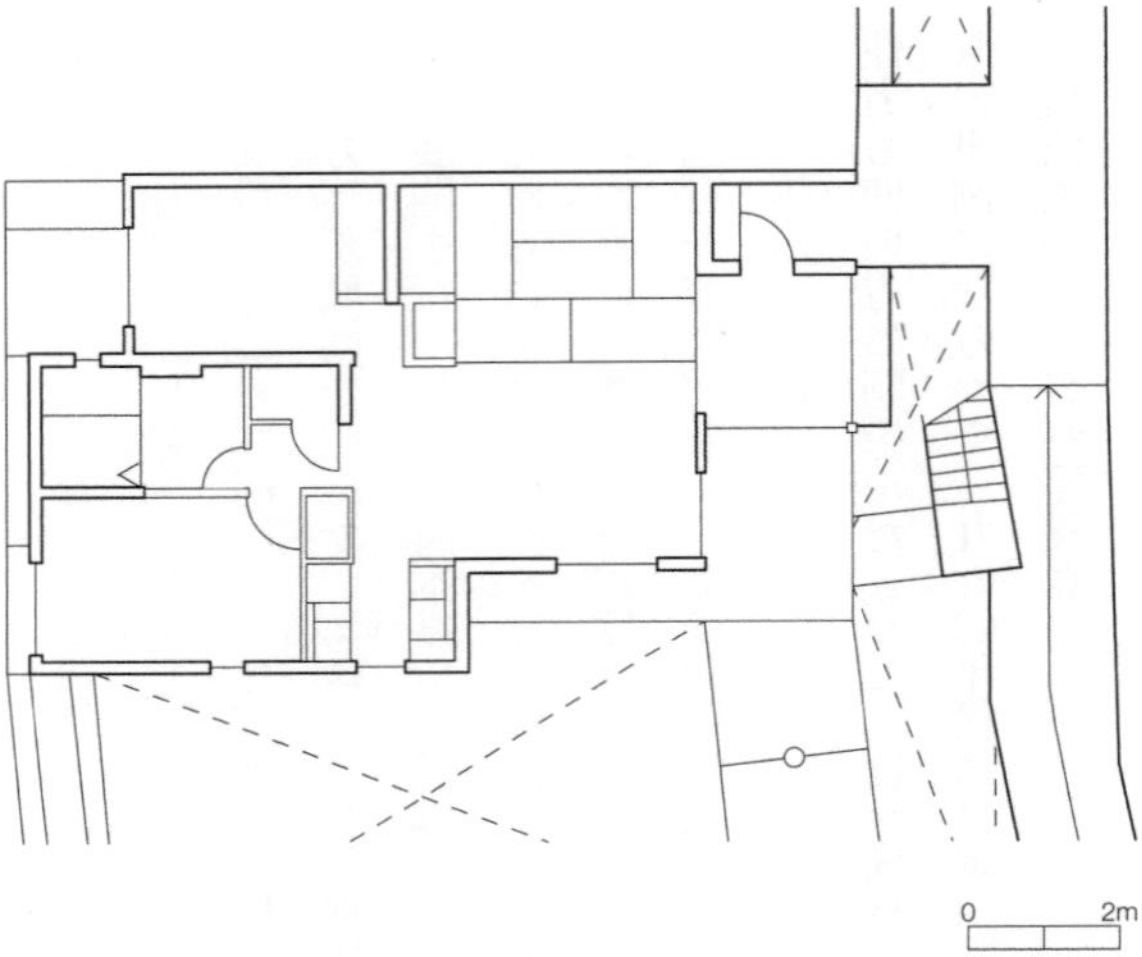

図９　茨城県営滑川団地

（設計：長谷川逸子）

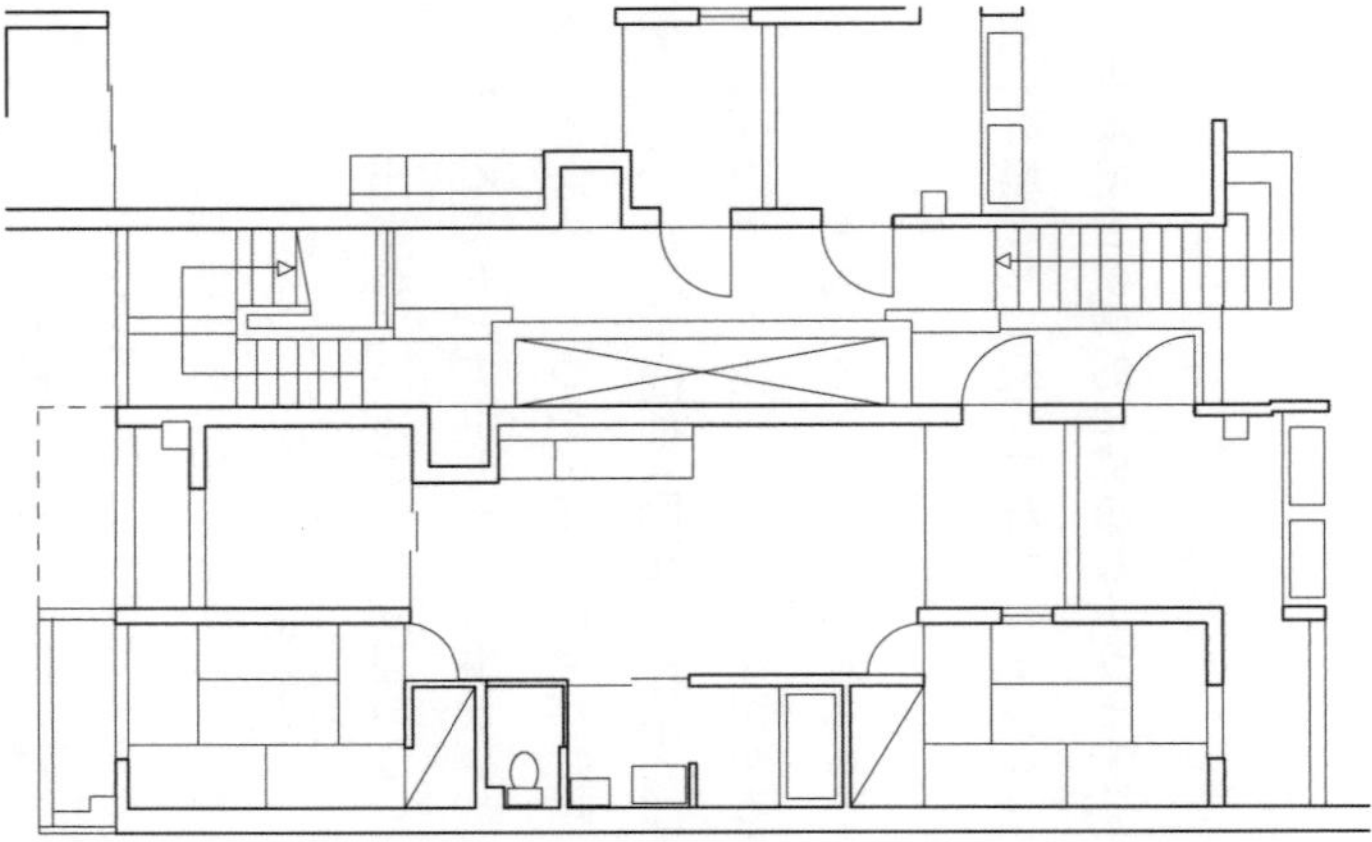

図 10　熊本県営竜蛇平団地

（設計：元倉真琴／スタジオ建築計画）

6　モデルの挫折と協住のプラットフォーム

　このように全体から見れば少数ではあるが、九〇年代の前半までは優れた集合住宅が比較的まとまりをもって計画されてきた。しかし公営住宅計画の位置づけは、社会環境の変化によってその後大きく変化する。日本全体の人口減少によって、都市部においても世帯数と住戸数の逆転現象が見られるようになるとともに、景気の低迷に伴う社会の二極化や深刻化する高齢化などで、ごく普通の人々にも社会的な下支えが必要となってくるのだ。その一方、公財政の逼迫はより深刻化し、新規建設はもとより、現状の維持改修も難しい状況が出現する。こういった状況を受け、国土交通省は二〇〇四年の住宅プラン改正にあわせて、公営住宅の目的を社会資本の整備から「セーフティネット」の構築へと大きく切り替えていく。

　しかしすでに述べたように、良質な借家ストックが決して十分とは言えない日本で、セーフティネット化を一方的に宣言するだけでは問題は解決しない。むしろ地域コミュニティや家族がその役割の限界を露呈する中で、弱者をつなぎ止める契機を環境そのものの中に埋め込む必然は増しているのである。消費者を創り出すべく凄まじい分節化を繰り返す現代社会にあっては、分断された人々をつなぎ止める役割も必要となるのである。哲学者のハンナ・アーレントは、我々の社会をつなぎ止める紐帯は「弱者」の存在にあるということを述べているが、現代社会はそういった状況にまさに直面しているとも言えよう。

一方で公営住宅の環境は、そもそも自分の持ち家ではないというだけではなく、経済的余裕が無い居住者が多く、周囲の環境を適切に保全していくには骨が折れる状況にある。それでもこれまでは、子育てなどを介して保全のためのコミュニティがなんとか繋ぎとめられてきたのではあるが、それすらも昨今急激に進行した高齢化で、希薄になりつつある。公共空間の疲弊と居住者の生活の閉鎖化が並行して進んでいるのだ。しかしながら、前述したように日本の公営住宅政策は、住む場所についてのサポートを原則としており、コレクティブハウス的なライフスタイルを課すなど、住まい方の中身に踏み込むことは想定していない。空間には彼らが勝手に住んでもコミュニティが劣化しない仕掛けが求められるのだ。こうした状況を解決することを目標に筆者らが、建築家阿部仁史氏とそのスタッフと協同で開発したのが、五〇戸の荒井住宅だ（**図11**）。この住宅は、周囲の戸建て住宅に馴染んだタウンハウスのような三階建ての外観、ブリッジによって連結され選択的経路を持つ住棟群、三五〜五七㎡の多様な住戸タイプ、各住戸前にゆったりと設けられたテラスと階ごとの集会室、などから構成されている。活発に活動する自治会の拠点にもなっている二階の集会室に入ると、室内は木デッキからの照り返しで心地よい光に満たされており、かすかに一階の集会室あたりで遊んでいる子どもたちの声が聞こえてくる。

全体の七割の住戸が南面する居間側に玄関を持つリビングアクセスを採用していることも、この

図11　仙台市営荒井住宅

（設計：阿部仁史＋東北大学建築計画研究室＋阿部仁史アトリエ）

住宅の特徴のひとつである。北面のドアで厳重に閉じられていた従来のものに比べ、外部の視線にさらされる頻度は高いようだが、テラスや住棟が注意深くデザインされているためか、実際の違和感はあまりない。豊かに見えるこれら共用部分は、各住戸の専有面積をコンパクト化することで捻出されており、投資額は従来型の市営住宅とほぼ同等に抑えられている。実際の住まい方を調べた調査によると、お裾分けや相互訪問の頻度も増えており（**図12**）、間接的ではあるがコミュニティにもたらす効果も伺える。荒井住宅の新しい住構成はこのような近傍との挨拶だけにとどまらず、実際の住宅内の住み方も変化させている。部屋の中における住み方は維持されながらも、各場所が積極的に位置づけられるなど、コミュニケイティブな環境の構築に寄与しているのだ（**図13**）。

　この住宅は、現行の公営住宅法の中で構築されたものであるが、未来を見据えて若干の踏み出しがはかられている。公営住宅供給は行政区分としては福祉ではないし、無償提供を

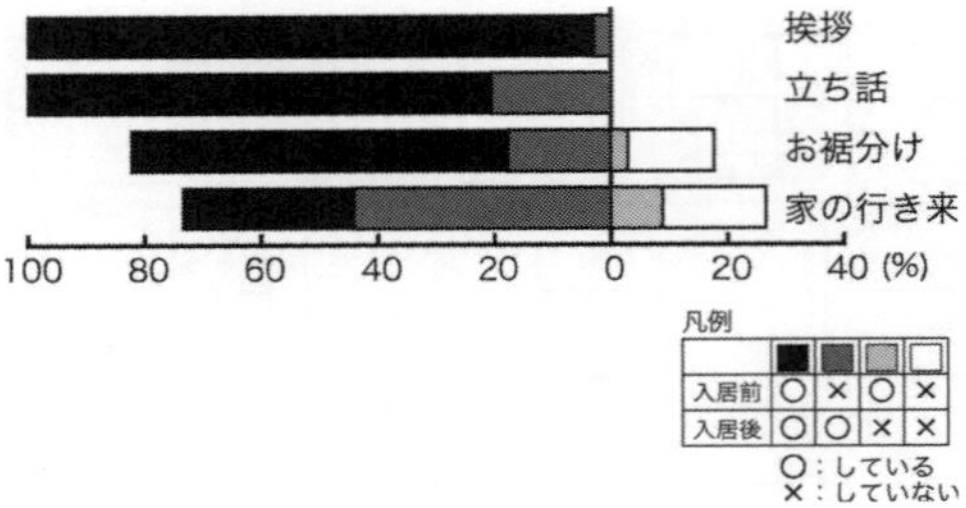

図 12　転居前後の近所づきあいの変化

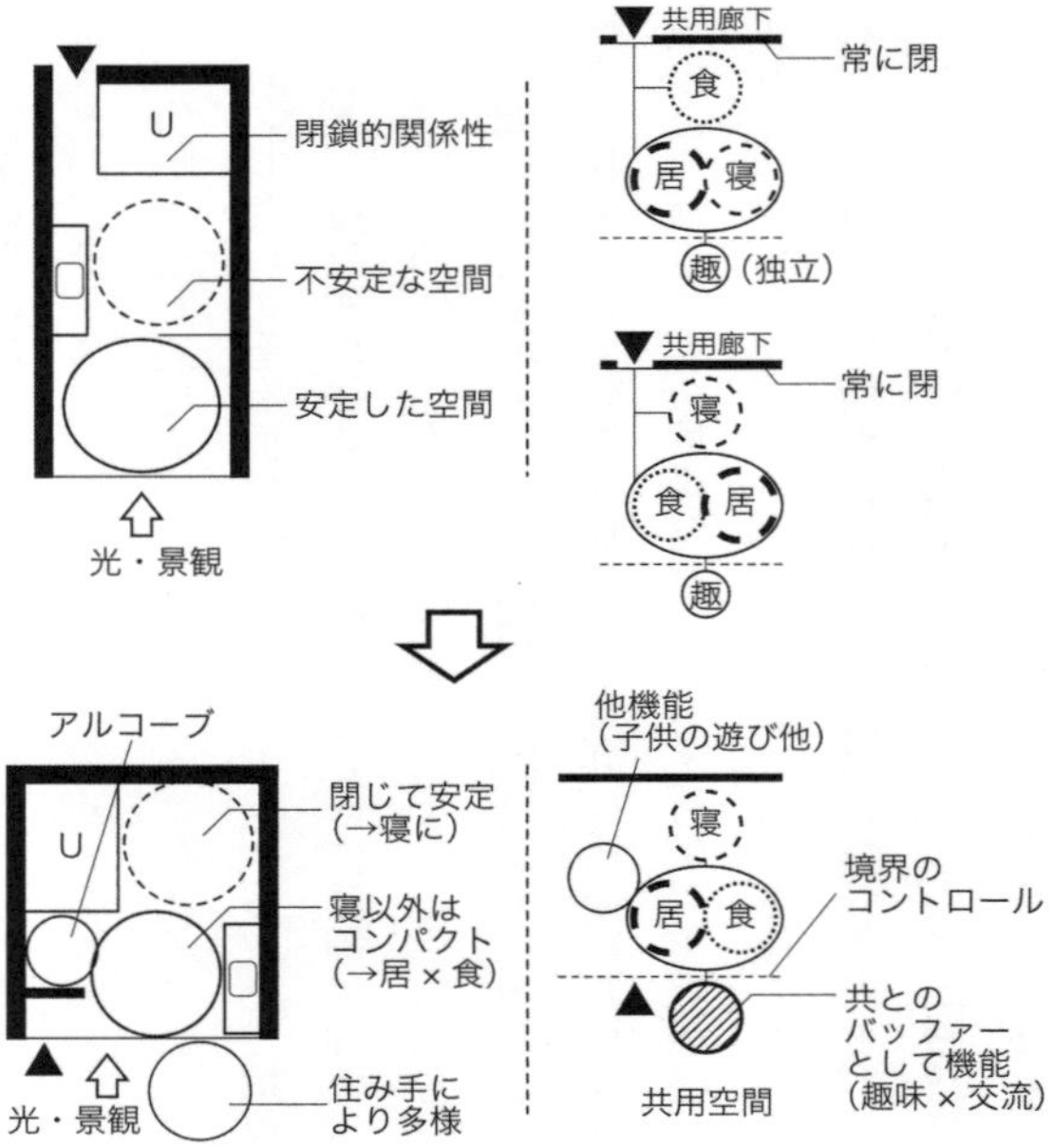

図 13　転居前後の住まい方の変化

基本原則とする現行の福祉概念の基では馴染まない面もある。しかしながら、この住宅における良好なコミュニティを見ていると、住む権利を保護する代わりにコミュニティに対しての貢献を若干求める、米国での福祉に見るようなワークフェア要素を加味して公営住宅を供給することは、あり得る選択にも思えてくる。

7　資本流入による借家の復権

そうはいっても、公営住宅が日本の全住戸に占める割合は、住居全体の五・六％にすぎない。やはり中核にあるのは民間主体が供給する持ち家や借家なのだ。日本の民間借家には、長らく十分な投資が行き届かず、持ち家の整備水準との格差の原因ともなっていたことは既に述べたが、近年、そうした状況を変える新しい動きが起こっている。地代家賃統制令が一九八六年に廃止されたのに始まり、戦前から続く建物保護ニ関スル法律、借地法、借家法などの関連法が、一九九一年に借地借家法に一本化され、積み残された定期借家制度も二〇〇〇年から施行されるなど、長く懸案であった賃家人・借家人間の契約自由原則がようやく確保されるのである。こうした流れに呼応するかのように、二〇〇一年には不動産開発資金を調達する専門の証券市場Ｊ―ＲＥＩＴ（日本版投資信託）が始まり、資金調達条件も整っていく。これら環境が整うことによって、借家事業はポテンシャルの高いビジネスとして理解され、旺盛な資金が環流し始めるとともに、クライアントと土地との結びつきも流動化されていくのだ。一方、こういった流動性の増大は、住居水準の改善に貢献するものの、立地、広さ、価格といった主要指標以外の個別性をリスクとして排除する性向も併せ持っている。長期的資産としては価値のある緑地や周辺の良好なコミュニティも、短期的な利回りを求め、説明コストの節約を要求される不特定多数の出資者には還流しがたい与件として、切り捨てられることが多いのである。

そうした状況の中、土地の値段が圧倒的に高い東京近辺では、量が質を生むという言葉が示すような興味深い事象が起こっている。一般には不利と見られる不整形や極小な土地をあえて購入しながら、優れた建築家を雇うことでそれを付加価値に変換していく新しいビジネスモデルが才覚のあるデベロッパーによって開発されているのだ。冒頭のヨコミゾのプラン（図2）も実はそうした流れのひとつである。この現象が居住者の身体意識すら変化させる深度に達しているという所見はすでに述べたが、乾久美子が東京の極小敷地に完成させたガラス張りの住宅「アパートメントI」（図14）では、真ん中のコア（階段部分）が共有のアクセス部となり、外壁とコアの間の細長く引き延ばされた空間が各住戸の専有部分に当てられているなど、そうした動きがさらに加速されている。さらに、外壁は上から下までガラスサッシで、プライバシーを自分で調整することなしには住み込めない。この住宅では身体はもちろん、プライバシー感覚と言った知覚すらも変容させられているのである。

もちろんこうした流動化に伴う優れた建築家の参入は、住まい手の身体感覚を変化させる方向にだ

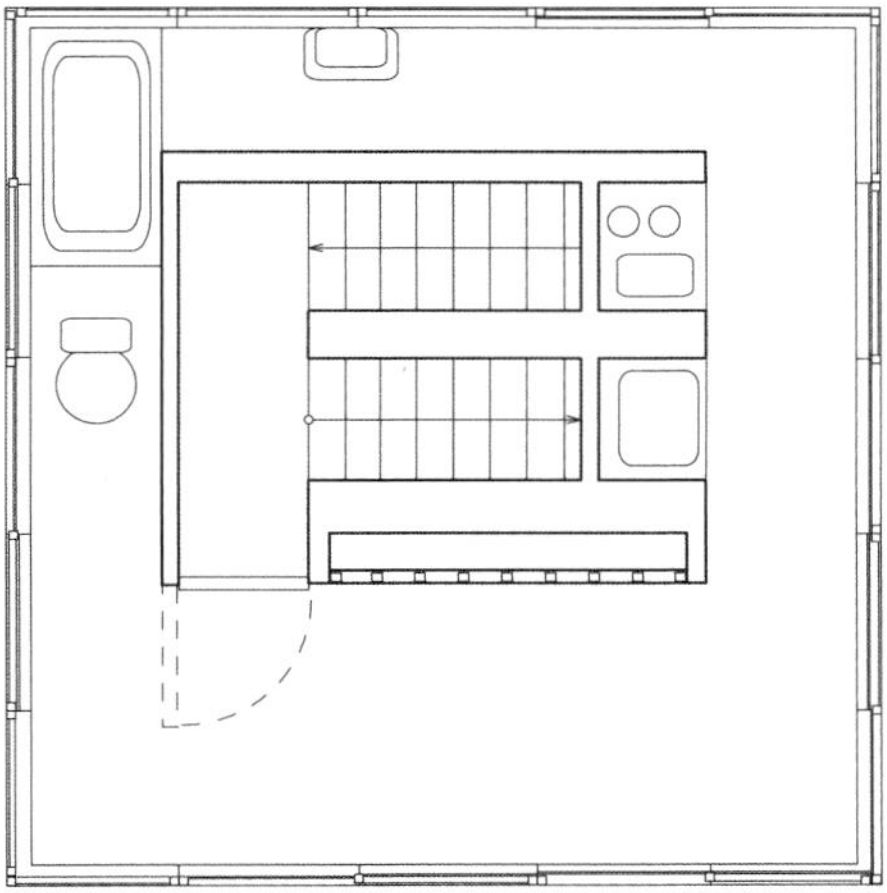

図 14　アパートメントⅠ

（設計：乾久美子建築設計事務所）

け展開している訳ではない。これまで切り捨てられることの多かった土地の潜在的な価値についても貪欲な物象化が計られているのである。以下、緑地に対するアプローチに特徴的に表れるこうした性向のいくつかを紹介しておきたい。

(1) 見る緑（図15）

都心にはあり得ないような豊かな緑に隣接する「森のとなり」は、公園側を縦ルーバー、住宅側を横ルーバーとその表情を微妙に切り替え、かつ建物自体も境界線から若干距離を取る配置を採用することで、環境を取り込む可能性を大きく広げている。周辺の戸建住宅が、森を独占しようと公園側に近接するあまり、公園利用者の視線や実際にはワイルドな生態系から距離を取れずに、カーテンを引きっぱなしとなる逆説的な状況に対し、有

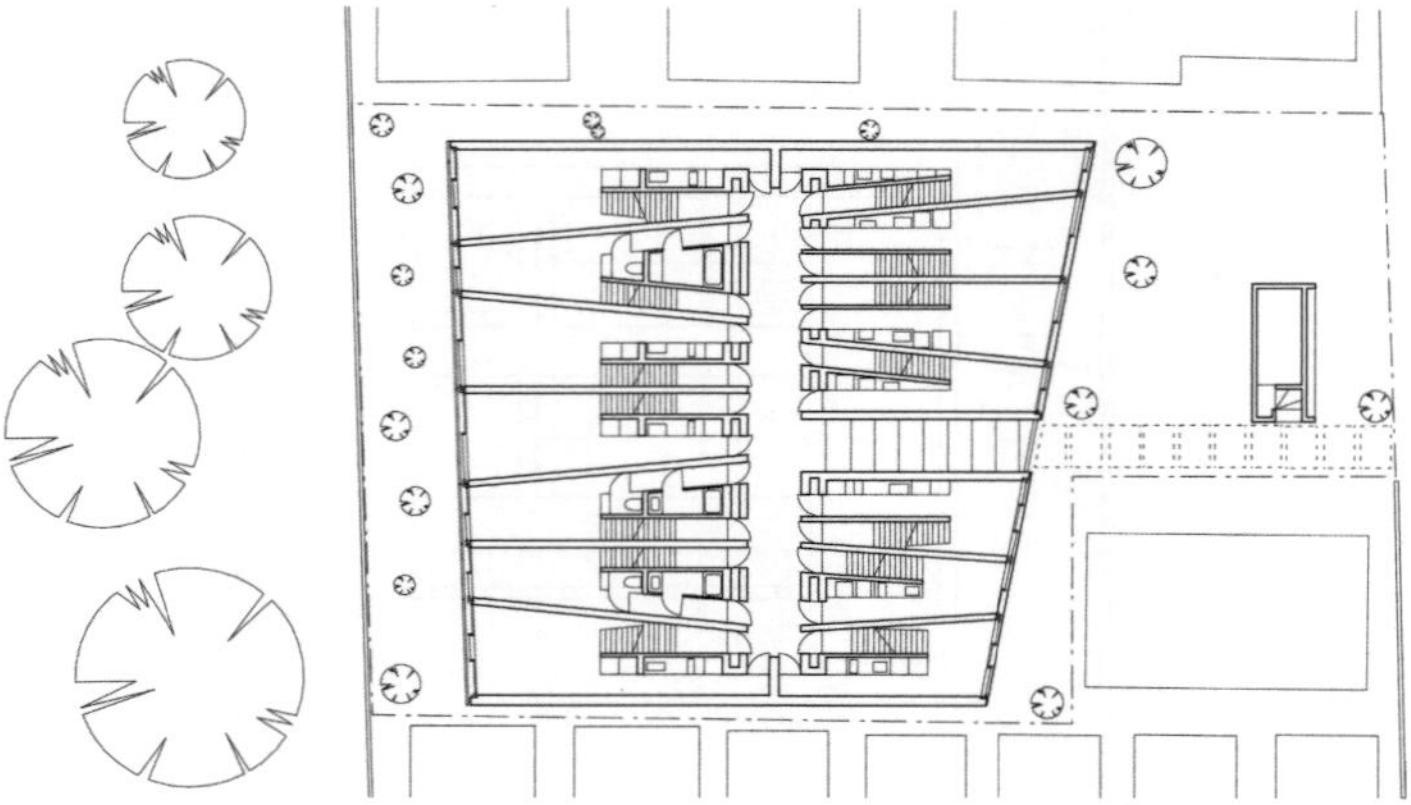

図 15　森のとなり

（設計：武井誠＋鍋島千恵（TNA））

図 16　Dancing trees Singing birds

（設計：中村拓志／ NAP 建築設計事務所）

効な処方箋が示されている。しかしその代償として、居住空間は部屋の中から森を望むことに収斂した禁欲的な形状を強いられている。環境与件に過剰なほど適合する一方で、コミュニティに関する面積は冷淡に切りつめられる。フロー系住宅の二面性がここには存在する。

(2)使う緑(図16)

「Dancing trees Singing birds」は、敷地の周囲に立っていた樹木を注意深く避けながら、外部には微妙な陰影を内部空間には個性豊かな付加価値を生み出している。このようにデザインの介入によって樹木はリスクではなく、空間を特徴づける付加価値に変換されているのである。一方でこの建築の周辺街区への振る舞いは至って淡白だ。旗竿敷地ゆえに仕方がない部分もあるが、緑は居住者に独占され、アプローチの奥には監視カメラが目を光らせている。この建築は、アセットマネージメントも手がける気鋭のデベロッパーによるものであるが、家賃化出来る内部に厚く、投資を回収し難い外に冷淡というコントラストは、先の二面性と同根のものと言える。

(3)保全する緑(図17)

前二者のクライアントが、フロー経済を活用して成長した、いわば土地から自由な性向を持っているのに比べ、「羽根木インターナショナルガーデンハウス」の開発者は、世田谷で良質な住環境を提

図 17　羽根木インターナショナルガーデンハウス

（設計：北山孝二郎（K 計画事務所））

供し続けている地主系のデベロッパーで、土地にこだわるクライアントといえる。建築自体も、居住者の共通のアプローチとなる不成形の中庭を介して、住戸―棟―街区がゆるやかにつなげられているオープンな形式で、都市緑地の保存が真っ当に試みられている。各戸へのアプローチも重層長屋である **Dancing Trees** が相互に干渉し合わないよう調整された独立直達階段を用いているのに対し、後者はタウンハウス型の開放的な設《しつら》えを採用している。この建築が立地する羽根木は、住民の既存緑地の保存運動でも有名な場所であるが、良好な環境を長期的に支えるには周辺住民の「民度」も重要な要素なのであろう。これらから緑地の保全は、クライアントの戦略と覚悟、デザイナーとしての建築家の能力、そしてそれを支える周辺の資源、これらを繋いで成立する多項式であることが見えてくる。

フロー経済の積極的な参入により、これまで立地、広さ、価格、竣工年、といった基礎指標で選ぶしかなかった日本の賃貸集合住宅に、スキーマというファセットが新たに加わってきた。このように住まいのありようは、空間に住まうという行為から自動的に導き出されるものではなく、住む行為を取り巻く社会のさまざまな様相を反映した、いわば住まうことのメタファーを構成単位とする複雑な織物でもある。そして、そうしたメタファーが喚起するポテンシャルは、住宅市場に流れる資金の性質とも深く関わっている。二〇〇八年に米国で発生し、瞬く間に全世界に広がったサブプライム問題に象徴されるようにこうした資金の流れは常に流動的でもある。ここで見たような集合住宅デザインの新しい萌芽が、逆境を乗り切って本格的な都市変革へ繋がっていくのか、それともうたかたの夢となるのか、未来はますます見えにくくなっている。

注

(1)ワークキングプアがねぐらとするネットカフェ、さらにはホームレスの段ボール住居など、さらに小さい空間は都市内にいくつも存在するが、住まい手が定常的に再生産可能な都市居住の最小「定住」単位としてはここに挙げた事例がほぼ最小と思われる。

(2)組織は、一九八一年住宅都市整備公団、一九九九年都市基盤整備公団、そして二〇〇四年都市再生機構（UR）へと姿を変えながらも現在も役割を果たし続けている。

(3) これについては建築家山本理顕の仕掛けた戦略に乗せられた感もある。議論が学術的な土壌ではなく、シンポジウムという流動性の高い次元で行われたのも問題だろう。結果、引きずられる形で51C型＝画一化の主犯という単純な理解が一般化してしまっているのは、残念だ。こうした意味でも、鈴木成文本人による「51C白書」は資料価値の高い本と言える。

(4) こうした日本の状況を法学者の木村はソフトロー的規定（選択肢の不可視化）として分かり易く整理している。

(5) 中廊下型を採用することでこうしたフロンテージセーブの圧力を軽減しようとした公団東雲住宅第一期（設計 山本理顕）など優れた試みも存在する。

(6) 建築家の青木淳は、こうした手法を早くから積極的に取り入れたことで知られているが、彼は自らの手法を「オーバードライブ」と名付けている。

文献

青木淳、二〇〇〇年、『住宅論——12のダイアローグ』ＩＮＡＸ出版。

——、二〇〇三年、「「決定ルール」の決定、そしてオーバードライブ」、『建築文化』一〇月号、No.六六七、彰国社。

藤森照信、一九九〇年、『昭和住宅物語』新建築社。

木村草太、二〇〇八年、「無限に連なる３ＬＤＫ（75㎡）——ソフトローの二類型」『ソフトロー研究』11、東京大学大学院法学政治学研究科　二一世紀ＣＯＥプログラム「国家と市場の相互関係におけるソフトロー——ビジネスローの戦略的研究教育拠点形成」。

森反章夫、一九九一年「集合住宅の『社会的技術』——『空間の戦略』へ」文化科学高等研究院・都市文化科学研究センター（編）『都市空間建築の根拠を探る』飛鳥建設。

西川裕子、一九九八年、『借家と持ち家の文学史』三省堂。

西山夘三、一九七五年、『日本の住まい1〜3』勁草書房。

小野田泰明、二〇〇六年、「デザインされる空間——視線と集合住宅」阿部潔・成実弘至(編)『空間管理社会』新曜社。

小野田泰明・北野央・菅野實・坂口大洋、二〇〇九年、「コミュニティ指向の集合住宅の住み替えによる生活変容とプライバシー意識」『計画系論文集』No.六四二、日本建築学会。

小林秀樹・小野田泰明他編、二〇〇八年、「特集＝二十一世紀の公営住宅デザイン」『すまいろん季刊二〇〇八冬号』(財)住宅総合研究財団。

中谷礼仁・小野田泰明他編、二〇一〇年、「特集＝ポスト・サブプライムハウジング」『すまいろん季刊二〇一〇冬号』(財)住宅総合研究財団。

大月敏雄、二〇〇六年、『集合住宅の時間』王国社。

祐成保志、二〇〇八年、『〈住宅〉の歴史社会学——日常生活をめぐる啓蒙・動員・産業化』新曜社。

住田昌二＋西山文庫、二〇〇八年、『西山夘三の住宅・都市論』日本経済評論社。

鈴木成文、二〇〇六年、『51C白書』住まいの図書出版局。

竹井隆人、二〇〇八年、『集合住宅と日本人——新たな「共同性」を求めて』平凡社。

植田実、二〇〇四年、『集合住宅物語』みすず書房。

山本理顕、二〇〇四年、『住居論』平凡社ライブラリー。

第6章　制度の失敗とローカル・ガヴァナンス
——正当性欠損・有効性欠損・効率性欠損

植木　豊

1　はじめに

今日、社会科学は、もとより、行政サイドやジャーナリズムにおいて、ガヴァナンスという言葉が、独り歩きしている。その意味は、分野によって、また、論者によって、様々である。これまでにも社会科学において、いくつか流行語があった。そのうち、消えてなくなったものもあれば、後の社会科学に新たな方向づけをあたえたものもある。今日、様々な分野で用いられているガヴァナンスという語彙が、どのような運命をたどるのか、それは、わからない。しかし、重要なのは、この言葉を用いなければ表現できなかった事柄であり、そして、この言葉を用いることによって、社会科学における新たな問題の立て方と解決の仕方を提示できるのかということである。それができるのであれば、これを発展させればいいし、できないのであれば、捨て去るのみである。英語圏におけるローカル・ガヴァナンス論の台頭を受けて、日本においても、議論の紹介・整理(たとえば、堀、二〇〇二)のみならず、日本を対象としたガヴァナンスの検討作業が既に始まりつつある(伊藤、二〇〇一、植木、二〇〇〇、市町村シンポジウム実行委員会、二〇〇一、曽我、一九九八・一九九九、中邨、二〇〇一、日本都市学会、二〇〇〇、NIRA、一九九九a・一九九九b、吉原、二〇〇二、寄本、二〇〇二)。ここで試みようとしているのは、ローカル・ガヴァナンス論の問題設定の核心を抽出し、それを基礎に、日本におけるローカル・ガヴァナンスの現状分析への道を開くことである。議論の見取図は、次の通りである。はじめに、ローカル・ガヴァナンス論の問題の立て方を明らかにする(2)。次に、日本においてローカル・ガヴァナンス論が浮上する背景を、制度の失敗＝土木国家の失敗として把握し、これを、ヘゲモニーポリティクスの観点から捉え返す(3)。最後に、日本独特の制度の失敗の下で浮かび上がったローカル・ガヴァナンスを制度設計論として構想する(4)。全議論を通じて、ローカル・ガヴァナンス論の分析枠組みを提示できるはずである。

2　ローカル・ガヴァナンスという問題設定

ガヴァナンスという言葉は、しばしば、新しい（あるいは再発見された）現象・統治様式に対する呼び名として用いられ、また同時に、新しい問題の立て方・アプローチの仕方としても語られている（Pierre and Peters, 2000）。この両義性を「不幸」（Pierre and Peters 2000: 24）とみるかどうかは、ともかく、現象・統治様式に対する単なる名辞にすぎないのなら、語義詮索と定義で、事は終わる。けれども、この語によって語られている事柄が、新しい統治様式において作用している新しい論理を表現しているなら、その論理こそを、提示しなければならないだろう。その意味で、重要なのは、ガヴァナンスの定義や概念詮索ではなく、論者達がこの言葉を用いなければ語りえなかった事柄であり、ガヴァナンスということが主題化される局面・場面である。そこで、まず、ガヴァナンスに、ローカルという空間的限定を施した上で、論者達は、この言葉で、何を語っているのか、その確認作業から始めよう。

ローカル・ガヴァナンスということで語られているのは、次のような事柄である。今日、「制度の失敗」とでも呼びうる状況が、いたるところで、現れている。政府の失敗、市場の失敗に加え、家族や地域社会についてまで失敗が語られている。こうした状況下では、地域において、新しい課題を遂行するにも、新たな問題を解決するにも、単独の組織のみでは困難になりつつある。そこで主題化されてくるのが、ローカルレベルにおける新たな制度設計構想である。既存の組織間で、新たな制度枠組みを設計し、その上で、課題を遂行し、問題を解決する必要が、ますます、高まっているわけである。その際の新たな制度は、地方政府であれ、企業であれ、あるいは、中間集団であれ、〈相対的に自律した組織間で、公式／非公式に取り結ばれる自己組織的なネットワーク〉という形で現れつつある。多くの論者達がローカル・ガヴァナンスということで指示しているのは、さしあたっては、こうした現象・統治の在り方であるといってよい（Jessop 1995, 2000; Stoker 1998, 2000; Rhodes 1996, 1997; Peters and Pierre 2000; 植木、二〇〇〇、中邨、二〇〇一、吉原、二〇〇二）。

以上の短い叙述から、ガヴァナンスという概念にまつわる二つの事柄を区別することができる。一つは、右に示した〈 〉の箇所であり、これは、統治様式・制度編制の形状を示すガヴァナンス概念であり、これが、あえていえば、定義に相当するといってよい。もう一つは、こうしたガヴァナンス概念が主題化される場面・局面であり、問題設定の在り方である。実は、論者達が、ローカル・ガヴァナンスを語るとき、そこには、既に、ある種の問題が立てられているのであり、その問題設定の内に、新しい理論、分析的アプローチをみてとることができる。このことを明確化するために、ガヴァナンスの含意を、さらに敷衍しておこう。ここでの議論に関わる限りで、四点挙げておく。

第一に、ローカル・ガヴァナンスが語られるとき、そこでは、一方で、具体的な課題遂行ないし問題解決、他方で、制度設計、この双方が同時に主題化されている。つまり、何らかの実践的課題を遂行するための制度を設計構想するということであり、新たな制度編制の中で、問題を解決し、課題を遂行しようとしているわけである。課題遂行と制度設計とが相互に交錯する中で、相対的に自律した組織間で、何らかの具体的目標を共有しつつ、公式／非公式に、相互調整・相互連携が図られ、そのことで、共通の課題が達成され、あるいは、場合によっては、その達成に失敗するのである（Jessop 1995, 1998, 2000; Kooiman 1993; Pierre 1999; Painter and Godwin 1995; Stoker 1998; 植木、二〇〇〇、吉原、二〇〇二）。

　ガヴァナンスの構成要素（主体・対象・利益・土俵）も、こうした一連の過程の中で形成される。ガヴァナンスを構成する主体は、さしあたって、地方政府、企業、中間集団（NPO、町内会、地域業界団体等）などが想定されうるが、そもそも、対処すべき問題（対象）が何であるかによって、その構成メンバーは、様々でありうる。ガヴァナンスの主体は、何を問題対象とするかによって、機能的に限定されてくる。しかし、当の問題対象には利益（stake）というものがあり、その利益関与者（stake-holder）は、ガヴァナンス内のメンバーに限定されない。そのことは、ガヴァナンスが意思決定ないし課題遂行の土俵であることを意味する。つまり、ガヴァナンス内の決定・遂行は、外部に対して、いかなる意味で代表性をもちうるかが主題化されうるのであり、ガヴァナンスは、対内的にも対外的にも、何らかの利害調整という課題を抱えるのである。こうして、ガヴァナンスの構成要素は、〈課題遂行―制度設計〉の相互作用の中で、絶えず再編されることになるわけであり、自らの調整過程・制度再設計そのものが、また、ガヴァナンスの対象になる（植木、二〇〇〇）。

　第二に、ローカル・ガヴァナンスが主題化される背景は、既存制度の失敗である。制度の失敗には様々あるが、とりわけ、国家による中央集権的な統治様式の失敗が次第に明らかになってきており、ローカル・ガヴァナンス論は、そうした背景から浮かび上がっている。複雑化した今日の社会において、単独のルール・メカニズムで対処できる問題は、ますます少なくなってきている。物的資源の効率的な配分や、全国一律の単一基準で済むようなサービス供与なら、市場や国家で十分処理可能であろう。けれども、環境問題、地域ごとの福祉サービス、あるいは、地域ごとの産業再編＝空間再編という問題を前にして、市場メカニズムや国家の官僚制組織によって、これらを処理することは、ますます、困難になりつつある（Jessop 1995; Pierre 1998; Hirst 2000; Stoker 1998; Pierre and Peters 2000）。

現代社会は、国家能力の限界点、市場能力の限界点を越えたところに、多くの問題を抱えているといってよい。ガヴァナンスが主題化されるということ、それ自体が、現代社会における統治様式のシフトを意味している。もはや、一つのルール・メカニズムでは処理できないほど、社会は複雑化しており、統治において作動する原理もまた、もはや一つではない。ガヴァナンスという統治様式は、一つのロジック・メカニズムで定義されるようなものではなく、相異なる組織の相異なる作動原理が交差する中で成立する。したがって、ガヴァナンスが、様々な機能領域、空間スケールで語られるということは、現代社会の統治において作動する原理が多元化・輻輳化しているということでもある。

第三に、単独ルール・メカニズムで処理できない問題が噴出していることの意味である。これは、現代社会が直面している問題群の多くが、空間的・機能的・管轄的（jurisdictional）に、境界横断的な形で現れているということを意味する（Hirst 2000; Kooiman 2000; Pierre 1998, 1999; Stoker 1998ab; Rohdes 1996; 植木、二〇〇〇、吉原、二〇〇二）。ガヴァナンスは、脱境界的な統治の様式として構想されているといってよい。空間スケールという意味では、広域行政／狭域行政、グローバル／リージョナル／ローカルというように、地域間での調整が問題になりうる。機能的には、ローカル・ガヴァナンスの構成主体は、地方政府、企業、民間非営利組織等、相異なる作動原理をもつ組織間で構成される。管轄権限という意味では、問題の噴出・解決は、パブリック／プライベイト、公式／非公式、（法）権利上の制度／（社会）事実上の制度というように、様々な境界を横断しうる。

　こうしたことを、〈国家―市民社会〉図式、あるいは、〈国家―市場―市民社会〉図式に即していえば、ガヴァナンス論は、国家・市場を向こうに回し、善玉悪玉論的に、「市民社会」を特権化する議論ではないし、また行政との連携を潔しとしない（その限りでの）「新しい社会運動」論でもない[1]。むしろ、二領域、三領域が交錯するところに成立する制度編制（institutional arrangements）として構想されているといってよい。ローカル・レベルで解決すべき問題の多くが、空間的・機能的・管轄的に脱境界的であるならば、それを解決する制度編制も、脱境界的あるいは境界横断的な形をとることになる。ガヴァナンス論は、政府、市場、市民社会（中間集団）のそれぞれの力量を、何らかの制度編制の中に組み込むという構えをとる。

　第四に、ローカル・ガヴァナンスは、既存制度の失敗の下で登場した制度設計の試みであるが、新たに設計された制度編制が万能である保証は、どこにもない。つまり、ガヴァナンスには失敗もありうるということである（Jessop, 1998, 2000; Stoker, 2000）。とりわけ、相対的に自律した組織間の自己組織的ネットワークにおいて傾向的に生ずる問題は、各組織間で作動する原理の相克である。たとえば、地方政府、企業、NPO、住民組織(町内会)等で、何らかの問題解決のための制度が編制されたとして、それぞれの行動原理は、対立することもありうるのであって、それだけに、ガヴァナンスは、相対立する作動原理間での調整という問題をはらんでいるのである。

さらには、ガヴァナンスは、誰にでもアクセス可能という意味での「公共圏」とは異なり、具体的に何かを遂行する過程で生成する制度編制である。したがって、それは、課題遂行負担・意思決定負担を背負うのであって、メンバーシップもあれば、ガヴァナンス内外という境界問題も有する。つまり、そうした「負担」を「免除」されている「公共圏」(Habermas, 1992: 437)に対して、ガヴァナンスは、負担を負うことで、メンバーシップという境界を設定する。だから、ローカル・ガヴァナンスの構成主体(たとえば、NPO)は、選挙という手続を経ているとは限らない以上、ローカルな「公共圏」へのアカウンタビリティをめぐって、正当性を問われることもありうる。非営利であるという、ただそれだけの理由で、NPOがローカル・ガヴァナンスの正当なメンバーである根拠は、どこにもない。その意味で、対内的にも、対外的にも、さらには、機能的問題においても、正当性問題においても、「ガヴァナンスの失敗(governance failure)」は、ありうるのである。

以上、さしあたり、四点にわたって、ローカル・ガヴァナンスの含意を確認してきた。ここで、ガヴァナンスの存在論的地位（ontological status）を、把握しておく必要がある。というのも、今議論しているガヴァナンス概念は、たとえば、〈それを採用しさえすれば、物事が上手くいくような、定義上すばらしい代物〉ではないからである。ガヴァナンスの存在論的地位を確認するには、近年の新制度派の議論（New Institutionalism）が、その格好の出発点をなす。制度パフォーマンス（課題達成水準）と、そこに介在する何らかの社会形態（たとえば、パットナム流の「社会資本」）、これら両者の相互関係に着目するなら、互いに他を促進する好循環、逆に、互いに他を阻害する悪循環を想定することが可能である（Putnam, 1993＝二〇〇一：二一〇―二一一ほか各所）。そうだとすれば、介在する社会形態の存在を、制度パフォーマンスとの悪循環／好循環のうちに、確認することができるわけである。同じことは、制度とその構成要素の形成に関してもいえる。当該の制度に関与する人々の様々な利益・関心、潜在能力、および、それらについてのアイデンティティや物語は、制度の中で、その作用を通じて形成される（March and Olsen, 1995: 45 and passim, Bellah, 1991＝二〇〇〇：四一―二、三〇二―三ほか各所）。だから、たとえば、人間類型なるもの（「市民」）が、あらかじめ、あって、それが、何らかの社会（「市民社会」）をつくるのではなく、様々な制度が作用する中で、その都度、利益類型なり、アイデンティティなりが、それぞれの場面で、発現するのである。制度とその構成要素との好循環／悪循環において、それぞれの形成を吟味する必要がある。

ローカル・ガヴァナンスの存在ということも同様の仕方で理解可能である。既に述べたように、ガヴァナンスが語られるのは、具体的な課題遂行と制度設計との交錯という場面である。そして、この〈課題遂行―制度設計〉の内に、悪循環／好循環をみてとることができる。ローカルな戦略・課題遂行と制度設計が互いに他を促進する好循環を確認できれば、そこにガヴァナンスの良好なパターンを析出しうるし、逆に、互いに他を阻害する悪循環があれば、ガヴァナンスの失敗をみてとることが可能である。すなわち、ガヴァナンスは、一方では、具体的な固有の課題遂行・問題解決、他方では、固有の制度設計、この両者の相互作用の好循環／悪循環の中で、その姿を現すのである。ガヴァナンスの主体・対象・土俵・利益もまた、これらの固有の課題遂行と固有の制度（再）設計との交錯過程において、その効果として顕現するのであって（Jessop, 1995: 315）、あらかじめ、ガヴァナンスなる代物が存在するわけではない。その意味で、ガヴァナンスの存在、ガヴァナンスの構成要素、ガヴァナンスの様式、これらは、歴史的・地理的・物質的制約下で、具体的な課題遂行・問題解決と制度設計とが交錯する中で、そして、それを通じて、実践的・言説的に構成されるといってよい。良好な制度パフォーマンスの原因となるグッド・ガヴァナンスなる代物が、あらかじめ、存在するわけではないし、ましてや、そのグッド・ガヴァナンスを構成する立派な「市民」が、あらかじめ存在したり、しなかったりするわけでもない。ガヴァナンスがグッドであるかバッドであるかは、当該の〈課題遂行―制度設計〉過程の追思惟によってのみ知りうる事柄である。

3　制度の失敗とヘゲモニーポリティクス

ローカル・ガヴァナンス論台頭の背景は、既存制度の失敗である。そもそも、ローカルレベルで、何らかの課題遂行と新たな制度設計が相互交錯し、それらが共通論題として設定されるのは、既存の制度が機能不全に陥っているからである。日本のローカル・ガヴァナンスを主題にする以上、日本における制度の失敗、すなわち、中央集権的国家・土木国家の失敗に焦点を合わせねばならない。日本においてローカル・ガヴァナンスを語るということは、構造改革〈土木国家解体―規制緩和―地方分権〉の一連の流れの中で、課題遂行・問題解決と制度設計との相互交錯をローカルレベルで主題化するということを意味する。ローカル・ガヴァナンスを議論するには、土木国家解体〈規制緩和―地方分権〉それ自体を、制度の失敗において把握し、その上で、制度再編・制度設計を吟味する必要があろう。この節では、土木国家を中央／地方で支える政治体制（レジーム）が、いかなる意味で、制度の失敗であるかを吟味する。

(1)利益の制度的表出・媒介

今日、土木国家の失敗というとき、そこで想定されるのは、おそらく、巨大な財政赤字、無駄な公共事業、さらには、非効率セクター温存―高コスト構造―経済の長期低迷等であろう。けれども、土木国家の解体、制度再編を、ヘゲモニーポリティクスという観点に立って、考察するなら、制度の失敗は、別の様相を呈してくる。ここでは、制度の失敗の具体像を、利益・関心の制度的表出・媒介という点から、大づかみに確認しておく(2)。物質的であれ、非物質的であれ、何らかの利益を表出・媒介することによって、何かを遂行しているのが制度だとするなら、その失敗は、当の制度に直接・間接関与する様々な利益群からみて、そのニーズが満たされてない状態と解釈することが可能である。これは、社会の中で新たに生じたニーズに現行制度が対応できていないという場合もあろうし、逆に、これまで多くの人々が享受してきたニーズが、満たされなくなったという場合もありうる。あるいは、シャットシュナイダーにしたがって、制度なり組織なりは、それ自体、「偏向の動員」であると解すれば(Schatschneider, 1960＝一九七二：四三―四四)、現行制度においてこれまで動員していた偏向＝利益群が、今や、新たな多数派の利益群を表出・媒介できていないという状態も想定しうる。

以上のような観点に立つなら、土木国家(という制度)の失敗とは、国家が従来採用してきた戦略上の選択肢の布置連関が、利益の制度的表出・媒介において、失敗しており、もはや、ヘゲモニーを掌握できないということである。ごく簡略に説明しておこう。国家は、様々な勢力の戦略が交差し、対立しあい、あるいは調停・妥協が成立する場であり、こうした場に現われる戦略のパターンや、そこで制度的に表出・媒介される利益は、歴史的・地理的・物質的に構造化されているといってよい(Jessop, 1990, 2001; 植木、一九九九)。土木国家を中央／地方で相互補完的に支え合ってきた政治体制(レジーム)は、戦略上の選択肢の布置連関、利益の制度的表出・媒介、利害対立の調停に、独特の「偏向の動員」を刻印してきた。しばしば指摘されてきたように、この政治体制は、大都市圏と衰退地域、先端産業と衰退産業といった戦後日本の利害対立軸を、公共事業、補助金、非関税障壁等を用いて、生産領域で調整してきたわけである（Katz, 1998; Pempel, 1998; 樋渡、一九九一、恒川、一九九六、青木、一九九七・一九九九、村上、一九九二）。

「成長」と「一億総中流」という二つの物語が、この利害対立調停を支え、戦後日本のヘゲモニック・プロジェクトとして、少なくとも、社会経済的には、産業部門、地域の如何を問わず、一億総人口の利益に「呼びかけて」きた。こうした物語が、物質的に実現した限りにおいて、「呼びかけ」の対象たる一億総人口は、戦後物語と自らのパーソナルヒストリーを重ね合わせ、「中流」アイデンティティを構成することができたわけである[3]。この日本版戦後合意、ヘゲモニック・プロジェクトが満たされている限りは、戦略上の選択肢も、表出・媒介される利益も、偏向があろうと、選挙政治のみによって、同意をとりつけることができた。「政策のプロフィール」、「利益連合」、そして、これらを動員することを可能にした様々な政治社会制度の三つを、ペンペルに従って、政治体制＝レジームの構成要素とみるなら（Pempel, 1998: 20 and *passim*）、戦後日本の政治体制は、いずれにおいても、生産場面での利害対立調停に即した「偏向の動員」が刻印されていたといってよい。

しかし、バブル崩壊下のヘゲモニーポリティクスは、レジームの様相を一変させる。これまで、まがりになりにも機能してきた生産場面での利害対立調停〈公共事業、補助金、許認可権による衰退セクター保護〉が、大都市中流層、「市民」利益、納税者利益、消費者利益、先端産業生産者利益からの同意をとりつけることができず、したがって、そうした利益誘導・利害対立調停の様式が、もはや、ヘゲモニーを確保できなくなったのである。既得権益の保持を目論む社会勢力にとって、マジョリティに「呼びかける」こと、つまり、大都市中流層、納税者利益、消費者利益、先端部門生産者利益に「呼びかける」ことは、自らの基盤を掘り崩すことになる。利害対立軸は、バブル崩壊後、位置移動（dislocation）を経験し、レジームを構成する三要素は、すべて、変質し、「レジーム・シフト」（Pempel, 1998: 118 and *passim*）とでもいえる状況下にあるといってよい。

(2) ポストバブル状況下の正当性欠損・有効性欠損・効率性欠損

レジームシフトという状況の下、土木国家の解体〈規制緩和―地方分権〉の一連の流れを、利益の制度的表出・媒介の失敗に関連づけてみるなら、解体・再編のポリティクスにおいて、次のようなことが主題化されているのがわかる。すなわち、既存の利益群の布置状況の中で、いかなる利益に「呼びかけ」、その同意をとりつけ、ヘゲモニーを確保するかということである。これが、改革の推進／阻止勢力にとって大きなテーマになるわけである。これまで過剰に表出されてきた利益、過少にしか表出されてこなかった利益、この両者のバランスということが問題になっているとすると、〈規制緩和―地方分権〉をめぐる一連の流れの中で、両者の利害対立は、どのように調停されるのか。今後、長期にわたる制度再編過程において、これらは、実践的課題として現れてくるはずである。その趨勢・傾向の輪郭を、現段階で確認しておくために、ここでは、土木国家解体ポリティクスにおいて、「呼びかけられる」側の利益に注目しておこう。

〈規制緩和―地方分権〉のヘゲモニーポリティクスにおいては、「市民派」、新自由主義等々、諸々の勢力が、様々な利益群に「呼びかける」のであるが、「呼びかけられる」側の物質的／非物質的利益群からみると、土木国家の失敗は、正当性欠損（legitimacy deficit）、効率性（efficiency）欠損、有効性（effectiveness）欠損という、三つの欠損状態の節合において、認知・評価される[4]。これら三つの欠損状態は、それぞれ、分析上独立であり、相互に結びつく必然性はないが、しかし、結びつきが不可能なわけでもない。これらの節合は、必然性と不可能性を否定していることにおいて、別様でもありうる（contingent）わけである（Luhmann, 1984＝一九九三：一六三；Jessop, 1990＝一九九四：二一以下）。それらは、歴史的・地理的・物質的に特殊な状況の下で結びつき、利益表出・媒介の制度的偏向に対する不満として噴出しうる。以下、正当性、効率性、有効性のそれぞれに関して、欠損状態というものを確認しておく。

まず、正当性欠損について[5]。統治されている側の統治様式に対する正当性の信念は、けっして、「あるか／ないか」といった二元論につきるものではない。むしろ、欠損（不足）と認知・評価されることの方が一般かもしれない。その際の欠損状態は、（法）権利上の（de jure）決定・影響・効果と（社会）事実上の（de facto）決定・影響・効果とのギャップにおいて、認知・評価されるだろう。これには、さしあたって、二つの意味が考えられる。一つは、権利上（デモクラティックなルールに従った主体）の意思決定が、事実上その影響を被る人々（those affected）の参加を閉ざしているか、あるいは、その人々に（負の）影響力を与えてしまう場合。これは、権利上の決定・効果・影響に関する正当性欠損である。いま一つは、必ずしも公式的なルール内で想定されていない主体（たとえば、選挙を経ていない主体＝non-elected actors）の事実上の影響力が肥大し、デモクラティックなルールに従った意思決定よりも、統治される側に、多大な（負の）影響力を与えてしまう場合。これは、事実上の決定・効果・影響に関する正当性欠損である。

今日の政治経済体制を、利益表出・媒介の制度的偏向という観点からみるなら、選挙政治の形骸化、行政の肥大化といった事態は、どちらの意味でも、正当性欠損と認知・評価されてもおかしくない。選挙政治・行政に支配的に表出されるのは組織化された特殊利益に過ぎないという評価である。かつて、こうした事態に反応したのが、一九七〇年代の参加民主主義の議論であった（篠原、一九七七、Pateman, 1970＝一九七七）。この議論は、デモクラシーが、選挙政治という形式的民主主義でしかないのであれば、人々の民主制への価値観（価値概念としてのデモクラシー、あるいは古典的民主主義の価値観）は満たされえないと判断した上で、形骸化した代議制モデルに、参加モデルを対置させ、デモクラシーの深化を主張した。日本に限らず、七〇年代参加民主主義モデルの特徴は、参加による人間諸力の陶冶・

教育効果に第一義的価値を置いた点にある。けれども、エルスターが主張するように、政治の「副産物」でしかない陶冶・教育を、政治そのものの目的とするならば、それは、転倒というものである（Elster, 1997: 19-25）。参加を手段ではなく目的と解するなら、単なる「啓蒙」思想以外に、何も生みだせまい。そのような議論は、政治を目的にしてはいない住民一般の支持をとりつけられるわけではない。そうした参加民主主義の「呼びかけ」に、自己アイデンティティの確認をもって応えるのは、「規範人間型」（松下）としての立派な「市民」の利益でしかなかろう。七〇年代参加民主主義論のその後の凋落は、その証であるといってよい。

確かに、今日の政治体制を、利益群の制度的表出・媒介という点において評価するなら、選挙政治の結果も、議会での意思決定も、行政の対応も、その偏向度において、多くの住民の選好・利益、あるいは、「公共性」を捉えていないと判断して大過ない。しかし、デモクラティックなルールに則った決定によって、事実上、負の影響を被る人々にとっての正当性欠損は、政治を目的とする議論から導き出されるものではない。少なくとも、〈目的としての政治〉を軸にしてのみ、正当性欠損が、思念されているわけではない。ポストバブル状況の正当性欠損は、むしろ、住民の何らかの要求を実現する〈手段としての政治〉という側面と結びついている。〈手段としての政治〉からすると、欠損状態として重要なのが、効率性欠損と有効性欠損である。住民の効用（utility）、利益の制度的表出・媒介に焦点を据えたとき、正当性欠損、効率性欠損、有効性欠損の節合を理解することができる（西尾、一九七六

＝一九九〇：二八七）。

効率性も有効性も、元来、組織論、行政学で用いられてきた概念であるが（西尾、一九七六＝一九九〇）、ここでは、利益の制度的表出・媒介という場面に即して、次のように理解しておく。効率性ということが、利益と関連づけられて主題化されるとするなら、さしあたって、二つの規準が考えられる。一つは、生産者利益・消費者利益からみて、市場メカニズムに対する行政の関与が、資源配分の効率性を促進しているか／阻害しているかという規準、もう一つは、納税者利益からみて、行政活動に無駄があるか／ないかという規準である。これらの規準に即して、過去二十年をふりかえるなら、効率性欠損は次のように現れたといってよい。中央省庁による許認可権の問題は、バブル時代には、内外価格差として、消費者利益にとって、効率性の欠損を意味していたし、ポストバブル時代の財政出動・不況対策は、景気回復に貢献することなく、文字通り、税金の無駄づかいという形で、納税者利益にとって、効率性欠損として、認知・評価されている。さらにいえば、許認可権が競争力のないセクターを温存し、高コスト構造―空洞化をもたらし、そのことが、新規産業の創出を妨げているといった説明が妥当だとすれば、効率性欠損こそ、一九九〇年代以降の長期にわたる不況の元凶であるという解釈も、人々に共有されうる。効率性欠損の内実に関しては、時代とともに、変化しうるが、ポストバブル状況の効率性欠損は、マーケットメカニズムに対する阻害、巨額な財政赤字の文脈で、認知・評価されているといえる。

有効性ということで、ここでは、住民の要求に対する応答性と解しておこう。これを、具体的な歴史的場面に置いてみるなら、その意味するところも、理解しやすい。すなわち、一九九〇年代に顕著となった住民の新しい要求に対する行政の対応・効果という問題である。少子高齢社会にともなう福祉利益や、まちづくり等を含めた環境保全利益が、その代表的な例であろう。どちらの利益も、基本的には、ローカルな次元で、つまり、地元の問題として現れるけれども、組織化された生産者利益（衰退地方の衰退セクター）を中央／地方で支える政治体制においては、従来、過少にしか表出・媒介されなかった利益である。社会保障、環境保全に関して、諸々の制度改革が進んできたにしても、こうした利益群にとって、現行の政治体制・法制度は、有効性欠損と認知・評価されてもおかしくない。しかも、選挙政治で争点となることも少なく、また、資源制約上、行政側が、有効な手だてを提供できないのであれば、制度の失敗は、有効性欠損において認知・評価されるし、その場合には、政府以外の集合主体によって、これを補完する必要性が認知されはじめる。ポストバブル時代に参加民主主義を語る意味があるとすれば、こうした〈手段としての政治〉の文脈においてであって、〈目的としての政治〉においてではない。

以上、正当性欠損、効率性欠損、有効性欠損の三つが、今日の状況において、節合されうる、その可能性・蓋然性を記述してきた。けれども、これらの節合は、真空状態で生ずるものではない。三つの欠損状態が実際に節合されるのは、〈規制緩和―地方分権〉をめぐる具体的なヘゲモニーポリティクス、つまり、様々な利益への「呼びかけ」の中で、そして、それを通じてである。簡潔に図式化しておくなら、こうである。時論において、土木国家解体を推進してきたのは、「市民派」と新自由主義との節合関係であり、ポピュリズム（「改革＝回復」物語）と、これまで表出されなかった新しいニーズが、この節合を支えてきた。土木国家の内に、「市民派」原理（more democracy and less bureaucracy）がみてとるのは、正当性欠損であり、新自由主義原理（more market and less bureaucracy）がみてとるのは、効率性欠損であり、それぞれが、異なる理由で中央集権体制を撃つ。両者の節合を支えたのが、バブル崩壊以降の、一連の官僚不祥事、長期の不況等の中で生まれた「不満」と「不安」に呼びかけるポピュリズム（「改革なくして回復なし」）であり、また、従来表出されてこなかった新たなニーズの台頭である。土木国家解体の「呼びかけ」の政治学（ヘゲモニーポリティクス）を通じて、これらの時論潮流は節合され、そのことで、正当性欠損、効率性欠損、有効性欠損もまた、節合された。ポストバブル状況のヘゲモニーポリティクスにおける、こうした二重の節合を通じて、土木国家解体作業が進行してきたわけである。

4　ローカル・ガヴァナンスと制度設計

ローカル・ガヴァナンス論を制度設計論として展開する前に、ここで、ローカル・ガヴァナンスが主題化される局面・場面、その統治様式・制度編成上の形状、そして、ガヴァナンスの構成要素を、再確認しておこう。ローカル・ガヴァナンスが主題化されるのは、制度の失敗の下、課題遂行と制度設計とが、ローカルレベルで相互交錯する場面であり、その制度編成上の形状が、〈相対的に自律した組織間で、公式/非公式に、取り結ばれる自己組織的なネットワーク〉であり、その構成要素が、主体・対象・土俵・利益であった。前節を踏まえた今、日本においてローカル・ガヴァナンスを論ずる意義も明らかになったはずである。

日本における制度の失敗とは、土木国家にみられるような利益表出・媒介の制度的偏向が、もはや、広範な支持・同意を取りつけることができなくなったということである。それは、正当性欠損、有効性欠損、効率性欠損の節合において現われており、失敗した制度の解体作業が、「市民派」、新自由主義そしてポストバブル状況の節合を通じて進行してきた。こうして、日本において、ローカル・ガヴァナンスが主題化されるのは、土木国家解体〈規制緩和―地方分権〉の下で、課題遂行と制度設計とが、ローカルに、相互交錯する場面においてである。ガヴァナンス論は、ポストバブル状況のヘゲモニーポリティクスに二重の意味で介入する。一つは、中央集権体制の正当性欠損、効率性欠損、有効性欠損に対するローカルレベルでの補填であり、いま一つは、制度解体作業に対する制度設計論の対置である。こうして、日本におけるローカル・ガヴァナンス論の核心は、土木国家解体作業と連動する制度再編過程において、地域ごとに、〈課題遂行―制度設計〉を主題化すること、そして、利益表出・媒介の制度的偏向に対しては、従来過少にしか表出されなかった利益をも、ローカルレベルの〈課題遂行―制度設計〉に媒介すること、ここにあるといってよい。

それでは、ガヴァナンスの具体的姿は、どのようなものでありうるのか。ガヴァナンスを構成する集合主体も、その形状も、いかなるテーマが〈課題遂行―制度設計〉の相互交錯場面に据えられるかによって、大きく異なる（寄本、二〇〇二、伊藤、二〇〇二）。さらにいえば、そもそも、何が解決すべき問題として認知されるかは、地域ごとに、異なっている。同じ種類の問題であっても、ある地域では、新たな制度設計の下で解決すべき事柄として評価され、別の地域では、制度設計の試みはおろか、問題として認知すらされない場合もありうる。物的・人的・言説的・制度的資源の賦存度が、地域ごとに異なるとするなら、同様の問題であっても、〈課題遂行―制度設計〉の好循環を形成できない地域があっても、不思議ではない。それゆえ、ローカル・ガヴァナンスの姿は、問題ごとに、地域ごとに、多様である。一つの地域に限定しても、そこには、解決すべき問題ごとに、ローカル・ガヴァナンスの有様は、多元的であろうし、また、一つの問題に限定しても、地域ごとに、ローカル・ガヴァナンスの形態は、相異なる。ローカル・ガヴァナンスの成功・失敗、〈課題遂行―制度設計〉の好循環・悪循環は、多層的に現われてくるわけである。

以上を踏まえつつ、ここでは、多様な姿をとるローカル・ガヴァナンスにあって、共通して現われるであろう特質を扱う。つまり、課題遂行と制度設計がローカルレベルで交錯するところ、いかなる問題と困難が待ちかまえているか、これを議論するわけである。正当性、有効性、効率性の問題を制度設計論の視点から検討する。ここでの考察は、ローカル・ガヴァナンス論として、何を分析すべきなのか、その枠組みを用意するはずである。

(1) ローカル・ガヴァナンスの起動場面

選挙政治や現行の行政サービスにおいて、表出・媒介されない利益があり、しかも、それが私的問題ではなく、解決すべき「公共的」問題を構成しており、なおかつ、単独主体のみでは解決困難なとき、ローカル・ガヴァナンスが主題化される。そこでは、提示された問題を、正当に、有効に、かつ効率的に解決することが要求されてくる。このことは、土俵としてのガヴァナンスが、その成立以前に潜在していた様々な利益を、いかなる意味で、正当に、効率的に、有効に媒介しうるかというテーマにも連なってくる。いずれにせよ、何らかの問題が、〈課題遂行―制度設計〉の相互交錯場面に登場するとき、ローカル・ガヴァナンスは起動し始める。そして、ある事柄が解決すべき問題として、既に認知され、同時に、そのための制度設計が、地方政府、NPO、町内会、住民団体、企業等々によって、連携の模索という形で、起動しはじめているならば、そこから、ローカル・ガヴァナンスは、好循環を描くことも可能であるし、逆に悪循環に陥り、問題解決が不可能になることもありうる。

ところが、多くの人々が、うすうす、困った問題だと感じ始めていても、それを当のローカルレベルで、集合的に解決すべき問題として、認知されない場合がありうる。あるいは、遂行すべき課題として、認知されたとしても、いかなる集合主体が、どのように、取り組むべきか、皆目、見当がつかない場合がありうる。その場合、誰かが何かを始めないかぎり、課題遂行と制度設計とは相互交錯しない。両者は、いつでも既に交錯しているとは限らないのである。そうだとすれば、プロセスとしてのガヴァナンスは、初発の段階で様々な困難に直面することになろう。問題が発生するたびに、また、問題の性質ごとに、ガヴァナンスの構成主体も可変的であるとするなら、そもそも、どのようにして、ローカル・ガヴァナンスが起動し始めるのだろうか、あるいは、誰の手によって、〈課題遂行―制度設計〉の相互交錯が可能になるのか、さらには、どのような事柄でも、〈課題遂行―制度設計〉の相互交錯の俎上に載せることが可能なのか。ガヴァナンスの起動場面においては、こうした局面に出会うことになる。このように、〈課題遂行―制度設計〉の相互交錯が始まる場面で直面する困難を、ガヴァナンスの起動問題と呼んでおこう。

ローカル・ガヴァナンスが、その起動問題をクリアできるかどうかは、様々な要因の複雑な関連に依存するだろう。対象となっている問題の性質、とりわけ、当の問題に関与する受益者／受苦者の偏在、さらには、当該地域で動員しうる人的・物質的・制度的・言説的資源の賦存度等々、これらによって、ガヴァナンスが、起動可能な場合もあれば、不可能な場合もある。その具体像については、ケース・スタディをまたねばならないが、ここでは、紙幅の都合上、論点だけを提示しておく。

少なくとも、起動問題をクリアしやすいのは、地方政府が関わる場合、特に税収や行政需要と密接に関連するケースであろう。たとえば、空洞化を前に揺らぐ中小製造業群の再生、あるいは、衰退下の中小小売業の再生、さらには、少子高齢社会の福祉サービスといった問題が対象となる場合には、成功するかどうかはともかく、地方政府は、地方分権＝地域間競争の圧力下で、何らかの策を施さざるを得ない。その内容は、たとえば、地方政府自らが、何らかの場・土俵を設定し、当該問題に関与する集合主体間に、交渉・連携を委ねることで、ガヴァナンスが起動する場合もあれば、積極的に、何らかの行政資源を提供することで、問題解決と制度設計の相互交錯が始まる場合もある。

他方で、ガヴァナンスの起動が容易でないのは、対象となる問題の性質上、直ちに、地方政府が動けないようなケースである。ある事柄を、〈課題遂行―制度設計〉の俎上に載せ、相互交錯を起動させる場面においては、何らかの資源を動員するという意味で、既に政治が始まっている。ウィルソンにしたがって、これを、「起業家政治（entrepreneurial politics）」と呼んでおこう（阿部、二〇〇二：四四以下参照）。「起業家政治」において住民の関心・賛同を惹きつけるのは、住民の中から現われた一人の、あるいは、複数の有能な政治起業家の場合もあれば、地元には直接関与しないＮＰＯの場合もありうる。いずれにせよ、そこに、「呼びかけ」のポリティクスは、既に始まっており、従来過少にしか表出・媒介されてこなかった利益に「呼びかける」ことで、選挙政治、地方議会政治、行政サービス等々において主題化されなかった問題が、制度的解決へ向かうこともありうる。

けれども、ここで留意すべきは、たとえば、「成熟した市民」への「呼びかけ」（啓蒙）のみで、ローカル・

ガヴァナンスの起動のポリティクスが始まるわけではないということである。阿部が、「空き缶条例」を素材に、詳細に分析しているように、取り上げる問題如何によっては、そこには、費用／便益問題が介在するのであって、動員しうる資源、費用負担の割り当て等によって、住民参加の度合も、政治が展開する方向も、様々でありうる（阿部、二〇〇二：四四以下、六五以下）。さらには、当該地域の当該問題に対処しうる「政治的起業家」や政治起業的ＮＰＯの有無は、ローカルレベルにおける人的資源の賦存問題であり、ここに関与するのは、「市民意識の成熟度」以上に、問題を発見する能力、その集合的解決へ向けて政治化する能力である。この意味で、ローカル・ガヴァナンスの起動問題は、対象となった問題に関わる費用／便益問題、さらには、ローカル・レベルの資源賦存問題と密接に関わっている。解決すべき問題の質に応じて、ガヴァナンスの起動と起業政治の困難の度合は多様でありうる。

(2)ローカル・ガヴァナンスの作動場面―メンバーシップ、ステイク・ホルダー、正当性

ひとたび、課題遂行と制度設計が相互に交錯し始め、好循環を描き、ローカル・ガヴァナンスが作動し始めるか、あるいは、悪循環を描き、失敗に終わるかは、もちろん、ケース・バイ・ケースである。たとえ、課題遂行と制度設計とが相互交錯関係に入って、好循環を形成し始めたとしても、そこには、様々な問題が生じうる。ここでは、ローカル・ガヴァナンスの作動以降立ち現れる諸問題を吟味する。ガヴァナンスがローカルレベルで主題化されるとき、そこでは、何らかの集合的意思決定、あるい

は、集合的な事業遂行等が課題となっているはずである。今、ローカル・ガヴァナンスが作動し始めているとして、その制度編成の形状が、地方政府、住民団体、企業、ＮＰＯ等から構成される何らかの連携関係、自己組織的なネットワークだとしよう。ガヴァナンスは、集合的な意思決定なり業務遂行なりの負担を抱え込んでいる以上、自らの境界、メンバーシップを想定せざるをえない。そこで、まず浮かび上がって生くるのは、そもそも、このガヴァナンスにおいて処理されている問題で、影響を被る人々(those affected)は、いったい、誰なのか、そして、こうした人々は、ガヴァナンスの構成メンバーに含まれているのか、つまり、影響を被る人々のガヴァナンスへの包摂性如何ということである。次に、考えるべきは、さしあたって、影響を被る人々の全てが参与できないとするなら、当のガヴァナンスを構成するメンバーは、いかなる意味において、こうした人々の利益を、表出・媒介しているのかということである。これらは、ガヴァナンスにおけるメンバーシップ問題、ステイク・ホルダー問題を構成している。つまり、ガヴァナンスのメンバーシップは、ガヴァナンス外の利益関与者(ステイク・ホルダー)を、いかなる意味で表出・媒介しているのか、その正当性が問われるのである(植木、二〇〇〇)。

メンバーシップ問題、ステイク・ホルダー問題を、集合主体間ネットワーク関係の公式性／非公式性に即して、検討してみよう。ローカルレベルで、何か問題が生じたとして、そこから、(社会)事実上、何らかの影響を被る人々がいるのに、現行の法権利上、当の問題に関わる利益を保証されない場合がありうる。地権者／住民の差異は、その典型だが（渡辺、二〇〇一：二六五、見上、二〇〇一ａ：四五三―四、二〇〇一ｂ：二一―二二、吉田、二〇〇一：三九二、寺尾、二〇〇一：二九五―二九六）、そうした場合、公式的には「当事者適格性」を欠いていても、当の問題に重大な影響を被る人々の利益・便益を、さしあたって、非公式なネットワーク形成によって、社会制度上表出・媒介していくことは可能である。ローカル・ガヴァナンスが非公式ネットワークで作動しているこの段階では、事実上影響を被る人々の声が表出・媒介される、少なくとも、その可能性はある。この場合、法的処理を経由することなく、問題が解決されることもありうるだろう。

そこで、非公式なネットワーク関係が作動し始めたとして、非公式ガヴァナンスを構成する集合主体が、いかなる意味において、事実上影響を被る人々の利益・便益を表出しうるか、その正当性ということが、問題となってくる。今、ある問題に関与できるＮＰＯがローカルレベルで不在だとしよう。その場合、全国区レベルのＮＰＯが、これをカヴァーすることは可能である。近年の知的ムードからすれば、ローカルな利益に過敏な住民より、そこから距離を置いた「市民」の方が、「意識」が高く、「市民社会の成熟」時代にふさわしいというイメージが、おそらく、人を惹きつけるところがあろう。その意味では、全国区のＮＰＯは、「市民」の立場から、社会事実上影響を被る人々の利益・便益を代表する立場として、確かに、一ローカルな問題を処理するガヴァナンスの構成メンバーになりうる。けれども、選挙を経たわけでもない一ＮＰＯが、全国区かつ非営利であるという、ただ、それだけの理由で、ローカルレベルで影響を被る人々の利益・便益を、正当に代表しうると想定するならば、それは、あまりにも、ナイーヴである。さらに、有効性、効率性ということを加味するなら、当のNPOの能力ということも考慮せざるをえない。たとえ、非営利で「市民意識」が高かろうと、ローカルノリッジもなく、当の問題に対して不十分な能力しかないのであるなら、影響を被る人々からすれば、直ちに、正当性・効率性・有効性問題になる。

したがって、非公式ネットワークによるローカル・ガヴァナンスといえども、事実上影響を被る人々に対して、あるいは、ローカルな「公共圏」に対しては、事実上の〈委託—受託〉関係を想定する必要があろう。つまり、ローカル・ガヴァナンスは、ローカルな「公共圏」から、絶えず、説明責任・情報公開が要求されることになる。既述のように、ガヴァナンスにおいて処理される問題対象には、それに関わる利益(stake)というものがあり、この利益は、ガヴァナンス外部にまで広がっている。複数集合主体間によって構成されるガヴァナンスが、外部に対して、説明責任を明確化し、好循環を描いている限りにおいて、ガヴァナンス外の人々の利益は正当に表出・媒介されているといってよい。

ローカル・ガヴァナンスにおける、こうしたメンバーシップ問題、ステイク・ホルダー問題がクリアされたとしても、まだ、考慮すべき正当性問題がある。今、非公式レベルで、合意なり、集合決定なりが、正当な手続を経て、ここに、(社会)事実上の正当性が成立しているとしよう。けれども、ガヴァナンス内の当の決定に反対する人々が、その外部にいる場合、いったい、この非公式の合意、事実上の正当性は、どのように確保されるのだろうか。この問題に焦点を据えて、制度設計の試みを提示しているのが、名和田是彦の議論(一九九八)である。名和田が主張するように、何らかのプロセスを経て、コミュニティレベルで住民集団(町内会等)による決定がなされ、そこに、(社会)事実上の公共性が成立しているとするなら、これを、地方政府が担う(法)制度上の公共性へ接続させる方向で、制度設計することが可能である(名和田、一九九八:八八―九、ほか各所。また磯部、一九九五・一九九九aも参照)。この立論をガヴァナンス論に引き寄せて解釈するなら、ローカル・ガヴァナンスに、地方政府が、何らかの形で関与するならば、「公共性」であることの効果が高まり、その結果、当の決定なり執行なりに、「公共」の資源が利用可能になりうるし、さらには、その決定・執行を、ガヴァナンス外に対して、貫徹しうるといってよい(名和田、一九九八:一三三)。

こうした観点に立ってみるならば、ローカル・ガヴァナンスとローカル・ガヴァメントとの関係は、重要である。いわゆる「ガヴァメントなきガヴァナンス」は、制度上、ありうるし、問題対象によっては、地方政府を迂回した複数集合主体による自己組織的ネットワークの方が、効率的であり、なおかつ、有効でありうる。けれども、ガヴァナンス内の、(社会)事実上、正当な決定・遂行が、ガヴァナンス外部に対抗できず、そのことで、正当で、有効で、なおかつ、効率的なガヴァナンスの作動に支障をきたすのであれば、地方政府の関与によって、決定・遂行の効果を高めることが可能となる。この意味で、課題遂行と制度設計の相互交錯場面における地方政府の果たす役割は、大きい。もちろん、地方政府の内に国家性（statehood）をみてとり、「支配・抑圧としてのパワー（power over）」（Stone, 1993）と関わるのを潔しとしない「新しい社会運動」もありうるだろう。けれども、ローカル・ガヴァナンスに対する地方政府の関与は、「何かをなしうるという意味でのパワー（power to）」（Stone, 1993）を高めることにつながる（また、Fung and Wright, 2001 も参照）。

(3)ローカル・ガヴァナンスと協議的民主政治―有効性問題

ローカル・ガヴァナンスが浮上する背景は、現行の中央集権的な政治制度の失敗であり、その一つの局面は、有効性欠損である。そもそも、利益表出・媒介の制度的偏向が顕著でなければ、ローカル・ガヴァナンスという制度編制・統治様式が不在であっても、現行制度内で問題解決がなされるかもしれない。けれども、今日の社会において、選挙政治、行政サービス等、どれをとってみても、人々の新しいニーズに応答できていないとするならば、ローカル・ガヴァナンスの設計が主題化されざるをえない（吉原、二〇〇二）。

既存の政治制度においては、その性質上、過少にしか表出・媒介されない利益というものがある。日本に限らず、選挙を通じた代議制においては、組織化された生産者利益が過剰に表出・媒介されてしまう傾向がある。たとえ、広範に広がっていようと、組織化されない利益やニーズにとっては、選挙政治は有効性欠損として認知・評価されることになる。住民投票政治の場合でも、それが、デモクラシーの深化に貢献しているとはいうものの、目下のところ、争点が「迷惑施設」に限定されており、それ以外の利益なり、ニーズなりを、日常的に表出・媒介する制度たりえてはいない。あるいは、行政サービスにおいては、資源制約上、あるいは、現行法規上、地方政府が直ちに事を起こせない諸問題がありうる。こうした有効性欠損が、ローカル・ガヴァナンスが起動する契機になりうる。ガヴァナンスが作動し始めるとき、そこでの有効性欠損は、どのように、補填されうるのか、以下問題にしたいのは、ガヴァナンスの作動場面それ自体が、有効性を高める可能性についてである。

有効性問題を考察するには、近年有力になりつつある協議的（討議的・熟議的）民主政治（deliberative democracy）論が、格好の材料を提供している。通常、この議論は、選挙政治の価値低下、正当性欠損に対して、一層の民主化を規範的に追求し、集合的決定の正当性の源泉を、平等な諸個人の間で、非強制的で、オープンで、自由で、合理的に行われる協議・討議・熟議（deliberation）に置く（Bohman and Rehg, 1997; Cohen, 1997; Dryzek, 2000; Elster, 1997, 1998; Habermas, 1992）。現代の選挙政治、選好の集計にみられる正当性欠損を、協議によって補填する規範理論と考えてよい。ところが、興味深いことに、論者達が自らの議論の妥当性を正当化する（justify）際、時折、正当性よりも、むしろ、有効性に焦点を合わせる傾向がある。本章の立論からすれば、協議的民主政治の有効性問題が、ここで吟味すべき課題となる。

協議的民主政治は、それが制度化されない限り、リアルな政治場面にとって無力である（cf. Cohen and Rogers, 1992: 447; Dryzek, 1996: 114; Fung and Wright, 2001: 17, 23）。さらにいえば、協議すること自体を、〈政治の目的〉とするなら、かつての参加民主主義と同じ運命をたどることになろう(Elster, 1997: 19-25)。リアリスト新制度主義からするなら、議論の立て方は、逆である。〈目的としての政治〉ではなく、〈手段としての政治〉を前面に据え、正当性欠損のみならず、有効性欠損の場面で、協議の社会的効果を評価するのである。協議論者達の見解と関連づけて、具体的に論じよう。

ローカル・ガヴァナンスが、課題遂行と制度設計の相互交錯において作動するとき、関与者達は、自ら、何かを主題化せざるを得ない状況にある。このことが、現行制度の有効性欠損の補填に有意味となる。通常、選挙政治における争点は、事柄の性質上、自然発生的で、時の事件、景気等々、そして、何よりも、マスメディアに大きく作用されるのであり、従来過少にしか表出されてこなかった利益が争点化されることは、まず、ありそうにもない。むしろ、組織化された生産者利益による集票マシンの動員にみられるように、選挙政治における争点形成には、制度的偏向が刻印されているのが一般である(Benhabib, 1996b: 70; Cohen and Rogers, 1992: 423)。

これに対して、ガヴァナンスは、当事者達が、自ら問題を認知し、解決へと向かう制度編制である以上、それが起動しさえすれば、少なくとも、問題が議論されうる。協議的民主政治の論者達が主張するように、人々の選好構造、価値序列は、議論・交渉・調停の中で、再形成、再編成されうるのであり、したがって、選挙政治では争点化されえない問題、過少にしか媒介されない利益も、議論の中では、解決すべき問題として、人々によって、認知されうる(Dryzek, 2000: 46; 1996: 113; Benhabib, 1996b: 71)。ひとたび、ガヴァナンスが作動し始めれば、最終的に解決できるかどうかは、ともかく、そのメンバー間の交渉・調停の過程で、ローカルレベルの価値序列が再編されうるし、また、もう一つの選好構造が明確化されうる。

無限に多様な利益の布置状況において、課題遂行と制度設計が相互交錯し始め、その交差場面が、解決へいたる議論の土俵として作動し始めるなら、そこで、選好構造、価値序列が、再編・再構造化され、選挙政治では決して表出・媒介されない、ある種の利益なり価値観が、主題化されうる。そのことで、従来過少にしか表出されなかった利益群が、新たな制度において媒介されることになる。多数決原理では、決して主題化されることのない問題を、デモクラティックな形で、集合的決定に委ねることになりうるわけである（Fung and Wright, 2001: 18; Cohen and Rogers, 1992: 425-6）。

規範的意味での「市民社会」は別にして、機能領域としての実在的（real）市民社会においては、選好なり、価値なりは、ヘゲモニーポリティクスを通じて、何らかの偏差を持ちうるが、しかし、必ずしも、明示的に、構造化・序列化されているわけではない。その布置連関は状況依存的である。選挙政治においては、事柄の性質上、独特の利益表出・媒介の制度的偏向の中で、他ではなく、ある種の価値序列・選好構造が支配的になりがちである。

これに対して、ローカル・ガヴァナンスの作動場面においては、交渉・連携、あるいは、対立の和解・調停を通じて、ローカルな市民社会における多様な利益の布置状況が、選挙政治によって表出される価値序列・選好構造とは異なる様相へと変換されうる。いうなれば、選挙政治とローカル・ガヴァナンスとでは、利害状況、選好構造の解釈体系の枠組みが異なるのである。ローカルな実在的市民社会、ローカルな「公共圏」に分散する利益が、選挙政治のバイアスを迂回して、ひとたび、ローカル・ガヴァナンス内に取り込まれるなら、その中で、かつ、それを通じて、協議的民主政治が実質化される。端的にいえば、ローカル・ガヴァナンスという土俵自体が、協議的民主政治の制度化といってもいいのである。逆に、ローカル・ガヴァナンスの不在は、ローカルな市民社会における利益表出・媒介の有り様が、限りなく、選挙政治の際の選好構造・価値序列に近づき、これを変換する手段の不在・不足に通じることになる。

こうしてみるなら、ローカル・ガヴァナンスの作動場面は、従来の政治に、もう一つの場を提供するのであり、それは、現行制度上は、過少にしか表出・媒介されない利益群が、〈課題遂行―制度設計〉の相互交錯場面に登場することを意味する。かつて、現行制度では主題化されえない問題群に対して、いわゆる「政策型訴訟」によって、何らかの解決の道を開き、「市民の政策形成への参加のチャネルの多元化」(吉田、一九九九：二五〇)がもたらされたとすれば、ローカル・ガヴァナンスの作動は、現行の利益表出・媒介の制度的偏向に対して、政策チャネルの一層の多元化をもたらす。「選挙を迂回する方法こそ、二一世紀型の政治参加にほかならない」(薮野、二〇〇二：三三九)とまでは、いわないが、選挙政治に加えて、ローカル・ガヴァナンスの作動において、現行制度の正当性欠損のみならず、有効性欠損が補填されうるのである。

⑷地方分権とローカル・ガヴァナンス―効率性問題

これまで、ローカル・ガヴァナンスの作動場面を、正当性、有効性という視角から議論してきた。残された論点は効率性問題である。もちろん、ローカルな〈課題遂行―制度設計〉の相互交錯場面に登場する問題が、すべて、効率性欠損から生じてくるわけではない。だが、ローカル・ガヴァナンスの主題化が、土木国家解体〈規制緩和―地方分権〉と不可分であることを考えるなら、効率性問題を避けて通ることはできない。そこで、最後に、ローカル・ガヴァナンスにとっての効率性問題、さらには、制度設計上の問題を、地方分権の文脈において、ごく簡略に確認しておく。

かつて、地方分権は「市民派」のボキャブラリーであった。そこでは、「市民参加」「参加民主主義」をキイワードに、「地方の時代」が宣揚された。しかし、今や、地方分権は、「市民派」の特権的論題ではない。既述のように、土木国家解体〈規制緩和―地方分権〉のヘゲモニーポリティクスは、「市民派」と新自由主義との節合の中で、進行してきた。両者ともに、分権推進に力を与えてきたけれども、両者が目指す方向は、同じではあるまい。その中で、今日の分権改革に形を与える上で、影響力をふるってきたのは、新自由主義ディスコースの方であったといっても、おそらく、誤りではない。あるいは、より正確にいえば、一方で、「市民派」原理（more democracy and less bureaucracy）、他方で、新自由主義原理（more market and less bureaucracy）、この両者による分権推進のせめぎ合いの中で、後者が前者を圧倒し、制度設計なき新自由主義的地方分権へと進んできた。

　このような状況において、参加を目的とする啓蒙主義的分権論は、制度設計・再編に関して、あまりにも無力である。試みに、〈目的としての政治〉という視点から、ヨーロッパのローカルデモクラシーの議論をみるなら、そこでの諸論点は、奇妙に映るはずである。曰く、ローカルデモクラシーは、公平性や平等性を掘り崩しかねない、地方の自立は、平等性や正義と対立する、あるいは、ローカルな参加民主主義は、効率的な福祉サービス供与と対立する云々と (Cochrane, 1996: 194-200; Goldsmith, 1996:180-2; King, 1996: 217-8)。ヨーロッパの議論が、そのまま、日本において妥当するといっているのではない。だが、留意しなければならないことがある。効率性を軸に据えた分権は、地域ごとの物質的／非物質的資源の賦存度と相まって、地域間競争、地域間格差、再分配問題を、新たに生み出す。地方分権は、とりわけ、規制緩和と連動している状況では、効率性問題・地域間競争問題と不可分であり、したがって、そこから派生する再分配問題や地域間格差問題とも不可分である。〈規制緩和―地方分権〉と連動する中でテーマ化されてきたローカル・ガヴァナンス論も、この問題に対処できるものでなければならない。

　地方分権を効率性問題からみるなら、中央の地方への関与縮小という方向であろうが、この議論は、ローカル・ガヴァナンス論において捉え返すことができる（吉原、二〇〇二：一一八―一一九）。今後、地方政府の役割は、社会資本供給から対人的サービス供与へと、次第に、シフトしつつあるといわれている(神野、一九九八：一五八―一五九、二二四)。その背景には、少子高齢社会に応じた福祉ニーズの増大があるのはいうまでもないが、同時に、このニーズを行政サービスによって満たそうとすると、そこには効率性問題、さらには、市場メカニズムの制度的障害の除去(許認可権の解体)、巨額な財政赤字からくる財政上の制約といった問題が待ちかまえている。この文脈で、しばしば言及されるのが、たとえば、「公設民営」による地域福祉サービス供給である。その際「民営」には、福祉ビジネスによる運営から、NPOやボランティアによる運営まで、含まれよう。ここに、行政サイド、ビジネスサイドからみたローカル・ガヴァナンス設計の一つの課題を、容易にみてとることができる。ローカル・ガヴァナンスが、効率性欠損の補填装置として評価される所以である。

しかし、問題は、その先にある。福祉ビジネスは、もちろん、NPOやボランティアも、基本的には、過疎地域にではなく、大都市にこそ、多くみられる。地域福祉サービスにおいて、NPOやボランティアが占める役割の重要性が高まるのは、間違いないにしても、そうした人的・制度的資源の賦存度は、地域ごとに、大きく異なる。ここで、全国区レベルのNPOを持ち出しても、議論は、それほど有意味にはならない。というのも、全国区レベルのNPOは、中央政府と同様、ローカルノリッジを欠いており、ローカルレベルのフレキシブルな対応に適しているわけではないからである。こうした中、今後、NPOの地理的偏在をめぐって、地域間格差すら予想されるのであり(長谷川、二〇〇二：一七)、大都市の学校区レベルで、地域福祉ローカル・ガヴァナンスが成功したからといって、全ての地域で、それが可能となる保証はどこにもない。

再分配問題、地域間格差問題は、地域福祉制度にとどまらない。〈規制緩和―地方分権〉が進展するならば、従来のように、国土開発計画にみられる公共事業プロジェクトの誘致策が、再分配政策、産業政策を代替することは、今後、ますます、不可能になるし、また、住民から支持されることもなくなる。けれども、土木国家解体＝地方分権の結果、各地域が、欧米のように、民間投資の誘致をめぐって、競争関係に入る可能性は、相当高いのであり、この形の地域間競争が展開すれば、地域間格差は拡大するはずである。地方分権―地域間競争―地域間格差というシナリオは、ありえぬものではない（村松、一九九九：一五、また、曽我、一九九九：一三五参照）。

そうだとすると、あらためて、ローカル・ガヴァナンスの異なる空間的スケール間の対立・調整という課題が浮かび上がる。これまでの議論から推察されるように、狭域レベルのローカル・ガヴァナンスは、中央集権体制の正当性欠損、有効性欠損、効率性欠損の制度的補填として作用する可能性は高いのであるが、その起動・作動は、人的・物質的・制度的・言説的資源の地理的賦存度に依存するのであり、効率性追求から派生する再分配問題、地域間格差問題に関しては、脆弱な基盤しかもっていない。さらにいえば、狭域レベルのローカル・ガヴァナンスは、広域レベルの地域間格差に対処しうるものではない。国家による再分配機能がますます弱くなっていくと仮定すると、地域間格差をめぐる対立関係が深刻化する可能性は高い。ここに、広域／狭域間レベルでの連携・調整によって、地域間格差を是正していく必要が生ずることになる。いわゆる「広域/狭域」間調整である（新藤、二〇〇二：四、村上、二〇〇二：二二〇）。

ガヴァナンスが問題・課題ごとに構成要素を異にするとするなら、問題・課題ごとに、広域/狭域間での補完・調整・連携が不可欠となる。新藤が指摘する「特定目的の自治体創設」（二〇〇二：九以下）は、法制度的には長期的な展望とならざるをえないだろうが、社会制度的には、つまり、非公式連携を含めたネットワークとしてのローカル・ガヴァナンスの面からするなら、短期的にも実現可能となるはずである。

従来の土木国家型再分配、大規模公共事業による雇用確保が、財政的にも、環境的にも、デモクラティックな価値観からみても、維持不可能になりつつあるとき、「ガヴァメントなきガヴァナンス」を主張する強硬派ガヴァナンス論は、再分配問題に、あまりにも無力である。NPOやボランティアの活力を生かしつつも、地方政府を含めて、広域（=狭域間）の再分配問題に対処しうる制度設計が必要となる。個別課題・問題ごとのローカル・ガヴァナンスとならんで、広域ローカル/狭域ローカル間で、再分配問題・地域格差問題に対処しうるガヴァナンスの設計が、それぞれの地域で、戦略的課題となるはずである。

5 おわりに

これまでの議論で、ローカル・ガヴァナンス論の理論的核心が明らかになったはずである。ローカル・ガヴァナンスが主題化される場面・局面は、制度の失敗の下、何らかの課題遂行・問題解決と制度設計がローカルレベルで相互交錯するところであり、その形状が、相対的に自律的な集合主体間で、公式／非公式に取り結ばれる自己組織的なネットワークである。日本において、ローカル・ガヴァナンスを議論する意義は、日本特有の制度の失敗ということが明らかになり、そうした状況の下で、新たな課題遂行・問題解決には、ローカルレベルで制度設計が必要とされている点に求められる。日本における制度の失敗とは、いうまでもなく、一方では、従来の土木国家に表象されるような政治体制が、正当性欠損・効率性欠損・有効性欠損に陥っているということ、他方では、利益表出・媒介の制度的偏向が、新しいニーズに対応できず、過剰表出・媒介されてきた利益と過少表出・媒介されてきた利益との対立・調整に苦慮しているということである。日本におけるローカル・ガヴァナンス論は、旧来の体制（アンシャンレジーム）の正当性欠損・効率性欠損・有効性欠損に、ローカルレベルの制度設計論の対置をもって、問題解決・課題遂行をはかる議論として理解可能である。

ローカル・ガヴァナンスという主題設定の浮上は、資本主義的民主制が取りうる体制（レジーム）に、統治様式のシフトが生じていることを意味している。機能的にも、空間的にも、管轄的にも、脱境界化した、あるいは、境界横断した制度の設計が求められているわけである。この制度設計は、しかし、多くの困難や問題に出会うことになる。このことは、既に、本論で提示した通りである。実のところ、日本版アンシャンレジームは、ある種の利害対立を潜在化させ、別種の利害対立を顕在化させた上で、これを生産場面という特殊領域において、調整してきた。つまり、衰退セクター/先端セクター、衰退地域/大都市圏といった利害対立軸に焦点を据え、これを公共事業や保護政策において、調整してきたわけである。ローカル・ガヴァナンスの主題化は、こうした利害対立軸に加え、新たな利害対立軸をも取り込み、これらを調整・和解・妥協へと導くことが要請されることになろう。再びシャットシュナイダーの表現を借りておこう。従来の利益表出・媒介の制度的偏向ゆえに、「発達することのできない多数の潜在的紛争がコミュニティに存在する可能性がある」(Schattschneider, 1960 = 一九七二：九四)。「紛争」とするなら、ローカル・ガヴァナンスの起動・作動は、これらを制度的に表出・媒介し、新たな「紛争の転位」(九八)によって、制度を再編する。すなわち、制度・組織が本来的に、「偏向の動員」たらざるを得ないとするなら、ローカル・ガヴァナンス型の統治様式は、利益表出・媒介様式の偏向を制度的に再編し、そのことで、具体的な課題を遂行し、問題を解決し、そして、何らかの機会を創出することを意味する。しかし、同時に、正当性欠損・効率性欠損・有効性欠損の制度的補填と利益表出・媒介の偏向に対する制度的再編という課題は、実は、ローカル・ガヴァナンス自体にも跳ね返ってくる。ローカル・ガヴァナンスには成功も失敗もある所以である。

付記

この章の論文を脱稿し出版社に送付したのは、今を去ること八年前、二〇〇二年のことである。その後巷のガヴァナンス論を凌駕する古典に学び直した。ジョン・デューイの著作である。ジョン・デューイ『公衆とその諸問題』(ハーベスト社)、ならびに植木豊『プラグマティズムとデモクラシー――デューイ的公衆と「知性の社会的使用」』(ハーベスト社)参照。(二〇一〇年九月)

注

(1)本章で、括弧つきの「市民」「市民社会」を使う場合は、一部の論者達(松下、一九七五、坂本、一九九七)にみられるように、規範的・理念的意味で用いている。それに対して、括弧なしの市民、市民社会は、機能的意味で用い、そうした含意はない。本章が展開しているローカル・ガヴァナンス論は、「市民」や「市民社会」のような規範的概念を必要としない。

(2)利益表出(interest representation)、利益媒介(interest intermediation)というのは、いうまでもなく、ネオコーポラティズムの議論で用いられた概念である(Schmitter and Lehmbruch, 1979＝一九八四)。本章は、この概念を制度論の内に持ち込み(Peters, 2000: Chapter 7)、さらに、これをネオグラムシ派のヘゲモニーポリティクス(Jessop, 1990＝一九九四；Torfing, 1999)と関連づけて議論する。

(3)「呼びかけ(interpellation)」とは、アルチュセールのイデオロギー論の中心概念である。およそ、イデオロギーは、主体に「呼びかけて」、その主体のアイデンティティを形成する(アルチュセール、一九七〇＝一九九三)。この概念は、ネオグラムシ派のヘゲモニーポリティクスにおいても、採用され、独自の役割を果たしている。ヘゲモニーポリティクスにおいては、様々な思想・時論の潮流が人々(の様々な利益の相)

に「呼びかけ」、彼／彼女たちは、その「呼びかけ」に呼応し、あるいは、反発し、自らのアイデンティティを形成する（Jessop, 1990＝一九九四：三〇〇；Jessop, 1997a）。たとえば、ポストバブル状況下のヘゲモニーポリティクスの「呼びかけ」は、「市民」／消費者／競争力のあるセクターと、それぞれ位相を異にする利益間の節合をもたらしている。

（4）正当性を有効性（effectiveness）と関連づけて分析する立場は、リプセット（1959＝一九六三：七四以下）にまでさかのぼることができる。日本においては、西尾（一九七六＝一九九〇）、山口（一九九八）が、先駆けであろう。なお、本章は、正当性、有効性、効率性を欠損状態において捉え、ガヴァナンス論として展開するが、この分析視角をとるにあたっては、名和田（一九九八）と Kooiman, 1993a に触発されている。

（5）「正当性欠損（legitimacy deficit）」という言葉は、元々、「民主主義の欠損・不足（democracy deficit）」と同様、学術用語というより、ジャーナリスティックな用語である。しばしば用いられる文脈は、以下のようなものである。ヨーロッパのそれぞれの国の人々にとっては、EUは正当性欠損、民主主義欠損として認知・評価されうる。また、文脈は異なるが、正当性欠損を学術的に定義したものとしては、**Beetham（1991: 20, 207-8 and *passim*）**がある。本章では、本文に述べた意味で用いる。なお、「欠損」を「不足」といいかえても、一向にかまわない。既に訳語が定着しつつあるので、あえて「欠損」という言葉を使ったまでである。

文献

阿部昌樹、二〇〇二年、『ローカルな法秩序――法と交錯する共同性』勁草書房。

Althusser, Louis, 1970, *Ideologie et appareils ideologique d'Etat.*＝一九九三年、柳内隆訳、パンセ「イデオロギーと国家のイデオロギー装置」柳内隆・山本哲二『アルチュセールの「イデオロギー」論』三交社。

青木昌彦、一九九七年、「意図せざる適合――日本における組織進化と政府による制度設計」白鳥正喜監訳、青木昌彦ほか編『東アジアの経済発展と政府の役割――比較制度分析アプローチ』日本経済新聞社。

――――、一九九九年、「官僚制多元主義国家と産業組織の共進化」青木昌彦編『市場の失敗　国家の失敗』東洋経済新報社。

Bellah, Robert N. et al. 1991 *The Good Society*, New York: Alfred A. Knopf . ＝二〇〇〇年、中村圭志訳　『善い社会――道徳的エコロジーの制度論』みすず書房。

長谷川公一、二〇〇二年、「ＮＰＯと新しい公共性」（佐々木毅・金泰昌編『公共哲学７　中間集団が開く公共性』東京大学出版会、一―一七頁。

樋渡展洋、一九九一年、『戦後日本の市場と政治』東京大学出版会。

堀雅晴、二〇〇二年、「ガバナンス論争の新展――学説・概念・類型・論点」中谷義和・安本典夫編『グローバル化と現代国家――国家・社会・人権論の課題』御茶の水書房。

今村都南雄、二〇〇二年、「公共空間の再編」今村編『日本の政府体系――改革の過程と方向』成文堂、一―二〇頁。

磯部力、一九九五年、「自治体行政の特質と現代法治主義の課題」日本公法学会編『公法研究』第五七号、一四七―一七七。

――――、一九九九ａ年、「都市空間の公共性と都市法秩序の可能性」日本法哲学会編『法哲学年報一九九九都市と法』有斐閣、五一―六三。

――――、一九九九ｂ年、「基礎自治体の規模適正化の課題――市町村合併と広域連合」ＮＩＲＡ、一九九九ｂ年、『地方政府のガバナンスに関する研究』総合研究開発機構。

伊藤正次、二〇〇一年、「教育委員会」松下圭一・西尾勝・新藤宗幸編『岩波講座　自治体の構想　４　機構』岩波書店。

神野直彦、一九九八年、『システム改革の政治経済学』。

Lipset, Seymour Martin, 1959 *Political Man: The Social Bases of Politics*, New York: Doubleday & Co. ＝一九六三年、内山秀夫訳　『政治のなかの人間――ポリティカル・マン』東京創元社。

Luhmann, Niklas 1984, *Soziale Systeme: Grundriss einer allgemeinen Theorie*, Frankfurt: Suhrkamp. ＝一九九三年、佐藤勉監訳『社会システム理論　上』恒星社厚生閣。

松下圭一、一九七五年、『市民自治の憲法理論』岩波書店。

見上崇洋、二〇〇一年、「都市行政と住民の法的位置——都市法領域における原告適格問題を中心に」原田純孝編『日本の都市法Ⅰ 構造と展開』東京大学出版会。

——、二〇〇一年、「地方分権・規制緩和下での都市法の課題——都市空間と行政法の視点から」原田純孝編『日本の都市法Ⅱ 諸相と動態』東京大学出版会、一三一—三五頁。

村上泰亮、一九九二年、『反古典の政治経済学 上・下』中央公論社。

村上芳夫、二〇〇二年、「広域行政と狭域行政」松下圭一・西尾勝・新藤宗幸編『岩波講座　自治体の構想　2　制度』岩波書店、二〇三—二二二頁。

村松岐夫、一九九九年、「分権化改革——他国の経験・日本の経験」『ＮＩＲＡ政策研究』Vol. 12 No. 2: 一一—一六頁。

中邨章、二〇〇一年、「行政学の新潮流——「ガバナンス」概念の台頭と「市民社会」」『行政管理研究』九六号、三—一四頁。

名和田是彦、一九九八年、『コミュニティの法理論』創文社。

日本都市学会編、二〇〇〇年、『日本都市学会年報』2000 Vol. 34 都市とガヴァナンス——新しい都市自治の確立をめざして』「シンポジウム　都市とガヴァナンス——新しい都市自治の確立をめざして」一〇—三一頁。

ＮＩＲＡ、一九九九ａ年、「国際会議　二一世紀における新しいガバナンスへの挑戦：国と地方の活力ある関係」『ＮＩＲＡ政策研究』Vol. 12 No. 2。

——、一九九九ｂ年、『地方政府のガバナンスに関する研究』総合研究開発機構。

西尾勝、一九七六＝一九九〇年、「効率と能率」（辻清明ほか編『行政学講座　第三巻』東京大学出版会（西尾勝一九九〇『行政学の基礎概念』東京大学出版会に再録）霞が関。

Pateman, Carole, 1970, *Participation and Democratic Theory*, Cambridge: Cambridge University Press. ＝一九七七年、寄本勝美訳『参加と民主主義理論』早稲田大学出版部。

Putnam, Robert D., 1993, *Making Democracy Work*, *Princeton*, Princeton University Press. ＝二〇〇一年、川田潤一訳『哲学する民主主義――伝統と改革の市民的構造』ＮＴＴ出版。

坂本義和、一九九七年、『相対化の時代』岩波書店。

Schattschneider, E. E.1960, The Semisovereign People: A Realist's View of Democracy in America. ＝一九七二年、内山秀夫訳『半主権人民』而立書房。

市町村シンポジウム実行委員会編、二〇〇一年『ガバメントからガバナンスへ――第一四回「地方新時代」市町村シンポジウム報告書』公人社

篠原一、一九七七年、『市民参加』岩波書店

Schmitter, Philippe C. and Lehmbruch, Gerhard eds., 1979, *Trends Toward Corporatist Intermediation*, London: Sage. ＝一九八四年、山口定監訳『現代コーポラティズムⅠ・Ⅱ』木鐸社。

新藤宗幸、二〇〇二年、「自治体の制度構想」（松下圭一・西尾勝・新藤宗幸編『岩波講座　自治体の構想　2　制度』岩波書店、一―一八頁。

曽我謙吾、一九九八年、「アーバン・ガヴァナンスの比較分析（一）――英・仏・日の都市空間管理を中心に」『国家学会雑誌』111巻第7・8号、五七五―五四九頁。

――、一九九九年、「アーバン・ガヴァナンスの比較分析（二）――英・仏・日の都市空間管理を中心に」『国家学会雑誌』112巻第1・2号、六一―一五〇頁。

――、二〇〇〇年、「アーバン・ガヴァナンスの比較分析（六）――英・仏・日の都市空間管理を中心に」『国家学会雑誌』第113巻第3・4号、一七三―二四〇頁。

恒川恵市、一九九六年、『企業と国家』東京大学出版会。

植木豊、一九九九年、「『国民国家』の動揺と空間の噴出」『情況　一九九九年一二月号別冊　現代社会学のトポ

ス——社会空間への問い』一六二—一八三頁、情況出版。

——、二〇〇〇年、「ローカル・ガヴァメントからローカル・ガヴァナンスへ」(吉原直樹編『都市経営の思想——モダニティ・分権・自治』青木書店
渡辺俊一、二〇〇一年、「都市計画の誕生と機能」原田純孝編『日本の都市法Ⅰ 構造と展開』東京大学出版会、
薮野祐三、二〇〇二年、「ローカル・イニシアティブと公共性」(佐々木毅・金泰昌編『公共哲学10 二一世紀公共哲学の地平』東京大学出版会。

山口定、一九八九年、『政治体制』東京大学出版会。

寄本勝美、二〇〇二年、「循環型社会の創造」松下圭一・西尾勝・新藤宗幸編『岩波講座 自治体の構想 3 政策』一一七—一三二頁。

吉田克己、一九九九年、『現代市民社会と民法学』日本評論社。

——、二〇〇一年、「土地所有権の日本的特質」原田純孝編『日本の都市法Ⅰ 構造と展開』東京大学出版会、三六五—三九四頁。

吉原直樹、二〇〇二年、『都市とモダニティの理論』東京大学出版会。

外国語文献(アルファベット順)

Beetham, D., 1991, *The Legitimation of Power*, Basingstoke: Macmillan.
Benhabib, S., (ed.), 1996a, *Democracy and Difference: Contesting the Boundaries of the Political*. New Jersey: Princeton University Press.
Benhabib, S., 1996b, 'Toward a Deliberative Model of Democratic Legitimacy,' in dem.
Bohman, J. and W. Rehg, (eds.), 1997, *Deliberative Democracy: Essays on Reason and Politics*. Massachusetts: The MIT Press.

Cochrane, A., 1996, 'From Theories to Practices: Looking for Local Democracy in Britain,' in D. King and G. Stoker (eds.) *Rethinking Local Democracy*. Basingstoke: Macmillan. 193-213.

Cohen, J., 1997, 'Deliberation and Democratic Legitimacy,' in J. Bohman and W. Rehg (eds.) *Deliberative Democracy: Essays on Reason and Politics*. Massachusetts: The MIT Press. 67-91.

Cohen, J. and J. Rogers, 1992, 'Secondary Associations and Democratic Governance,' *Politics and Society*, 20 (4) : 393-472.

Dryzek, J. S., 1996, *Democracy in Capitalist Times: Ideals, Limits, and Struggle*, Oxford: Oxford University Press.

Dryzek, J. S., 2000, *Deliberative Democracy and Beyond: Liberals, Critics, Contestations*, Oxford: Oxford University Press.

Dryzek, J. S., 2001, 'Legitimacy and Economy in Deliberative Democracy,' *Political Theory*, 29 (5): 651-669.

Elster, J., 1997, 'The Market and the Forum: Three Varieties of Political Theory,' in J. Bohman and W. Rehg (eds.) *Deliberative Democracy: Essays on Reason and Politics*. Massachusetts: The MIT Press. 3-33.

Elster, J., (ed.), 1998, *Deliberative Democracy*. Cambridge: Cambridge University Press.

Fung, A. and E. O. Wright, 2001, 'Deepening Democracy: Innovation in Empowered Participatory Governance,' *Politics and Society*, 29 (1): 5-41.

Goldsmith, M., 1996, 'Normative Theories of Local Government: A European Comparison,' in D. King and G. Stoker (eds.) *Rethinking Democracy*. Basingstoke: Macmillan. 174-192.

Habermas, J., 1992, *Faktiziät und Geltung: Beiträge zur Diskurstheorie des Recht und demokratischen Rechtsstaat*, Frankfur an Mein: Suhrkamp.

Hirst, P., 2000, 'Democracy and Governance,' in J. Pierre (ed.) *Debating Governance: Authority*, Steering and Democracy. Oxford: Oxford University.

Jessop, B., 1990, *State Theory: Putting the Capitalist State in its Place*, Cambridge: Polity Press.

Jessop, B., 1995, 'The Regulation Approach, Governance and Post-Fordism: Alternative Perspectives on Economic and Political Change?,' *Economy and Society*, 24 (3): 307-333.

Jessop, B., 1997a, 'The Entrepreneurial City: Re-imaging Localities, Redesigning Economic Governance, or Restructuring Capital?,' in N. Jewson and S. MacGregor (eds.) *Transforming Cities: Contested Governance and New Spatial Divisions*. London: Routledge.

Jessop, B., 1997b, 'A Neo-Gramscian Approach to the Regulation of Urban Regimes: Accumulation Strategies, Hegemonic Projects, and Governance,' in M. Lauria (ed.) *Reconstructing Urban Regime Theory: Regulating Urban Politics in a Global Economy*. London: Sage.

Jessop, B., 1998, 'The Rise of Governance and the Risks of Failure: The Case of Economic Development, ' *International Social Science Journal*, 155: 29-45.

Jessop, B., 1999, 'Narrating the Future of the National Economy and the National State: Remarks on Remapping Regulation and Reinventing Governance,' in G. Steinmetz (ed.) *State/Culture: State-Formation after the Cultural Turn*. Ithaca: Cornell University Press.

Jessop, B., 2000, 'Governance Failure,' in G. Stoker (ed.) *The New Politics of British Local Governance*. London: Macmillan.

Jessop, B., 2001, 'Institutional Re (turns) and the Strategic-Relational Approach,' *Environment and Planning A*, 33 (7): 1213-1235.

Katz, R., 1998, *Japan: The System That Soured: The Rise and Fall of the Japanese Economic Miracle*, New York: M. E. Sharpe.

Kickert, W., 1993, 'Complexity, Governance and Dynamics: Conceptual Explorations of Public Network Management,' in J. Kooiman (ed.) *Modern Governance: New Government-Society Interactions*. London: Sage. 191-204.

King, D., 1996, 'Conclusion,' in D. King and G. Stoker (eds.) *Rethinking Local Democracy*. Basingstoke: Macmillan.

214-223.

King, D. and G. Stoker, (eds.), 1996, *Rethinking Local Democracy*. Basingstoke: Macmillan.

Kooiman, J., (ed.), 1993, *Modern Governance: New Government-Society Interactions*. London: Sage.

Kooiman, J., 1993a, 'Governance and Governability: Using Complexity, Dynamics and Diversity,' in J. Kooiman (ed.) *Modern Governance: New Government-Society Interactions*. London: Sage. 33-48.

Kooiman, J., 1993b, 'Findings, Speculation and Recommendations,' in J. Kooiman (ed.) *Modern Governance: New Government-Society Interactions*. London: Sage. 249-262.

Kooiman, J., 2000, 'Societal Governance: Levels, Models, and Orders of Social-Political Interaction,' in J. Pierre (ed.) *Debating Governance: Authority, Steering and Democracy*. Oxford: Oxford University Press.

Lowndes, V. and D. Wilson, 2001, 'Social Capital and Local Governance: Exploring the Institutional Design Variable,' *Political Studies*, 49 (4): 629-647.

Maloney, W., G. Smith, et al., 2000, 'Social Capital and Urban Governance: Adding a more Contextualised "Top-down" Perspective,' *Political Studies*, 48 (4): 802-820.

March, J. G. and J. P. Olsen , 1995, *Democratic Governance*, New York: The Free Press.

Painter, J. and M. Goodwin, 1995, 'Local Governance and Concrete Research: Investigating the Uneven Development of Regulation,' *Economy and Society*, 24 (3): 334-356.

Pempel, T. J., 1998, *Regime Shift: Comparative Dynamics of the Japanese Political Economy*, Ithaca: Cornell University Press.

Peters, B. G., 1999, *Institutional Theory in Political Science: The 'New Institutionalism'*, London: Continuum.

Pierre, J., (ed.) 1998a, *Partnership in Urban Governance: European and American Experience*. London: Macmillan.

Pierre, J., 1998b, 'Public-Private Partnerships and Urban Governance: Introduction,' in J. Pierre (ed.) Partnerships in *Urban Governance: European and American Experience*. London: Macmillan. 1-10.

Pierre, J., 1999, 'Models of Urban Governance: The Institutional Dimension of Urban Politics,' *Urban Affairs Review*, 34 (3): 372-396.

Pierre, J., (ed.), 2000, *Debating Governance: Authority, Steering, and Democracy*. Oxford: Oxford University Press.

Pierre, J. and B. G. Peters, 2000, Governance, *Politics and the State*, London: Macmillan.

Rhodes, R. A. W., 1996, 'The New Governance: Governing without Government,' *Political Studies*, 44 (4): 652-667.

Rhodes, R. A. W., 1997, *Understanding Governance: Policy Networks, Governance, Reflexivity and Accountability*, Buckingham: Open University Press.

Sayer, A., 2000, *Realism and Social Science*, London: Sage.

Stoker, G., 1998a, 'Governance as Theory: Five Propositions,' *International Social Science Journal*, 155 : 17-28.

Stoker, G., 1998b, 'Public-Private Partnerships and Urban Governance,' in J. Pierre (ed.) *Partnerships in Urban Governance: European and American Experience*. London: Macmillan.

Stoker, G., (ed.), 2000a, *The New Politics of British Local Governance*. London: Macmillan.

Stoker, G., 2000b, 'Urban Political Science and the Challenge of Urban Governance,' in J. Pierre (ed.) *Debating Governance: Authority, Steering and Democracy*. Oxford: Oxford University Press.

Stone, C. N., 1993, 'Urban Regimes and the Capacity to Govern: A Political Economy Approach,' *Journal of Urban Affairs*, 15 (1): 1-28.

Torfing, J. , 1999, *New Theories of Discourses: Laclau, Mouffe and Zizek*, Oxford: Blackwell.

第7章　（ジェントリフィケーション下の）都市への権利

酒井　隆史

「……都市への権利は訴えとして、要請として、告知される。驚くべき迂路――郷愁、観光、伝統的都市の中枢への回帰、現存する、あるいは新たに精錬される中心性への訴え――を通って、この権利はゆっくりと進行する……都市への権利は、たんなる伝統的な諸都市への訪問あるいは回帰の権利として構想されることはできない。それは、変貌させられ、刷新された都市生活への権利としてしか定式化されることができない。出会いの場所であり、使用価値の優位性であり、諸々の財貨のなかの至高の財貨の位へと昇った時間の空間のなかへの刻み込みである〈都市的なもの〉が、その形態学的土台、その実践的=感覚的実現を見いだしさえするならば、都市の織り目が田舎とか農民生活から生き残っているものを締めつけるとしても、たいしたことではない」

(Lefebvre 1968=1969, 訳一七四―一七五頁)。

出会いの場所、使用価値の優位性、至高の価値へと上昇した時間の空間への刻み込み――このような性格をもった潜在的現実である「都市的なもの」への要求としての「都市への権利」についてアンリ・ルフェーヴルが定式化したのは、一九六八年のはじめに出版されたルフェーヴルの都市についてのはじめての著作である『都市への権利』においてである。その後、一九七〇年には『都市革命』が出版され、『都市への権利』で提示された論点はさらに発展されるが、それらの著作のなかでのルフェーブルの諸々の論点は、いま状勢の大きな変化とともにふたたび取り上げられ、そして再審に付されている。そんな流れに触発されつつ、以下では現代都市について、ルフェーヴルのこの二著作に反照させながら、いくつかの考察を試みてみたい。

一九七四年に出版された日本語訳の『都市革命』には、翻訳者グループとも重なる〈国＝語〉批判の会による「『都市革命』のためのいくつかのテーゼ」が付されているが、そこではルフェーヴルの都市をめぐる考察が以下の七つのテーゼにまとめられている。

テーゼ1

「工業化と都市化という進行中の二重の過程は、弁証法的対立のなかにおかれている。工業化から都市化を区別すること、工業化は都市化のための一段落、一手段にすぎない。したがって、「工業社会」の《意味》」(方向)は都市社会である。

テーゼ２

都市は(労働)生産物よりは(芸術)作品、交換価値よりは使用価値に属する。都市社会(都市空間・都市生活)は作品(─創造)とならなければならない。

テーゼ３

現代世界の主要矛盾は、都市と農村の対立から、都市現象内部に場を移動した。

テーゼ４

都市は諸矛盾の登録される開かれたカタログ(表現の場)であり、現代の階級闘争の主戦場である。

テーゼ５

都市現象はたんに「上部構造」に属するだけではない。空間そのものの社会的生産(社会的総空間の商品化)が行われており、これは第二の産業循環として「土台」にふかい変更を強いる。

テーゼ６

現代の俗流経済学である都市計画の批判は、〈空間の物神崇拝〉への批判をともなう。都市革命は、空間にたいする時間の復権をとおして、示差的な空間─時間としての都市社会を実現する。

テーゼ７

都市革命は、現代の世界革命を構成する主要な戦線であり、それは、工業(産業)革命によっても、社会主義革命によっても、達成されない、永続的な文化革命である。

このように消化されテーゼとしてまとめられた『都市への権利』『都市革命』の諸々のポイントを手がかりにしてみたい。その後、日本においてはむしろ希薄になっていったように思われるこんな一九七四年の日本における都市をめぐる模索の地点へと回帰し、そこからまた出発を試みるということにもなるだろうからである。

1　ルフェーヴル・テーゼの再検討①

テーゼ1

「工業化と都市化という進行中の二重の過程は、弁証法的対立のなかにおかれている。工業化から都市化を区別すること、工業化は都市化のための一段落、一手段にすぎない。したがって、「工業社会」の《意味》(方向)は都市社会である。

テーゼ3

現代世界の主要矛盾は、都市と農村の対立から、都市現象内部に場を移動した。

テーゼ5

都市現象はたんに「上部構造」に属するだけではない。空間そのものの社会的生産（社会的総空間の商品化）が行われており、これは第二の産業循環として「土台」にふかい変更を強いる。

ルフェーヴルは、先ほど触れたように、通常、同一視されることも多い「都市化」と「工業化」とを概念的に区分した。たしかに都市化は工業化によって誘導されたものではあるが、都市的なものは歴史的にすでに存在していたのであり、したがって、都市は歴史の連続と非連続の両側面から規定される。都市的なものと工業的なものの混同のなかに、すでに、都市的なものを工業的なものへと従属させるヒエラルキー化が作動しているのであり、そこから行動の平面では「工業的現実の応用で都市的現実の排除」にほかならない都市計画という発想が生まれてくる（Lefebvre 1970＝一九七四：五五―五六）。工業化と都市化、成長と発展、経済的生産と社会的生活は、同じ過程の二つの様相であり、切り離すことはできないが、しかし、しかしこの両者は、しばしばたがいに激しい紛争をひきおこすのだ。というのも、そもそも工業は「都市現実の不在であり破壊である非―都市と結びついている」（Lefebvre 1970＝一九七四：二三）のであるから。しかし「工業化と都市化という二重の過程は、都市社会を工業化の目標や目的として考えるのでなければ、都市生活を工業的成長へと従属させるのであれば、あらゆる意味を喪失する」（Lefebvre 1968＝一九六九：二一〇）。工業化はむしろみずからの否定、あるいは止揚である都市社会の諸条件や手段を手渡している。工業化と都市化の関係性が変容を遂げ、都市社会が工業化を支配するようになるならば、都市の中心性がもたらす一つの要素である決定の中心性は、経済過程にまで、搾取装置にまで入り込むだろう。ルフェーヴルは都市の変遷を、政治都市から商業都市、そして工業都市へ、という段階を経て、内破―外破が生じ、現在にほかならない危機ゾーン (critique zone) へと突入していると捉える。その危機ゾーンにおいて、支配的で強制的な力としての工業化は、被支配的な現実へと変貌していくとみなしたのである。しかし、工業化は都市化を可能にする条件をつくりだしたにもかかわらず、都市的なものを犠牲にして自己目的化してしまう（〈国＝語〉批判の会、一九七四：二六〇）。この変貌を加速させ、変貌の潜在的な革命的線分を導きだし、その変貌にかたちを与えていくことが、ルフェーヴルによる都市への権利をめぐる問いを規定しているといえる。

ルフェーヴルは、工業化が生みだしたその後につづくものとして、完全な都市化を仮説とし、「都市社会」と捉えていた。しかし、都市社会 (société urbaine) はすでにある事実ではなく、潜在的な対象、可能的な対象であり、それは実現を待っているものである。「傾向、動向、潜在的なもの」である。都市化は、こうした都市社会へと向かう趨勢を形成するのだが、しかし、工業化は、都市的なものを犠牲にして、自己目的化してしまうのである。

工業化から都市化へ、というルフェーヴルのテーゼは、しかし、いまルフェーヴルが想定したような解放的契機をまったく欠落させたまま、実現しつつあるという側面をもっている。この傾向については、二つの視点が指摘できるように思われる。

(1)資本主義拡大の原動力としての工業化に代わる都市化

これは、すでにルフェーヴルが『都市革命』で指摘していたものであり、〈国＝語〉批判の会によるテーゼ5に集約された主張であるが、ルフェーヴルを承けた批判的地理学の議論は、「工業化と都市化の弁証法」をこの点に重ねて捉える傾向がある。つまり資本蓄積の動力が工業化から都市化へと移行する、というテーゼにひとまず還元して捉える傾向がある。これはいわば、ポストフォーディズムの段階に重ねられたかぎりでの資本による実質的包摂という趨勢を、資本の側から、すなわち価値化、価値増殖の側面において捉えたものともいえる。それはルフェーヴルのいう都市化が、いわば「自己価値化」の潜在的地平として捉えられていることを、政治経済学的裏づけのためにひとまず棚上げしているのだ。ルフェーヴルは『都市革命』において、不動産業（投機、建築）の役割が重要であるとして、次のように論じていた。

「基本的な循環経路すなわち《動産》をつくる日常的な工業生産の循環経路の拡大がにぶるにつれて、資本は不動産業という第二部門へと投下されはじめる。極端なばあいには、土地への投機が基本的源泉、すなわち《資本の形成》、つまり剰余価値実現の、ほとんど類をみない独占的な場になるのである」（一九八―一九九）。

ルフェーヴルの場合、テーゼ1とテーゼ5のあいだをつなぐものは都市計画である。つまり、都市的なものを工業的なものによって統御する媒介としての、あるいは使用価値を交換価値によって包摂する媒介としての都市計画である。デヴィッド・ハーヴェイはここでルフェーヴルが指摘する、「生産における資本の第一次循環」から「資本の第二次循環」への移行を、工業化から都市化への移行と重ねながら、なぜその資本投資の第一次循環から第二次循環への移転がおきるのかについて、「階級独占地代」の概念を精密化することによって、このルフェーヴルの簡単な指摘を政治経済学的に補強した (Harvey, 1985 = 一九九一)。

しかし、このハーヴェイの分析は、第一次循環への第二次循環への資本投資の移行を可能にするのはどのような条件であるのかについての、客観的論証にとどまっている。その点で、ニール・スミスの議論は参考になるように思われる。リベラルな都市政策にとってかわった都市戦略としてのジェントリフィケーションという位置づけの視点である。スミスによれば、工業生産のグローバル化と東アジアの拡大という観点からすれば、ルフェーヴルのテーゼは時代の吟味に耐えられなかった。つまり、グローバルな観点からは、都市化は決して工業化にとってかわってはいない。しかし、グローバル化は一九八〇年代以来のジェントリフィケーションを、先進国都市の部分的現象から、(金融的中枢のコマンド機能によってではなく)生産のグローバル化によって規定された(したがって第三世界都市もふくむ)グローバル都市の戦略として一般化する。中心都市の再構築は、ほかのあらゆる種類の土地用途——事務所、小売店、娯楽、移動——に住居を統合しているし、またたんに都市経済総体のみならずグローバル経済へと統合されている。そして高度に可動的なグローバル資本はますます都市中心部の再形成にまでくだっていき、それを切望している。それと同時に、これまでになく、資産資本、国家、小売り資本、金融資本のあいだのとぎれのない協調が高まっている。「都市中心の再構築は、資本蓄積の論理、より糸、条件を都市の風景のうちにかつてないほど深く埋め込む手段となっている」。ニール・スミスは、近年はじめて英訳の出版された『都市革命』に序文をよせて、この点にルフェーヴルが「産業的なものと都市的なもののあいだに措定した概念的反転」を垣間みることができるとしている(Smith 2003: xxi)。この過程を私たちは、工業的なものの脱工業化への移行にともなう、都市的なものの産業的なものによる包摂と捉え返すこともできるだろう。後述するように、この包摂の内部に刷新された都市への権利がひそんでいる可能性がある。

　この経緯の背景には、グローバル化にともなう都市の再スケール化がある。「これまでは下位国家的《サブナショナル》なリージョナル・スケールで領域化されてきた生産システムが、そのようなナショナルな文脈から切り離されて、一九七〇年代と一九八〇年代の脱工業化の波のみならず、確立されたスケールのヒエラルキーの書き換えの一部として、大規模なリージョナルなリストラクチュアリングとデストラクチュアリングをもたらした」(Smith 2002: 86-87)。この結果、サブナショナルなリージョナル・スケールで展開していた生産の地理学に異変が起きる。たとえば京浜、ルール地方、ミッドランドのような工業地帯にかわって、東京、上海、サンパウロ、ムンバイ、ソウルなど新旧のグローバル都市が浮上してくる。リージョナル・スケールを支配するのはネーションからメトロポリタンへと移行するのである。この生産の「ダウンスケール」は、リージョナル・スケールを支配する要素の国家からメトロポリスへの移行を示唆している。

ここでも、都市的なもの、あるいは都市現実の工業的なものへと作用する強度の変容がみてとれる。しかし、ルフェーヴルがおそらく都市的なものの実現のスプリングボードとして暗黙に想定していただろう、都市の社会的機能は、都市が(グローバルな)生産の場としての機能を果てしなく強化しつつあるなかで、それと比例するように弱体化しつつある。もちろんその傾向は、一連のネオリベラルな政策――規制緩和、民営化と公共住宅、教育、福祉、社会資本整備などの削減――によってあらわれるが、地理的な側面からはたとえば労働者の移動、すなわち通勤のような場所で劇的に集中するのだ(都市のスケールはそもそも通勤可能性の範囲によって大きく規定されている)。たとえば、サンパウロでは、多数の労働者にとって毎日の通勤は午前三時半ごろからすでにはじまり、四時間以上をかけて、職場に到着するとされている。ジンバブエでも都市周辺部の黒人居住区からの平均通勤時間は四時間である。さらにそれに交通機関の民営化によって通勤コストの三倍から四倍への増大が折り重なっている。

ニール・スミスはここに、たんなるカオスではなく、むしろ「経済的一貫性の核心にまで到達する〝抽象的労働の断片化と不均衡〟をみている。交換価値によって捕獲された身体による労働の抽象性と身体的生（理）／空間的使用価値の矛盾の止揚の場としての都市機能は、現在の都市化の過程においては消失しつつあるのだ。この都市のリストラクチュアリングの趨勢は、通勤時間の事例でもあきらかなように、ケインズ主義的福祉国家が確立されたことのない、かつての第三世界のメトロポリスでもっとも先鋭的な表現をみている(1)。

(2)工業化（産業化）を欠いたままの、あるいはそれをはるかに凌駕する規模での都市化

べつの視点からも、ルフェーヴルのテーゼの解放なき実現をみてとることができる。ニール・スミスらの生産のグローバル化をより大きな文脈で捉え返すならば、工業化（産業化）なき都市化の進展という現象をみてとることができるのである。国連の人口統計によると、世界の農村人口はいま三〇億であるが、この地点が最高水準であり、これからとくに増えるということはない。他方、都市はいま年ごとに六千万人ずつ増えており、次世代の世界人口の増大の九〇％は低開発国の都市地域が吸収する予測である。

指摘したように、近代化の過程では、都市化は工業化（産業化）が導くものであった。ところが現在、このグローバルな規模で進行している都市化において、逆転現象がみられるのである。少なくとも、都市化と産業化のあいだの相関関係は大きく変化している。とりわけ途上国において、ＩＭＦない

しＷＴＯの強制する農業の規制緩和、そして「脱農民化」の政策が、余剰となった農村住民を、そこには職がないにもかかわらず、都市のスラムへと加速させている。その結果、都市化の急激な進行は産業化と切り離されて進行しているのである。ある国連の報告書では、爆発的に増大する都市人口のほとんどの部分が、完全に産業の成長やフォーマルな職業供給から切断される、としている。そのような「放棄されたプロレタリアート（outcast proletariat）」は、現在ではすでに一五億、二〇三〇年までには二五億を数えるとされる。

マイク・デイヴィスによれば、二〇三〇年までに世界の情勢は次のように推測される（Davis, 2004: 13）。

①八〇億の人間人口のうち、五〇億が都市に居住する。

②一〇億の都市生活者——所有者（owner）、経営者、技術者、熟練情報部門労働者——がブランドつきの国際的生産への主要な需要をあたえる。

③一五億から二〇億の労働者——ロスにおけるメキシコ系アメリカ人の看護士助手から中国広東省の搾取工場までにわたる——がグローバル経済への大都市労働力を供給する。

④二〇から三〇億のインフォーマル労働者——少なくともそのうちの二〇億が古典的なスラムあるいは周縁の貧民街に居住する——が、ディケンズ的あるいはそれよりも悪い環境のなかで新たな

病に犯されたり、世界的な温暖化の、あるいは都市の水供給不足の影響で、一連の大規模災害に脅かされながら、フォーマルな生産関係の外部に存在するだろう。

みてもわかるように、「アウトキャスト・プロレタリアート」は生存のためのインフォーマルな経済活動に従事することで、先進国と途上国を横断して生じている既存のインフォーマル部門の膨張に合流するだろう。そしてそこには、後述する都市アントレプレナー主義による、社会的再生産の場としての都市の衰弱と生産の場としての都市の再形成の過程を通しての、都市中心への富裕層の再流入、貧困層の都市周縁への移動がみられるのである。それが、一九九〇年代におけるジェントリフィケーションの深化として現象している。先進国においてもインフォーマル部門の膨張は、ジェントリフィケーションのなかにつねにひそむインフォーマル労働者への敵意をバネにして空間的に「(不)調整」されつつある。たとえばルドルフ・ジュリアーニと石原慎太郎は、なぜかくも風俗産業を敵視するのか。そこには、あらたな空間的配分をともなったインフォーマル労働者のヒエラルキー化ともいえる(2)、労働力の流れに対するあたらしい統治の戦略が作動しているように思われる。

そのプロセスのなかに途上国都市と先進国都市の両者に共通する地理的趨勢が観察されるのではないだろうか。つまり、ニューヨークにおいて典型的に観察される、インナーシティへのブルジョアジーの攻勢、あるいは新たなグローバル・エリートとその階級的連合による制圧。したがって、ニューヨークでのロアー・イーストサイドの住居運動のなかでは、「ジェントリフィケーションは階級戦争だ」というスローガンが掲げられた[3]。ジェントリフィケーションは、しばしば暴力的形態をとるエヴィクションを活用しつつ、報復主義的感情を帯びながら、産業化と都市化の亀裂を弥縫する「都市政策」となった。増大するインフォーマル労働者は、都市の周縁への居住空間の移動、あるいは、都市周縁への分離を強いられる。これは、途上国のグローバル都市にも共通する地理的動向である。つまり、古典的なスラムがインナーシティに位置していたとしたら、新しいスラムの典型的な形態は空間的に爆発的膨張をみせる都市周縁に位置するようになっているのである。それはかつての郊外へのスプロールと対照を描く「スラム・スプロール」なのだ（Davis, 2004a:14）（青木、二〇〇三）[4]。グローバル都市のスケールの変容と都市内部での不均等発展がここにはかかわっている。

この趨勢のなかで、可能的潜在態としての都市的なものを現実化させる梃子である都市への権利はなにを意味するのだろうか。

2　ルフェーヴル・テーゼの再検討②

テーゼ2
都市は（労働）生産物よりは（芸術）作品、交換価値よりは使用価値に属する。都市社会（都市空間・

都市生活)は作品(—創造)とならなければならない。

テーゼ6

現代の俗流経済学である都市計画の批判は、〈空間の物神崇拝〉への批判をともなう。都市革命は、空間にたいする時間の復権をとおして、示差的な空間—時間としての都市社会を実現する。

ルフェーヴルは、市場の論理がこれらの都市の特性を交換に還元し、作品(oeuvre)としての都市を抑圧してきたと指摘した。ルフェーヴルによれば、都市が芸術作品という意味での作品となりうるのは、たんに組織化され、制度化されているからではなく、またモデル化され、領有されうるからなのである。

そしてそれはいまだ真実なのだが、しかし、都市社会はある意味で「作品」となったのである。しかしそれは、交換価値から使用価値が解放された結果ではなく、全面的に交換価値によって包摂された結果としてなのだ。つまりそれは都市そのものの商品化によって達成された。ルフェーヴルが都市的なものの特徴としてあげた「祝祭」も、商品としての都市の一つのアイテムとして、資本によって計算され、演出されるものとなる。なおも、都市はまるごと競争力のあるパッケージ商品とならねばらない(Selling Seattle,Selling San Francisco...)。都市は売れる「作品」とならねばならないのだ。

この背景の文脈づけとして、都市アントレプレナー主義の台頭を指摘しておこう。デヴィッド・ハーヴェイは、都市管理経営主義から都市アントレプレナー主義への移行を指摘して、その特徴を次のようにあげている。

①新しいアントレプレナー主義はその最重要項目として「官民パートナーシップ」をおく。それまでの地域の売り込み (local boosterism) は、そこでは、外部からの資金源、新しい直接投資、あるいは新しい雇用源を求め、惹きつけるために、地方政府 (地方自治体) を活用することのうちに統合される。

②この官民パートナーシップの活動がアントレプレナー的である、といえるのは、次のような点においてである。それが遂行やデザインにおいて投機的であり、投機的活動につきものの困難や危険につきまとわれている、ということ。このことは、合理的に計画され調整された開発とは大きく異なっている。そして、ハーヴェイがいうには、もちろん例外はあるものの、多くの場合、このことは公共部門がリスクを引き受け、民間部門が利益をうる、ということと等しく、この地方の公共部門がリスクを吸収することが、かつての地域売り込みと、現代の都市アントレプレナー主義の段階を画する特徴になっているという疑義がある。

③地域 (territory) の政治経済よりもはるかに密接に場所 (place) の政治経済に焦点を合わせる。テリトリーとは、ここでは、特定の法的管轄区内部で、生活条件やあるいは労働条件を改善することに

主要に向けられた各種の経済的プロジェクト（住宅、教育など）が示唆されている。

ニール・スミスのいう、ネーションからメトロポリタンへのリージョナル・スケールを支配する要因の移行は、この都市アントレプレナー主義を介して促進されている、といえる。しかし、このような価値化／価値増殖（＝工業化／産業化）の過程には、自己価値化（＝都市化）の過程が分かちがたく絡み合っている。ここに、美的な文化的価値の生産への組み込みがかかわっているといえるだろう。

ブライアン・ホームズはアンディ・ウォーホールの「ファクトリー」をあげながら、次のように分析を加えている（Holms, 2004）。

「工業の衰退を背景にして、アーティストである主宰者が、周縁的人物——放浪者、ドラッグ／ユーザー、トランスヴェスタイト、ゲイ、レズビアン、階級的出自を逃れてきたボヘミアン——たちのギャラリーとして、いまやアルカイックである製造業ビルディングの扉を開放した。彼らは写真、映像、テレビ、音楽スタイル（ヴェルヴェット・アンダーグラウンド）でもって、また、快楽主義的過剰に開かれた侵犯的パーティでもって実験するだろう」。

この「社会的階級の境界の自発的な不鮮明化」は、二つの鍵となる事柄からあらわれてきた、とされる。

①まず、転倒的な社会的モビリティとコンフリクトのエネルギーをハイブリッドなメディア商品へと自由に翻訳する新しいサブカルチャー的生産のモデル。

②そして都市居住の新しい美学、「移行期のネイバフッド」の魅力に基盤をおく。サブカルチャー的生産はジェイムソンがいうポストモダン経済の不可欠の一部となるだろう。

価値の壊乱と転倒含みのサブカルチャー的主体性とその寄せ集め、ネットワーク化が新しい文化商品生産の源泉となり、この「新しいサブカルチャー的生産のモデル」が都市居住の新しいフリンジ美学と結びついてあらわれる。そしてこの都市居住のフリンジ美学は、近代都市のかつての工業エリアの投機的再評価に指導的役割を果たすことになる。ヨーロッパでは一九八〇年代はじめから展開していたこれらの二つのダイナミクスは、今日、開始しつつある都市の闘争(5)に、アンビギュアスな土台を与えている。

テーゼ6の、都市革命は、空間にたいする時間の復権をとおして、示差的な空間—時間としての都市社会を実現する、という主張も、ある意味でヒネリを加えられながら実現した。六八年を画期とする「都市革命」は、ある意味で、空間に対する時間の復権もたらしたのである。ブライアン・ホームズの主張の枠組みからすれば、この闘争がもたらした「自律的労働」は、「非物質的労働」として、ポストフォーディズム的生産様式のコアを構成するようになるからである。マウリツィオ・ラツァラットは、六〇年代後半の闘争のもたらした大きな意義を、時間の視点から、労働時間と生活時間の区別の廃棄であるとみなしている。ラツァラットによれば、それは、「尺度—時間」の解体による、「創造—時間」、「力能—時間」の登場と定義できるのである。資本主義は、フォーディズムの結晶体である《時間》を解放し、このあたらしい時間的な内在平面をひきうけ、力能—時間にふさわしい価値実現と搾取の構造の再構築をせまられた。そこでは、「潜在的なもの」が直接の価値源泉になるのだが、それは、無規定な力であり尺度をはずされた内在的な時間である（Lazzarato, 1997）。このようなポストフォーディズムの趨勢が、「創造的階級」と都市空間の結びつきを問う、近年の試みも規定している。

たとえば（日本のポストフォーディズム論争でも著名な）リチャード・フロリダは、彼のいうところの創造的経済（creative economy）の増大と、創造的階級の出現がいかに現在の都市の空間構成を規定しているかについて、分析を加えている。フロリダは、なぜ知識労働者でも、情報社会でも、ハイテク経済でもなく、創造的階級、創造的経済というタームを選ぶのかの理由を挙げて、人間の創造性こそが真の経済的価値形成の源泉であり、このタームがあらゆる人間のポテンシャルの形式まで広がる知的構成物だから、としている（Florida, 2005: 4）。その上でフロリダは、創造性と都市との関連について、成長の条件の三つのT、すなわち技術（Technology）、才能（Talent）、寛容（Tolerance）を定式化するのである。技術が経済成長にもたらす役割は自明のものとしておくとして、都市により密接にかかわるのは才能と寛容という二つの変数であろう。フロリダはロバート・ルーカスを引証しながら、成長とは人的資本の帰結であり、この観点からすれば、都市の役割は重大なものとなる、としている。都市は人的資本を集め、かつそれを増大させる場所でありうるし、人的資本をより集めた都市はそうでない都市よりもより急速に成長できるのだ。ここで興味深いのは、ルーカス自身、都市の人的資本増大効果を「ジェーン・ジェイコブズ的外部性」と呼んでいることだ。つまりここでは、ルフェーヴルの都市的なものの議論につらなるジェイコブズの都市の規定がそのまま資本の成長に結びつけられているのである。この点は、また寛容と結びつく。技術、知識、人的資本という創造的経済の諸資源は、固定したストックではなく、浮動するフローであるという特徴をもつ。こうしたフローの質量ともに確保する、特定の場所の能力を説明するのはなんだろうか？　それが開放性、多様性、寛容なのである。フロリダは、ゲイ指標、ボヘミアン指標など、寛容と技術や才能の集積、経済成長の相関関係を統計的に示している。テーゼ6の解説は、「都市社会は、同質化的な空間―時間にたいして、差異、多様性、質を優位におくものであり、示唆的な空間時間の創造である」としているが、このフロリダの議論においては、このような都市社会の特徴が、最終的には使用価値ではなく交換価値の観点から評価され、経済成長の源泉として措定されている。ルフェーヴルは工業的なもの／産業的なものを、しばしば反都市的なものとして位置づけたが、ここではむしろ都市的なものこそが（ポスト工業的な）産業的なものを促進する、とされるのである。

フロリダの主張は、ホームズのいうアンビギュイティのはらむ解放性を、資本の側にたって資本に要求するものである。「報復都市」化するネオリベラル・アーバニズムの趨勢のなかで、ポストフォーディズムにおける資本の論理との共通言語のなかで、都市への権利を残響させることでその趨勢に対抗するなのである。しかしそれは、資本と所有についてその枠の外に向かう動きによって支えられなければ、より具体的にいうならば都市空間を価値化する資本の力そのものに対決する要素をポストフォーディズムの編成のなかから抽出しなければ、その意図そのものを十分に発揮できずに終わるのではないか。

「都市生活へ、刷新された中枢へ、出会いや交換の場所へ、これらの時＝契機や場所の充分で十全的な活用＝使用を許すような生活のリズムや時間割へ」といったルフェーヴルの定義する都市への権利は、ボヘミアンのイメージそのものをパッケージングした空間の商品になる。事実上のボヘミアンはそのとき排除される。ルフェーヴルはこの使用価値に対応する「活用＝使用」を、領有と位置づけ、都市への権利の主要な構成要素のうちに領有の権利をおいた。ここでの領有という概念は、使用価値／交換価値の区分をふまえて捉えねばならない。領有とは所有と区別された現実、つまり事実上の使用、つまり交換価値ではなく使用価値にふりわけられる振るまいである。領有とは、たとえば「都市社会の実践」すなわち「自由の最高形態」であるところの「時間と空間の領有」(1970＝一九七四：一七六)、とか「都市的なもの」の概念の「目標」として「人間存在が時間や空間や対象のなかで、自分の諸条件を再領有すること」(二二三)といった文脈で触れられている。つまりそれは、抽象的交換価値によって機能分化された「居住地」への居住者から、「使用者」「参加者」といった存在様態を呼び戻し、かつ第一義的なものとして据えなおすことを意味している。しかしそこで「使用者」、「参加者」は、領有の動きを、ものを購買する動きへと、つまり消費の動きへとズラされて、その消費者は、しばしばかつてなく厳格なコマンドに服するシミュラークルとしての「使用者《ユーザー》」、「参加者」となった。

〈国＝語〉批判の会による解説は、「時間的に定在する労働力が、対象化され凝固して、空間的に定在されないかぎり、(交換可能な)価値とはならない、という商品生産の鉄則」、「時間の空間化、差異の同質性への還元、を優先させるのは、資本の立場であり、権力の方法」とする。創造性が価値源泉となるにつれ、労働力は空間化された時間、つまり支出にかかる時間尺度からの解放がもたらされる、しかしまたそれは、捕獲された都市革命が、より深化したレベルでその捕獲装置から身をほどかないかぎり、つまり刷新された都市革命が要求されないかぎり、より深く空間化されると捉えられねばならない。つまり、生活総体の交換価値への包摂が、都市空間に刻み込まれるのである。ここにインフォーマル労働者をめぐるハードな空間の戦略が位置している。

3 ルフェーヴル・テーゼの再検討③

テーゼ4
都市は諸矛盾の登録される開かれたカタログ(表現の場)であり、現代の階級闘争の主戦場である。

テーゼ7
都市革命は、現代の世界革命を構成する主要な戦線であり、それは、工業(産業)革命によっても、社会主義革命によっても、達成されない、永続的な文化革命である。

テーゼ4について、階級間の矛盾は、そのカタログ上の一つの現象形態として、所有と占有という居住形態のあいだの差異をとる傾向にあり、階級闘争は、この二つの論理のあいだの紛争としてあらわれている、と仮定をしよう。

いまや都市居住の形態としてのスクワティング(いわゆる「不法占拠」)はもはや例外的現象ではない。世界の人口のうち約六人に一人がいまやその居住において、スクワティングという形態をとっていて、かつ二〇三〇年までにはこの数字は四人に一人にまで跳ね上がると推測されている(Neuwirth, 2005: 9)。

スクワティングという現象は日本において従来、ほとんど注目されないか、あるいは先進国での都市における異議申し立ての一つの形態として注目されてきた。しかし世界規模でみるならば、それは、膨大な人口の事実上の生存の形態となっている(日本においても野宿者による公園でのテントの居住はスクワットの一形態といえる)。

そこで問い返されているのは、所有の観念である。テーゼ1と5の検討の際にふれた、ジョブ・マシーン(広い意味では社会的再生産の場)として機能することをやめた都市化の進展は、都市のネオリベラル的な統治、つまりネオリベラル・アーバニズムのもとで、従来、国家の福祉的・社会的機能によってある程度保障されてきたコモンズの大規模な「囲い込み」をもともなっている。現代都市の顕著な現象である「立ち退き(eviction)」はそれに対応する権力の戦略である。それは「インフォーマル労働者」のヒエラルキー的再分割をともなっており、「アウトキャスト・プロレタリアート」の所有の世界からの排除を帰結している。

それに対応するようにして、スクワットの運動のなかでは、占有(possession)という観念が重視されている。占有の権利は、所有に特権性を与えてきた近代法においても、ある条件の下で認められてきた。そしてそれはある面において、(たとえば家賃統制や公共事業としての低家賃集合住宅の建設のようなかたちで)社会権としてコード化されてきたのである。しかしこの占有の権利も、社会権総体が後退し、所有の権利の優勢が深まることによってその位置を低下させている。事実上の占有と法制上の所有の亀裂は果てしなく広がりつつあるのである。

ニューヨークのスクワットあるいは住居運動において重要な役割を果たしている活動家のラファエル・ブエノによる独特のスクワットの根拠づけも、現代にまで通ずる西洋的な法概念を彼なりに発展させたものであるが、以下に引用する文章では触れられていないものの、私たちによるインタビューの際に[6]、ブエノはハムラビ法典にまでさかのぼり、さらに先住民の伝統と交わらせるという壮大な構想を示唆していた[7]。いずれにしても、ブエノによる法的な根拠づけの構想のなかでも、所有(主)に対抗する占有(possession)という概念がカギとなる。あるいは彼が関与していたニューヨークの住居運動あるいはスクワットをめぐる運動において、とりわけ adverse possession (対抗占有) の概念が焦点化された[8]。それは土地の事実上の使用によって、その土地への権原獲得を可能にする権利であり、伝統的なコモンローに由来する長い伝統をもつ法律用語である[9]。アメリカ合衆国では連邦法あるいは州法によって対抗占有は規定されている。たとえばニューヨーク州においては、特定の期間――一〇年以上の持続的な使用――にわたる事実上の使用が権利として所有主の意図に抗して認められるにいたるためには次のような条件を必要とする。「対抗的であること、権利の宣言のもとで、事実上のもので、公然たるものであり、周知されており、排他的で、持続的」であること、さらにその土地はまた「いつも耕作されている、あるいは改善されている」あるいは「実質的な囲いによって防護されている」ことを要件としている (DeHaven, 2001)[10]。

このスクワットの運動が活用した(対抗)占有の権利を、ここではルフェーヴルのいう「住むこと(l'habiter)」と「居住地(l'habitat)」の区別と結びつけることができるだろう。そうすると、彼のいう「……居住地と住むこととの、理論的であると同時に実践的な、弁証法的であると同時に葛藤的な運動」(Lefebvre 1970 = 一九七四:一〇八)として、分析の視界にあらわれてくる。

領有については先述したが、ここで住むことは領有と結びついてあらわれてくるだろう。つまり、所有のもとにコード化された居住地のもとの居住ではなく、その手前にある領有としての、つまり居住としての住むことである。

「都市への権利は諸権利、すなわち、自由への権利、社会化における個人化の権利、居住地や住むことへの権利の、より上位の権利の形態としてあらわれる。作品への、参加への権利と領有の権利(明確に所有への権利とは区別された)が都市への権利には含意されている」(Lefebvre, 1968=一九六九:二〇三―二〇四頁)[ただし訳文には変更を加えている]。

「住むこと」において、領有の権利はまた作品の権利、参加の権利とも結びついている。

「従来は、「住むこと」」ということは、社会生活に参与することであり、村なり都市なりの共同体に参与することであった都市生活は、なによりもまずこの特質、この属性を所有していたのである。都市生活は、居住するところを与え、都民＝市民にたいして、居住することを可能ならしめていた……一九世紀の末に、「名士」たちは、ひとつの機能を孤立化させ、それを「都市」がそうであったしいまもなおそうである高度に複雑な総体から切り離して、その機能を地所の上へ投射する。しかも、彼等は、自分たちがイデオロギーと実践とを提供する社会を、このようなやり方で明示し意義づけるのである」（1968＝一九六九：二八）［訳文には変更を加えている］。

領有の権利としての都市への権利は、シチズンシップの基盤を国民国家におく国民の権利とは対照的に、「住むこと」をメンバーシップの基礎におく。都市のなかに生きていること、これが。ルフェーヴルの都市への権利は、上位の権利でありながら、しかし、必ずしも抽象的権利ではない。都市的なものとはそもそも「純粋な形式」であるが、それはいかなる特殊な内容ももたない「すべてはそこに到来し、そこで生きる」「実践に結びついた具体的な抽象」（一四八頁）である。一見して矛盾があるように思われる。しかしそれは、「住むこと」と「居住地」の区分を考えればあきらかになる。「住むこと」はいわば「大地」へと人間があることそのもの――居住と移動をふくめて――であり、具体的であるが、そこからすべてが発生するようなものであるが、しかし、抽象的権利はこの次元を排除することで、特定の具体性を導入している。つまりそれは、ネーションのメンバーシップの権利である。その普遍性は、この制約によっている。しかし都市への権利は、そうした制約を除外し、まずメンバーシップの条件を取り払うことによって「上位」の権利であり、かつそれが住むことに根ざしているかぎりで具体的である。

このルフェーヴルの主張は、現代においてきわめて先鋭的な意義を帯びてくるものである。マーク・パーセルはルフェーヴルの都市への権利をグローバル都市（世界都市）への権利として刷新することを提案している。先述したように、都市は国民国家に制約されたものから地理的スケールを変容させている。都市は世界都市であるとすれば、都市への権利は世界都市への権利となるだろう。パーセルは、ルフェーヴルに沿いながら次のように論じている。

「グローバル都市への権利は、グローバル都市に住む人々に与えられる。この権利は日常的な居住によって、そしてグローバル都市の生きられた空間への各居住者の貢献によって与えられるだろう。このシチズンシップの政治的焦点——その範囲内に該当する諸決定——はグローバル都市の空間を生産する諸決定である」(Purcell 2003: 579)。

そして、この諸決定について、グローバル都市の居住者は二つの主要な権利をもつ、とする。まず第一に、領有への権利。それは「グローバル都市の空間を十全に完全に使用し、そこに住み、そこで遊び、労働し、その空間を表現し、特徴づけ、占拠する権利」を授ける。そして第二に、参加への権利。グローバル都市を生産する諸決定において中心的役割を果たすことへの権利。

このグローバル都市への権利の規定はおくとして、実際のグローバル都市において、すでに権利要求は衝突している。それについてサスキア・サッセンは、この権利要求が国家を超えた政治に対する意味として二つの側面をもっとしている(Sassen 1998＝二〇〇四：五六―五七)。まず一つは、「諸部門間の、とりわけ国際ビジネス(規制緩和によってより手厚く権利を与えられるようになった外国企業とますます増大する国際的な企業人)と、アフリカ系アメリカ人、移民、女性といった「その他」に属する多数の低所得層による権利要求のあいだの食い違いの拡大と先鋭化。もう一つは、権利内容と主張者自身がますます超国家化している、という点である。この系列には、近年における国内の権利主張が直接に国際機関の介入や国際法の参照を要求するという傾向を挙げてみてもいいだろう。サッセンの指摘において重要なことは、このグローバル都市の政治は次の二つの要素の接点でうまれるという点である。すなわち、①不利な境遇におかれている多くの労働者たちが経済過程のなかで実践しているグローバル経済への参加、②企業のみが参加者であるかのように表象し、価値付与する政治システムとレトリック(Sassen　：三六―三七)。この実質的な参加と表象上の、あるいは価値化における排除の二つの動きが、インフォーマル労働者をめぐるヒエラルキー化と結びつき、もっとも際立ったところでは「スラム・スプロール」というかたちであらわれる、ジェントリフィケーションにおける都市内部における中心と周縁の再分割／不均等発展をも規定しているといえる。

ここで都市への権利が、中枢性への権利であることが想起される。ルフェーヴルにとって都市への権利の原基的イメージは労働者階級による都市中枢の奪還だった。たとえばそれは、「中枢から周辺近くへと追いやられた労働者たち」が「ブルジョアジーが占拠しているその中枢への道を奪回した」(1970＝一九七四：一三七)パリコミューンであり、一九六八年の五月革命である。この中枢性は、都市形式に関連しているのだが、この中枢性についての議論は理解が困難であるがルフェーヴルの都市論の核心をなしている。

「中枢がひとつもない都市や都市現実は存在しない。それどころかその上に都市空間を、先に述べたように、零《ゼロ》のベクトルで規定することができる。都市空間では潜在的に、あらゆる点が附近にあつまるすべてのもの、すなわち事物、作品、人々を自分のところに引き寄せる力をもっている。あらゆる点において、含むものと含まれるもののへだたりである空間―時間のベクトルは、零になることができるのだ。それは不可能的(ユートピー的)ではあるが、都市的な空間―時間の弁証法的運動(内在的矛盾)を特徴づけているのである。したがって、理論上は、飽和と無秩序の危険と、出会いや情報や収斂のチャンスをともなう都市的な集中化を擁護しないことは禁じられているのである……要するに、中枢は、その場に応じて具体的な諸関係が決定される部分的で流動的な集中性（多集中性）として分散することによってのみ、存在しうるのである。ところが、ひとびとは、決定の諸構造と権力の諸中枢――富と権力を構成する諸要素がとほうもなく密度の濃いものになるまで大量に集中する中枢――を守ろうとしているのだ。集中性がなければ、余暇、祭り、知識、口頭もしくは文字による伝達、発明、創造、などのいかなる場所も存在しえない。しかし、生産と所有の諸関係が変化しない限り、集中性は、これら諸関係を利用し、そこから利を得る者たちの付属物になり下がってしまうだろう。そのとき、集中性は、最良の場合には《エリート的》だが、最悪の場合には、軍隊的で、警察的なものになってしまうだろう」（Lefebvre 1970＝一九七四：一二一―一二二）。

中枢性が権力の諸中枢としてあらわれるという意味での、集権性は、この差異を集め、出会いを開く磁場としての中枢性が捕獲され変質を遂げたものである。まさにジェントリフィケーションの下で、都市的なものの集中性は、ルフェーヴルのいう「利を得る者たちの付属物になり下がってしまう」場合の最良と最悪の場合となってあらわれている。しかし、ルフェーヴルの考えたように中枢性による都市問題の解決への要請が社会的再生産に関与する都市計画によって妨げられている、というよりは、それはいま資本の生産に関与するネオリベラル・アーバニズムによって（活用されつつ）妨げられている（ボヘミアンはジェントリフィケーションを呼び込むが、そこでエリート階級に変容するか、さもなければ排除される)。

しかし「純粋な形式」としての都市的なものとは、出会いの点、寄せ集めの場所、同時性であり、その脱コード化の極限に向かう傾向はとどめようもなく、「都市現象が土台に及ぼす作用」が生む「矛盾・葛藤・危機」はあたらしい形をとっているが、だが相変わらず「世界的な規模ですすんでいる」(〈国=語〉批判の会、二七二)。まさにグローバル化のもとにおけるジェントリフィケーションによる都市中枢からの「再剥奪」は、再度の領有への動きを必然的に呼び起こす。しかしその場合の、労働者階級とはだれのことだろう? 世界のあらゆる都市において都市中枢を奪われ、そしてやがて都市中枢を取り戻すかもしれない主体とは、サッセンのいう「その他」のことではないだろうか。

都市革命は、現代の世界革命を構成する主要な戦線であり、それは、工業(産業)革命によっても、社会主義革命によっても、達成されない、永続的な文化革命である、というテーゼは、ルフェーヴルの言うように、都市革命を工業革命に従属させ、その独自の意義を認めることのできなかった既成社会主義国の崩壊以後、ますます真実だろうが、ここで永続的な文化革命をルフェーヴルは次のような意味で用いていた。ルフェーヴルにおいて、(資本による)生産物と、作品とは異なることが前提である。生産物の生産の感覚に、作品あるいは領有(時間や空間、身体、欲望の)の感覚が、つぎに優位をしめるものとして付け加わらねばならない。これをおこなうのが都市社会なのである。ところが、労働者階級は自然発生的にこの作品の感覚をもつのではないし、この感覚は職人階級や職人労働の衰退とともにほとんど姿を消した。しかしその貴重な沈殿物である作品の感覚を労働者階級が受け取ることのできる場所が、アートなのであり、だからこそ永続的な文化革命がうながされるのである（1968=1969訳二一四頁）。とすれば、「その他」による都市のアート（グラフィティ、コミュニティ・ガーデン、カシータ、大道芸など）が、なぜしばしば激しい取り締まりに直面し、なおかつそれでも刷新を繰り返しつつ消えることをしないのか。労働力を減価され空間的にも周縁化されたにもかかわらず、その労働力にみずから価値付与させせつつ、中枢に表象を刻印することで、ネオリベラル・アーバニズムによっていまは覆われてしまった都市革命を継続させているからではないのか(11)。

注

(1) しかし通勤時間については日本の都市は類似の現象をすでに示してきたともいえる。この点で日本のネオリベラル・アーバニズムのとる種別性は考慮されるべきだろう。

(2) たとえば、インフォーマル労働者を、インフォーマル・プチブルジョアジー（五人以下を雇用する小企業のオーナーに自営専門家、自営技術者（own-account professionals and technicians）を加えた総体）とインフォーマル・プロレタリアート（専門家と技術者をマイナスした自営労働者（own-account workers）、家庭の使用人、小企業での支払い、不払い労働者の総体）に分類する論者もいる（Davis 2004: 24）。また青木（二〇〇三：一一四―一一五）は、グローバル化の下での労働のインフォーマル化が、既存のインフォーマル部門の膨張、フォーマル部門のインフォーマル化、フォーマル部門が新たなインフォーマル職種を生むこと、の三つの意味を見いだし、既存のインフォーマル部門には該当しない後者の二つの意味での労働のインフォーマル化が生みだす新たなインフォーマル職種に就労する人々を新労務層と捉えている。

（3）ロアー・イーストサイドの八〇年代から九〇年代にかけての住居運動については、すぐれた記録と分析が比較的豊富である。たとえば **Abu-Lughod (ed.) , 1994,** ***From Urban Village to East Village: The Battle for New York's Lower East Side*****, Blackwell.** をみよ。

（4）青木（二〇〇三）を参考にしてグローバル都市化の過程にあるマニラについてみるならば、マニラでは一九九〇年代からスクワット人口が増加し、一九九五年には四三万二千世帯（マニラ全世帯の三六・五％）、一九九九年には五七万七千世帯（三四・三％—マニラでの世帯数総体が増加しているため割合は減少している）、二〇〇〇年には七一万六千世帯（三三・六％）を数えている。マニラでも八〇年代から九〇年代はジェントリフィケーションによって都市中心の多くのスクワット地域がエヴィクトされる。たとえば二〇〇一年には少なくともマニラで九六七八世帯（五万八千人）が退去を迫られた。そしてその排除された人の流れは郊外に流出し、スクワットの郊外化が進行しているという。つまりここでも都市中心のジェントリフィケーションと「スラム・スプロール」が観察されるのである。

（5）ホームズがここで引証しているいくつかのヨーロッパの事例のうち、一つを紹介すれば、二〇〇三年におけるパリの地下鉄での「**Stop Publicity**」のキャンペーンがある。それは、二〇から三〇人からなる数グループがスプレー缶、ペンキ、紙などで地下鉄の広告に重ね書きをしたり覆ったりした。二〇〇三年の終わりまでに九〇〇〇の広告が消された。

（6）このインタビューは高祖岩三郎と筆者によって二〇〇四年一二月二九日にブロンクスでおこなわれた。

（7）なおブエノについては高祖（二〇〇四）を参照のこと。ブエノは、八〇年代から九〇年代には、よく知られているロアー・イーストサイドの住民運動、ホームレス運動のオーガナイザーとしても活躍する。この運動をあるアーティストがコミックにして記録した著作（**Seth Tobcman, War in the Neighborhood, Autonomedia.**）には、次のような彼の文章が記されている。

「人々は生まれて、土地を利用して、そして死ぬ。多くの人々が土地に生まれつき、彼らは一つのネーションを立ちあげる。そのネーションが消失すると、新しいネーションがあらわれる。この土地への権利を彼らに授けるものはなんだろうか？ 聖書のように、神がユダヤの民にパレスチナを与えた、というようなものではない。占有(possession)が、人々に土地への権利を与えるのだ、そして占有は利用によって確立されるのだ。だから、もしあなたが、その生(活)を支える方法として土地の一片でも活用すれば、それを剥奪されることはあってはならない。なぜならそれは生(活)を奪うことに等しいからだ。これがコモンローによる土地の所有のとらえ方だ。コモンローは自然法だ。人間の手によるものではない。それは習慣と伝統によって蓄えられてきた法だから、なにものも「私が作った」と主張することはできないのだ。コモンローは、ローマ人からそれを受け継いだイギリスから、さらにアメリカの植民地に手渡されたものだ。アメリカ合衆国は、いまだある程度、コモンローの影響下におかれている。ある人間たちが土地の一片の権利証書をもっているが、その土地を去って、利用していないとしよう。そこにべつの人間がたちがやってきて、その土地を利用しはじめた。すると権利証書を携えた人間が戻ってきて、宣言する、「これは私の土地だ」。しかしそこで生活している人々は「ノー」という、なぜなら、私たちはあなたの資格に異議を唱えるからだ。コモンローのもとで、これは対抗占有(adverse possession)として知られている。ある年月のあいだいくらかの土地を権利に反してでも(adversarily)もっていたのなら、その人は対抗占有を主張する権利をもっている。州によって法定期間はさまざまである。ニューヨーク市では、一〇年たてば、あなたはその資格権限を有すると想定される。私たちは一〇年以上このビルにいる。市がここに三〇〇人の警官とヘリコプターをともなってやってきて、周囲のビルの屋上に狙撃者を配備した。連中はハイウェイを封鎖し、戦車のような武装車両でやってきた。連中は私たちを追いだし、四人を逮捕した。しかし私たちはまた舞い戻り、対抗占有の権利を主張している」(Bueno,1999, p.29)。

(8)日本語ではふつう不法占拠と訳されているようだ。しかし、adverseという、実際に使用している権利(占有)を、書類上での権利(所有)を対抗させるというニュアンスを、illegalの対応語で訳すことは大きな問題がある、というより政治的な方向づけを意図した誤訳といえるのではないか。ここではひとまず対抗占有としておきたい。

(9) 一九九〇年代のニューヨークのイースト・ヴィレッジにおける住居運動を舞台にして、アナキストの活動家を主人公に据えた映画が撮られているが、そのタイトルも“Adverse Possession”(1996)(監督・脚本 Rich Martin)である。

(10) ニューヨーク州法における対抗占有の規定については、http://tenant.net/Other_Laws/RPAPL/rpapl05.html をみよ。

(11)〈国＝語〉批判の会の「テーゼ」では日本の都市革命の事業についてののりこえるべき特殊な困難として、「とりわけアジア的生産様式(非ヨーロッパ的「世界史」)の問題、日本の独占‐企業の具体的分析、さしあたっての東南アジア「進出」の問題、そして、文化、歴史、風土上の特殊性がある」としている。これらの課題は、やはり若干の修正を必要としながらも、いまの私たちのものでもあるだろう。

※本章は『現代思想』二〇〇五年五月号所収の同タイトル拙稿を若干の変更を加えて再録したものである。

Abu-Lughod (ed.),1994, *From Urban Village to East Village:The Battle for New York's Lower East Side*, Blackwell.

文　献

青木秀男、二〇〇三年、「新労務層と新貧困層――マニラを事例として」『寄せ場』№16。

Bueno, R., 1999, *Nine-Tenths of the law,in Seth Tobcman,War in the Neighborhood*, Autonomedia.

Davis, M.2004a, Planet of slums:Urban involution and the informal proletariat, in *New Left Review* 26, Mar April.

———, 2004b, The urbanization of empire: Megacities and the laws of chaos, in *Social Text* 81,Vol.22, No.4.

DeHaven,G.,2001,Adverse Possession,in http://www.rivkinradler.com/rivkinradler/Publications/newformat/200105dehaven.shtml

Elden, S., 2004, *Understanging Henri Lefebvre:Theory and the Possible*, Continuum.

Harvey, D.1985, *The Urbanization of Capital: Studies In the History and Theory of Capitalist Urbanization*,The Johns Hopkins University Press. ＝一九九一年、水岡不二雄監訳『都市の資本論——都市空間形成の歴史と理論』青木書店。

———, 2001, *Spaces of Capital:Towards a Critical Geography*, Routledge.

Florida, R., 2005, *Cities and the Creative Class*, Routledge.

Holms, B., 2004, Reverse Imagineering:towards the new urban struggles,in http://multitudes.samizdat.net/article.php3?id_article=1402&var_recherche=brian+holms.

高祖岩三郎、二〇〇五年ａ「大地に棲むこと、領土に住むこと」『現代思想』一月号。

———、二〇〇五年ｂ、「群集身体《アーバン・スペース》に花を咲かせよ!」『現代思想』二月号。

Lazzarato,M., 1997, Pour une redéfinition du concept de "Biopolitique"（http://multitudes.samizdat.net/article.php3?id_article=426）

Lefebvre, H., 1968, Le droit à la ville[Writings on Cities]. ＝一九六九年、森本和夫訳『都市への権利』筑摩書房。

———, 1970, La révolution urbaine, Gallimard. ＝一九七四年、今井成美訳『都市革命』晶文社。

Neuwirth, R. 2005, *Shadow Cities:A Billion Squatters, A New Urban World*, Routledge.

Purcell, M., 2003, Citizenship and the right to the global city:reimagining the capitalist world order, in *International Journal of Urban and Regional Reserch*,vol.27.3.

UN Human Settlements Program, 2003,The Challenge of Slam: Global Report on Human Settlements 2003.

酒井隆史・高祖岩三郎、二〇〇五年、「公共圏の解体と創出——ネオリベラル・アーバニズムと抵抗のアーバニズム」『現代思想』五月号。

Sassen, S.,1998, *Globalization and Its Discontents*. ＝二〇〇四年、田淵太一・原田太津男・尹春志訳『グローバル空間の政治経済学——都市・移民・情報化』岩波書店。

Smith, N., 1996, *The New Urban Frontier: Gentrification and the Revanchist City*, Routledge.

———, 2002, New globalism,new urbanism:Gentrification as global urban strategy, in Brenner, N.and N.Theodore (eds.), *Spaces of Neoliberalism:Urban Restructuring in North America and Western Europe*, Blackwell.

———, 2003, Foreword, in H. Lefebvre,*The Urban Revolution*, University of Minnesota Press.

終章　空間論の新しい方法基準
――空間の政治

斉藤日出治

1　空間論の問題圏

(1) 社会諸関係の秩序形成論としての空間論

かつて社会・人文科学の考察において、空間は所与の枠組みとみなされることが多かった。そこでは、社会諸関係と空間の枠組みとが切り離され、もっぱら前者のみが考察の対象とされた。だが近年、この両者を不可分のものとみなして、社会諸関係の空間的な編成を重視する研究が登場するようになる。

経済学を例にとってみよう。多国籍企業のグローバルな経営戦略の展開にともない、社会的分業の国際空間的な編成を問う《新国際分業論》が登場する。企業内部の諸機能が空間的に分散され、その一部が周辺部の海外に移転され、そこで生産された製品が中心部に再輸出されるといったように、産業部門内回路が国境を越えて空間的に編成されるようになり、そのようなトランスナショナルな空間編成が論じられるようになる（その先駆的な業績がFröbel, Heinrichs and Kreye,1980である）。

あるいはそのようなグローバル化の動きと逆行するかのように、先進諸国の特定地域がハイテク産業を軸にした産業集積地帯を編成し、企業間の緊密なローカル・ネットワークを編成する。そして産業の地域的集中から得られる利益が《範囲の経済》として注目されるようになり、かつての大量生産体制における《規模の経済》にとって代えられるようになる。《範囲の経済》とは、経済当事者が空間を共有し相互作用する中で得られる利益であり、空間の集積において生ずるメリットである（たとえば伊丹・松島・橘川編、一九九八を参照されたい）。

さらに都市の空間編成を、生産の空間構造と消費の空間構造との相互作用の中で探究し、社会的分業や労働力の再生産の空間的編成を論ずる経済地理学が登場する（Scott, 1988はその代表的文献である）。企業の生産活動においても、消費者・市民の消費活動においても、生産と消費の立地空間をどのように編成するかが決定的な意義をもつものとみなされ、したがって都市の定義が生産と社会生活の空間的な編成にもとづいておこなわれる。

「メトロポリスとは、生産空間（工業的・商業的土地利用）と社会空間（居住のコミュニティの寄せ集め）からなる地理的複合体である」(Scott, 1988＝一九九六：二五〇)。

社会的分業論を空間的分業論として展開する地理経済学者ドリーン＝マッシー（一九九五）は、社会的なものと空間的なものとを切り離して考える従来の二元論的発想を批判して、経済空間を複合的な社会諸関係の産物としてとらえる。生産諸関係は空間的な構造をとっており、社会的分業も空間的に編成されている。それゆえ生産の空間構造と空間的な分業を問うことこそが経済学の課題にほかならない、と。

空間を問う経済学の登場は、経済学という学問を地理学、社会学、政治学、都市論、国際関係論などの諸学に開かれたものにする。つまり、空間への問いは、経済学という学問の枠組みそのものを脱構築する作業を不可避的にともなうことになる。

以上のように、空間への問いを通して個別科学の枠組みを脱構築する営みは、経済学にとどまらず他のさまざまな社会・人文諸科学においても進められている。

社会諸関係と空間との密接な結びつきに関する近年の社会・人文諸科学における前述のようなプロブレマティークの旋回を果たした草分けの作品が、アンリ・ルフェーヴルの『空間の生産』（一九七四）である。ルフェーヴルは近代の社会諸科学が社会の実体を不問にして純粋に社会関係のみを扱う学問になっていることを批判して、社会諸関係が支持基盤なしに、つまり実体なしに存在しえないことを強調する。社会諸関係の支持基盤とは何か。それが空間にほかならない。社会諸関係が空間を抜きにして存在しえないとしたら、空間は社会諸関係に先立って自存するものではなく、社会諸関係の空間的な編成としてのみ存在するものとなる。

「具体的な抽象である社会諸関係が現実の存在をもつのは、空間においてのみであり、空間を通してのみである。社会関係の支持基盤は空間的なものなのである。支持基盤とそれによって支えられる関係との結びつきは、個々の事例において分析を必要とする」(Lefebvre, 1974＝二〇〇〇：五七七)。

かくして、空間とは社会諸関係の空間的秩序にほかならず、社会諸関係とともに生成するものとなる。

(2)空間の科学から空間の批判へ

だがルフェーヴルは、社会の現実から切り離された空間認識の方法だけを論じているわけではない。かれの空間論は、同時に空間認識と現実の空間的実践とのかかわりを問うものでもあった。言い換えれば、かれの空間論は、社会・人文諸科学が社会秩序の空間形成を考察の対象に据えるようになった原因を現実の空間的実践とのかかわりにおいて探究するものであった。

諸科学にとって、空間は長い間認識の対象ではなかった。空間を最初に認識したのは、哲学や数学であった。だが哲学や数学においては、さまざまな社会的実践やイデオロギーや表象によって築き上げられる現実の多様な空間が切り捨てられ、純粋に心的で、中立的な空間が考察の対象とされた。現実の多様な空間と純粋に心的な空間との間には溝がうがたれ、この両者を橋渡ししようとする試みは見られなかったのである。空間は経験的なものから切り離され、もっぱら意識の先験的な領域に結びつけられたのである。

だがやがて哲学に代わって、現実の空間を分析する《空間の科学》が登場する。情報科学、記号学、サイバネティクスなどの諸科学がそれである。これらの科学は、建築空間、造形空間、文学空間からレジャー空間、労働空間、輸送空間、公共施設の空間にいたるまでの、現実のさまざまな空間について論ずる。このような空間の科学が誕生した背景には、交通輸送網の整備や情報通信技術の飛躍的な発展にともなう空間の極限的な圧縮の進展がある。地球空間は瞬時に結合され、情報や記号によって処理される対象へと変貌を遂げた。空間の科学は、このようなグローバル空間を統合的に認識しようとするものとして登場した。

だが空間の統一の背後には、強力な分離が進行している。科学の言説において空間の統一的な認識が要請されるようになるのは、現実の空間において分離と断片化が進行しているためにほかならない。

空間の科学は、空間を裁断し断片化し、しかも空間をたんに記述するだけにとどまっており、現実の空間における断片化がなぜ生じたのかを説き明かしてはくれない。

空間の断片化の背後にある現実とは何か。それは現実の空間を生産する統一的なコードが解体したことを意味している。ルフェーヴルは空間の近代的な統一的コードが解体した時期を一九一〇年代に求める。

「一九一〇年頃にある空間がうち砕かれた。それは良識、知、社会的実践、政治権力に共通する空間であった。それは日常的言説においても、抽象的思考においても、コミュニケーションの環境と回路においても、温存されてきた空間であった。またそれは……古典的遠近法と幾何学の空間であり、西洋の芸術と哲学においても、都市の形式においても、貫かれてきた空間であった。この空間が揺さぶりをかけられ、猛攻撃を受ける」(Lefebvre, 1974＝二〇〇〇：六四―六五)。

空間の科学は、この共通の空間のコードが解体した後に出現した断片化の空間を記述する科学として登場する。だからそれは、現実の空間的実践に照応した科学にほかならない。それゆえ、新しい空間論の課題は、このような空間の科学が現実の空間のコードの解体の上に立脚していることを批判的に認識することでなければならない。

2　新しい空間論の課題――資本による生活（＝生命）の収奪

　では、空間の統一的コードの解体は何をもたらしたのか。それを究明するのが、新しい空間の批判理論の課題である。それを知る手がかりをあたえてくれるのが、ルフェーヴルの最後の遺作『リズム分析の諸要因――リズムの認識序説』（一九九二）である。この遺作は、ルフェーヴルの空間論の究極の課題が日常生活における身体的リズムの復権にあることを、つまり時間の解放にあることを教えてくれる。リズム分析とは、日常性の中に身体的リズムの複合的な作用を探り当てることによって、作品や詩や愛による日常生活の変容を説き明かす装置である。

　リズム分析の視点から近代空間をとらえると、近代空間とは、日常性における身体的リズムを衰弱させ、そのエネルギーを資本の生産力に向けて吸収する回路の形成を意味する。

　さらに、二〇世紀初頭に空間の共通のコードが解体させられると、空間の断片化が極限まで推し進められ、断片化した空間が科学の言説を介して統合されることによって、日常生活の豊かな実践感覚が資本の生産力へとさらに強力に流しこまれる。日常生活の実践感覚を変容させるこの回路こそ、近代資本主義の存続と発展を可能にした根源的な条件だったのである。それは資本の物神崇拝を極限まで深化させるプロセスである。新しい空間批判論はこのプロセスの解明を課題としている。

『リズム分析』の中に「資本と生活」という項目がある。そこでルフェーヴルはつぎのように述べている。

「資本主義は諸階級を、主人と奴隷を、富める者と貧しい者を、所有者とプロレタリアートをつくった、と言われている。それはまちがっていないが、それだけでは資本のおぞましい威力を十分に推し量ることはできない。資本主義は、生活とその土台である身体や生活時間の軽視の上にうちたてられている。驚くべきことに、社会・文化・文明はそのような軽視にもとづいて樹立されうるのである」(Lefebvre, 1992, p.72.)。

資本主義を富と貧困の累積として、つまり階級関係の拡大再生産としてとらえ、そこに資本による労働の搾取を読みとるだけでは、資本の生産力の根源的な源泉をとらえたことにはならない。資本の生産力の源泉は、人々の日常生活における生きられる経験(身体・時間・空間)にあり、この経験を資本の生産力として組織し資本の蓄積過程に動員することにある。

そしてルフェーヴルは、近代における文化や文明の開花が、逆説的なことに生きられる経験の軽視の上に立脚しているのだと言う。つまり、生きられる経験が衰弱し、ないがしろにされればされるほど、それを埋め合わせるために文化や文明が華やかな装いでたちあらわれてくる。資本主義において華やかに語られている文化や文明とは、商品化されたスペクタクルであり、消費の幻影である。文化や文明は、人々の日常生活や身体から引き離され、市場経済のコードにからめとられ、資本の価値増殖の源泉とされている。このことを、ルフェーヴルは資本による生活の軽視が「装飾によって埋め合わされる」と語る。つまり「衣装の洗練化、スポーツの普及、スポーツのイデオロギーなどがそれである」(Lefebvre, ibid., p.72.)、と。衣服のファッションやデザインが企画開発され、スポーツがショー化され、産業化される。博覧会のような壮大なスペクタクルが組織される。身体が記号化されて貧相なサイバネティック装置に還元されるとともにその身体を飾り立てる装飾が商品化され増殖していく。それゆえ、資本による生活の軽視を装飾によって埋め合わせる行為は、資本にとっての需要を創出する回路であり、資本の価値増殖活動を活性化するための源泉なのである。

だから資本は、生産過程において労働者の集合労働力を無償で領有するだけでなく、社会生活のすべての領域において生活者の生きられる経験を投資の対象とし、わがものとして領有する。ルフェーヴルは、この生きられる経験の収奪こそが資本の生産力のもっとも強力な源泉だと主張するのである。

このルフェーヴルの視点は、二〇世紀前半の思想界を風靡したシュルレアリスムのなかにもかいまみられる。たとえばアントナン・アルトーは『演劇とその分身』(一九三八)の冒頭をつぎのような文章で始めている。

「まさに生活そのものが消え去ろうとしているこのときほど、文明と文化が語られたことはなかった。生活がこうして全面的に崩壊し、今日のようなモラルの退廃を引き起こしている、そのことと、文化を求める声が高まってきたこととは、奇妙にも対応している。実のところ、これほど生活から遊離した文化もあったためしがなく、そのような文化は生活を牛耳るためにつくられているのである」(Artaud,1938＝一九六五：九)。

要するに資本は、直接生産過程における集合労働力の私的な領有に源泉をもつだけでなく、日常生活における人々の集合的な生命力＝生活力(生活・生命・欲望)の収奪という広大な源泉を有しているのである。資本主義は、生活・生命・欲望を資本の生産力へと誘導することによって、資本の蓄積過程の継続と深化を図ってきた。それこそ、資本主義の富を不断に創出する根源的な源泉であり、資本主義の存続の条件であった。とりわけ市場のグローバリゼーションへとゆきつく二〇世紀資本主義のダイナミズムは、この根源的な源泉から活力をたえず引き出してきたといえよう。

このような資本の富の根源的な源泉がしだいに自覚されるようになる。二〇世紀の資本主義は、市場取引の表舞台にはあらわれない自然の生態系の活動、女性の生殖活動、人間の欲望・身体・コミュニケーションを資本の生産力として組織し動員してきた。そのために、人々の生活・生命・欲望を資本の生産力として誘導するこの回路の解明を課題とする政治経済学が多方面で提起されるようになる。(もちろん、この課題を担った研究者は、異端の経済学という位置に押しとどめられてきたのであるが)。

たとえば、マルク・ギヨームは『資本とその分身』(一九七四)で消費欲望を資本の生産力として動員する回路を、コードとスペクタクルの概念によって説き明かそうとした。近代の資本は、前近代の象徴社会における欲望の伝統的な象徴のコードを解体して、商品と資本の一元的な記号のコードに置き換えた。このコードの確立によって、伝統的な慣習や儀礼や宗教にからめとられていた安定した欲望の回路がつき崩され、想像界が解き放たれて、映像や音や色彩が資本と国家によるスペクタクルとして操作されるようになる。この操作によって、人々の欲望が組織的に創出され、資本にとっての需要の無限増殖が可能となる(J・ボードリヤールの消費社会論(一九七〇)も、ギヨームと同様の欲望の歴史的な構造転換の認識に支えられている。近代の資本主義が生産の構造転換だけでなく、欲望と消費の構造転換に立脚しているという視点は正統派の経済学が看過してきたものである)。

さらにジャック・アタリは、『言葉と道具』(邦訳『情報とエネルギーの人間科学』)(一九七四)で、言葉に対する道具の優位を現代資本主義の歴史的傾向性として読み取り、この傾向性の根源に人々の相互交通的コミュニケーションを記号の諸要素間の差異やサイバネティックな信号に還元し、人々の思考や行動を道具的な関連へと誘導する情報の特有の回路形成が潜んでいることを洞察する。そのために、人々の日常生活における生きられる経験は、市場と国家のスペクタクルとして組織され、条件反射的なサイバネティック情報の水準へと流しこまれていく。

フェミニズムの視点からこの課題に挑んだのが、マリア・ミース(一九八六)である。ミースが批判するように、マルクス経済学は考察の対象を資本による賃金労働の搾取に絞り、女性の生殖活動や家事労働などの不払い労働、あるいは自然の物質代謝活動を軽視してきた。だが生命を生産し再生産する活動は、賃金労働と並んで、資本蓄積にとって不可欠の基盤である。女性の身体は生命を再生産する能力の源泉であり、したがって労働力を再生産する源泉である。その意味で、女性の身体は資本の最初の生産力である。そして生命を生産し再生産する過程における男と女の社会関係は、資本・賃金労働の社会関係と密接にかかわっている。この両者の社会関係の節合によって、資本の蓄積過程は存続可能となる。だからミースは、男による女の支配を制度化した家父長制度が資本主義と不可分な関係にあり、この両者がたがいに補完しあって発展してきたことを強調する。

さらにアントニオ・ネグリ/マイケル・ハート(二〇〇四)は、ポスト・フォード主義の労働過程において、情報・知識・言語表現などの知的・言語活動を中心とした非物質的労働が支配的になりつつあることに着目して、資本による労働の管理が労働者の脳・知性・情動に直接働きかけるようになることを指摘する。資本は労働者の身体と生命の活動を活性化させ、そのエネルギーを結集して、資本の生産力へと動員しようとする。そうなると、資本は狭義の生産活動を超えて消費・文化・余暇といった社会的生の諸局面に介入して、それらを活性化し、生の躍動を資本の価値増殖の回路に誘導するようになる。かれらはこのような社会的生の活性化の政治を「生政治」と呼び、そのために行使する権力を「生政治的権力」と呼ぶ。

このように見てくると、新古典派理論に代表される市場の経済学が忘却したブラックボックスの領域にこそ、資本の生産力の究極的な源泉があることがわかる。市場経済と資本蓄積のメカニズムの根底には、生命と生活と欲望を資本の生産力へと誘導する回路が潜んでいる。市場メカニズムとは、このような資本主義の根源的な活力源を吸い上げる吸引ポンプのようなものである。経済学による資本分析は、資本の生産力のこの根源的な源泉を忘却してきたのである。

しかしこの吸引ポンプが強力に作動すればするほど、日常生活の生きられる身体のリズムの違和感と抵抗は強くなる。それこそ、富の分配をめぐる階級闘争よりもさらに根源的な社会闘争の領域にほかならない。ジェンダー、セクシュアリティ、エスニシティなどをめぐる多様な《新しい社会運動》の登場は、前述のような資本主義の生産力のダイナミックな開発能力がもたらした対抗的ヘゲモニーにほかならない。その意味で、ギヨーム、アタリ、ミース、ネグリ／ハートのような異端の政治経済学は、このような社会闘争がくりひろげられる根源的な磁場を明示した言説として位置付けることができる。

3 生きられる経験の収奪回路としての抽象空間

以上に見たような、日常生活における生きられる経験を資本の生産力として収奪する過程を仲介する回路となったのが、近代の社会空間である。ルフェーヴルは『空間の生産』において、この回路を解読するために、空間認識の三つの方法概念（《空間的実践》、《空間の表象》、《表象の空間》）を提示する。

《空間的実践》は、それぞれの時代に固有な社会諸関係を空間に刻みこむ実践であり、社会空間を分泌する実践である。この空間的実践を通して、社会構成にふさわしい特定の場所と様式が、つまり特定の地域圏や特定の建築様式や特定の生産様式が生産される。たとえば高度成長期における郊外の低所得者住宅、高速道路建設、航空輸送網の配備などは、その時代に固有な空間的実践の産物である。それはマルクスの生産諸関係の概念を空間的に展開したものと言うことができる。

《空間の表象》は、空間的実践と密接に結びつきながら展開される空間の言説やコードの領域である。空間計画の科学、地理学、地図作成学などがそれである。この領域は、都市計画家、技術官僚、経済計画立案者が思考の対象とする空間である。哲学や数学などの伝統的な抽象理論から情報理論、サイバネティクス、記号学などの新興の科学にいたるまで、多様な知的言説がとりあつかう空間がここにふくまれる。諸種の規範・記号・知などの言説によって構成された空間的秩序がこれである。そこでは生きられる経験が裁断され、数量化され、抽象化される。

《表象の空間》は、映像や象徴を介した直接に生きられる経験の領域に属している。それは芸術家や作家や哲学者（生きられる経験の領域に表現と思索の垂心をおろした）の活動領域であり、また日常生活を生きる地域住民や生活者の活動領域である。この《表象の空間》は、《空間の表象》における資本の空間的実践や科学的言説によってたえず侵食され、その活力が資本の生産力として吸引されていく源泉でもある。だが同時に、この動きに抵抗しつつ、想像力によって空間を変革しわがものとして領有しようとする能動性が噴出する領域でもある。それは社会生活の闇の部分を照らし出し、隠された欲望を呼び起こす。

この三つの空間領域の節合を通して、近代社会における人々の生きられる経験が資本の生産力の回路へと誘導される。またこの三領域の矛盾の中から、この誘導に対抗しつつ、生きられる空間をわがものにしようとする対抗的な運動が生まれてくる。

近代の空間を資本による生きられる経験の収奪回路として読み解くために必要なことは、《空間の表象》と《表象の空間》を《空間的実践》との節合において理解する、ということである。空間の言説に関する科学は、一見すると現実の空間編成の活動と無関係であるかのようにみえるが、ルフェーヴルはこの両者が不可分に結びついていることを強調する。かれは『空間の生産』に先立って執筆された小論の中で、《空間の表象》を「空間の問題提起」と呼び、それが《表象の空間》や《空間的実践》と密接な関係にあることをつぎのように語る。

「建築、(官庁用語で言う)都市計画、土地の効果的整備、日常生活、要するに社会的実践と都市の現実の総体において確かめられる**空間的実践**は、**問題提起**[空間の概念的・理論的な問題提起]と区別されるが、しかしもとより両者を切り離すことが不可能である」(ゴシック体は引用者のもの。「都市政策の構想」岩波講座『現代都市政策、別巻、世界の都市政策』一九七三:二〇七)。

空間的実践と空間の言説や表象とが節合することによって、生きられる経験の収奪回路が築き上げられ、資本の巨大な投資の循環領域が切り開かれる。この節合によって、空間は投資の対象とされ、空間は社会諸関係を生産し再生産する場へと変容する。

「都市空間も含め、余暇の空間、いわゆる教育の空間、日常性の空間等々、あらゆる空間はこの[社会諸関係の生産と再生産の]場にほかならない。……その社会は、本質的に接合的であると同時に分離をめざし、分解していると同時に統一を――断片化のさなかでの権力の統一を――保持しているのである」(Lefebvre,1973=一九七五:四七)。

都市計画や国土整備計画は、高速道路建設、住宅開発、リゾート開発、観光開発を推進し、民間企業の投資活動を促すが、このような産業と社会生活の基盤整備にとって、都市工学、通信工学、情報工学などの空間の科学は重要な知的回路をなす。またこれらの知的回路を経由して、都市交通網、レジャー・センター、スポーツ・センター、カルチャー・センター、ショッピング・モールなどの集団的消費の空間が組織される。

このような空間の科学の言説を媒介にして、空間が投資活動の対象となり、その結果、資本の蓄積過程は労働生産物だけでなく都市空間をもその契機に組み入れ、投資の二次的な回路が切り開かれるのである。

「資本は、生産と消費の正常な、あるいは通常の大回路が弱体化したときにそなえて、それにたいする補遺とでもいうべき、第二の回路を探している。土地と居住地を交換と市場に組み入れること、これがその目的である。不動産を補整的な部門とみなすことによって、この二次的な回路を正規の回路にしたてあげること、これがその戦略である」(Lefebvre,1973=一九七五：六九)。

このルフェーヴルの着想は、デービッド・ハーヴェイ(一九八五)に引き継がれ、資本蓄積の進展と都市空間の生産との連携がさらに掘り下げられる。資本主義は都市空間を、つまり道路や家屋や工場や学校や商店をみずからの姿に合わせてかたちづくる。こうして投資の多元的な循環回路が生み出される。生産財と消費財を生産する投資の第一循環に加えて、生産の建造環境(家屋、道路、交通網)を生産し、物的な景観を投資の対象とする第二循環が、そしてさらに科学技術への投資や労働力の再生産にかかわる投資(医療、教育、技能形成)を対象とする第三循環が発展する。

そこにさらに第四、第五の投資循環を加えることができる。たとえば映像・記号・情報を操作し商品化する文化産業、娯楽産業、メディア産業の投資循環がそれであり、人間や動植物の生命や身体を投資の対象とする遺伝子工学やバイオテクノロジーを利用した産業の投資循環がそれである。

このような投資の循環回路の多層化(いわゆる産業構造の高度化として表象されるもの)を通して、資本蓄積が、つまり経済成長が進展する。この多層化された循環回路こそ、人間の身体や動植物や自然を、さらには意識や欲望や知識を投資の領域に包みこむことによって、生きられる経験を資本の生産力として組織する巨大な装置にほかならない。そしてこの循環回路の形成を可能にしたものこそ、資本と国家の空間的実践を《空間の表象》と《表象の空間》に節合するプロセスだったのである。

このプロセスこそが、資本の物神崇拝を極限化する。つまり資本の空間的実践が《空間の表象》と《表象の空間》を制御することによって、土地資本物神と貨幣資本物神の全面的な支配が完成する。戦後日本の高度成長からバブル経済を経て今日にいたる過程で築き上げられた土地神話とマネー投機の動きは、空間を細分化して商品として売買する表象の支配と、空間をスペクタクルとして消費する意識に立脚していた。土地物神と貨幣物神が生産資本物神と相乗作用をおこしながら、戦後日本の強蓄積を推進し、公害病や精神的ストレスや文化的退廃を引き起こしつつ成長至上主義を推進した原動力であった。水俣の漁民をはじめとして公害に苦しむ人々の苦悩に対する想像力を失わせ、人々の欲求と想像力を経済成長に向けて誘導する巨大なヘゲモニー装置が空間の物象化を通して築き上げられたのである(スティグレール(二〇一〇)は、二〇〇八年の世界金融危機を消費の無限の拡大に依拠した二〇世紀型資本主義の破綻を示すものとしてとらえ、貧相な判断力と想像力がもたらした世界の悲惨として位置づけているが、資本の物神崇拝の極限化がもたらした「象徴的貧困」こそが、金融危機の背後にあることを読み取る必要があろう)。

経済学者の平田清明は、日本資本主義の蓄積メカニズムを説き明かすうえで、ルフェーヴルが洞察した都市空間と資本主義との関連から学ぶことの意義をつぎのように語っている。

「H・ルフェーヴルはすでに一九七〇年代に公表した『都市革命』において、都市資本主義の下では不動産投機が産業的生産よりも剰余価値取得のうえで巨大な比重を占め、生産資本循環に並行しながら、それを凌駕する投機的貨幣資本循環が進行する、と指摘し、そのことが、『資本主義の一般的メカニズムのなかで正しく位置付けられていない。これは問題だ』と警告していたのである」(平田、一九九三:二二八)。

戦後日本の社会空間は、空間を裁断して断片化する《空間の表象》を確立することによって国土開発計画や都市計画を推進し、あわせてスペクタクルと視覚優位の《表象の空間》をうちたてる。この空間編成が、生きられる経験を誘導し、そのエネルギーを吸い上げ、資本蓄積の強力な推進力となる。オリンピック、万国博覧会などのスペクタクルと、公共輸送網、地下鉄、高速道路建設などの公共事業との連動は、このような空間の生産の産物にほかならない。

このような空間の生産は自然発生的に生じたのではない。そこには、《空間的実践》と《空間の表象》と《表象の空間》を節合させる政治が介入する。この政治の介入によって戦後の日本資本主義の発展を可能にする空間が生産されたのである。

しかし《空間的実践》、《表象の空間》、《空間の表象》の三者の節合関係の発展は、同時にそれらの間の対抗関係をも不可避的に増幅させていく。それが『空間の生産』の核心的なテーマにほかならない。ルフェーヴルは空間編成の三つの方法概念を、いずれも生きられる空間の中に位置づけようとする。

「こんにち、精神的なものと社会的なものとは実践のなかに、考えられ、そして生きられている空間のなかに、見いだすことができるものなのである」(Lefebvre, 1973=一九七五 : 三二)。つまり「社会的な実践と結びついた生きられた空間から出発することが問題なのである」(ibid., 一九七五 : 三七)。

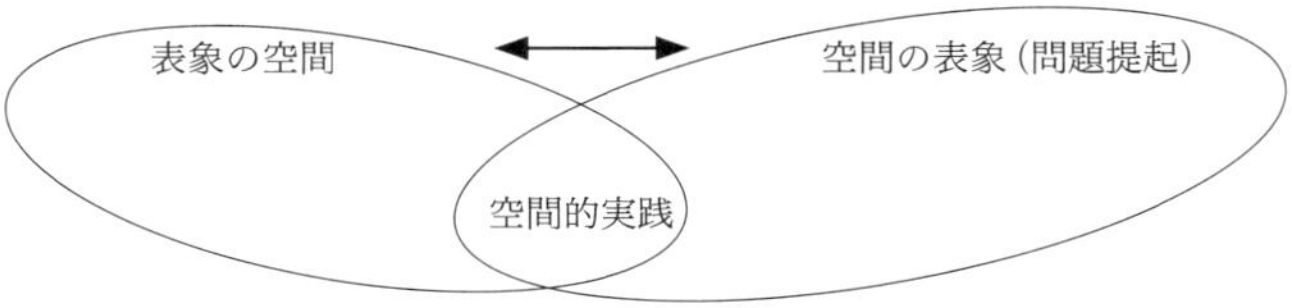

図１　空間の三次元の節合関係

この生きられる空間の視点に立つとき、《空間の表象》が《表象の空間》との対抗性をしだいに強めていくことが浮き彫りになる。

この関係を図示すると、**図1**のようになる。

《空間の表象》と《表象の空間》との対抗関係は、空間の断片化と総合化の矛盾を通して展開する。資本主義の空間は、統合されていると同時に断片化されている。

「実際、資本主義社会の空間は合理的であろうと望んではいるのだが、実践面においては商業化され、細分化され、断片で売られるのである。このように、空間は全体的ではあるが断片化されているのだ。まずはじめは土地の私的所有によって、ついで全体性によって、つまり認識、戦略、国家自身の行動によって、ブルジョアジーは……空間を支配しているのである。この二つのアスペクト、とりわけ（想定された、あるいは概念的な、全体的で戦略的な）抽象的空間と、知覚され、生きられ、断片化され、売られている直接的な空間とのあいだには、避けがたい葛藤がある」（Lefebvre, 1973＝一九七五：五六―五七）。

資本主義の空間が生産される過程とは、全体として統合されると同時に細分され断片化されているという抽象空間の矛盾が展開される過程である。そしてこの矛盾が《空間の表象》と《表象の空間》との対抗関係をたえず増幅していく。一方で、直接に生きられる経験の領域である《表象の空間》はたえず断片化され、スペクタクルとして消費される。他方で《空間の表象》は断片化された諸要素を統合する言説を生み出し、生きられる経験のエネルギーを資本の生産力へと回収しようとする。

4 空間の政治——総過程的媒介としての空間

社会空間は、空間の物象化を通して資本と国家による《空間の表象》と《表象の空間》の制御を推進するという意味において、まさしく政治戦略の対象と化す。ルフェーヴルは、空間のこのような政治的性格を鋭く洞察していた。

「空間が政治的であるがゆえに、空間の政治が存在する」(Lefebvre, 1973= 一九七五：六八)。

この場合の政治とは、いわゆる経済や社会と区別された狭義の政治領域をさすのではない。それは、経済的土台と政治的上部構造を媒介して両者の関連を制御調整する総過程的媒介としての政治である。このような意味での空間の政治の概念は、グラムシがヘゲモニーの概念のうちに読みこんだものであり、またレギュラシオン学派が注目するレギュラシオンの概念であり、さらには市民社会の概念でもある。重要なことは、そのような総過程的媒介の政治が空間に介入し、空間の生産に関与するということである。

ニコス・プーランツァスは、国家としての「政治体（ル・ポリティック[le politique]）」とは区別された意味における総過程的媒介としての合意調達の政治過程を「ラ・ポリティック（la politique）」と呼んだ。それと同様に、ルフェーヴルも、国家が空間に介入して空間を道具として利用しつつ経済を操作する実践を、通常の政治概念「ル・ポリティック」と区別して、「ラ・ポリティック」と呼ぶ。

> 「今日では、国家と国家機構（官僚主義的・政治的な機構）は空間にたえず介入しており、空間を道具として利用して、経済的領域のあらゆる機関を通してあらゆるレベルに介入している。そのために、（総合的な）社会的実践と政治的実践は、空間的実践の中に合流する傾向にある」(Lefebvre, 1974=二〇〇〇：五四二)。

抽象空間は、均質化されると同時に細分化されるという矛盾した空間である。したがって、この空間が諸種の断片を均質な全体において維持するためには、政治権力による行動が必要となる。つまり、抽象空間はその本質において政治的性格を有しており、政治戦略によって編成されるという性格を有しているのである。

「政治権力は断片化を引き起こして、その断片化を統御するからである。……空間は、政治領域による経済領域の統合を可能にするものである」(Lefebvre, 1974＝二〇〇〇：四六三―四六四)。

政治権力は空間の断片化と統合化の双方を遂行する。この矛盾の調整を通して経済領域の統一性が維持される。この抽象空間に貫かれる政治の作用は、今日のグローバリゼーションの過程において全地球的な規模で発揮されている。国境を越えた市場取引の進展は、権力的秩序のグローバルな編成や軍事力のグローバルな行使に支えられているのである。

この政治の作用は、資本と労働との階級闘争を媒介し資本主義の存続と再生産を可能にする根源的な条件である。ルフェーヴルは『空間の生産』において、マルクスの資本主義認識が《労働》と《資本》との二項対立ではなく、そこに《土地》を加えた三項対立によって成り立っていることを力説している。そして三項目の《土地》についてつぎのように述べる。

「土地とは何か。それはたんなる農業ではない。それは地下と地下資源である。それはまた国土と結びついた国民国家でもある。それゆえそれはまた、絶対的な意味における政治であり、政治戦略である」（Lefebvre, 1974＝二〇〇〇：四六九）。

資本と労働の対抗関係は、国民国家の国土政策に媒介され、土地をふくむ空間の政治戦略によって制御調整される。ルフェーヴルはこのことを洞察したのである。資本主義は資本と労働の対抗関係だけで存立しているわけではない。この両者を媒介し制御する政治を抜きにして、資本主義の存続は不可能なのである。

この空間に作用している政治戦略を見抜いて、それに対抗しつつ空間を領有する実践が、空間の政治の対抗的ヘゲモニーである。

「政治的に支配された空間を領有することは、広大な政治問題を提起する」（Lefebvre, 1974＝二〇〇〇：五五四）。

したがって抽象空間をのりこえるための社会闘争は、不可避的に政治闘争たるほかない。それは空間に作用する政治を暴き出しながら、空間を領有する政治戦略を提起するように求められている。

N・プーランツァスは、国家の政治が空間に介入する傾向を指摘すると同時に、この介入によって国家の政治に対抗する民衆の社会闘争が不可避的に政治化することをつぎのように強調している。

「かつての周辺的な位置から、資本の再生産および蓄積の空間を拡大しつつその空間（都市計画、交通機関、健康、《環境》、共有設備等々）そのもののうちに統合されつつある一連の領域における国家の組織的《干渉》は、民衆がそれらの領域において今や国家と直接に対決する限りにおいて、この民衆のこれらの領域における闘争の著しい政治化という効果をもたらしています」（Poulantzas, 1980＝一九八三：一三二）。

ただし、一九八〇年代以降、新自由主義が進展する中で、抽象空間に介入する政治戦略の担い手は、国家から金融資本へと移動するようになる。フォード主義の成長戦略が行き詰まり、国家が財政危機に陥る中で、都市の財政危機を契機として都市政策に介入し都市を再建する主導権を握ったのは、金融資本であった。国家の都市計画に代わって、金融資本は住宅建設や都市再開発の計画を打ち出し、超高層ビルやハイウェイの建設に積極的な投資を行い、資金循環の流れを生産的投資から投機的金融へと誘導する（都市空間の生産に貫かれる金融資本のヘゲモニーについては、斉藤（二〇〇九）および（二〇一〇）を参照されたい）。したがって、民衆の政治的闘争は、国家だけでなく、金融資本との対決を迫られる。

金融の投機的活動の暴走を制御して、それを公共的に制御する回路を組織するための闘争が求められるのである。

5　抽象空間と歴史認識――資本の本源的蓄積と政治

空間の政治戦略は、現代資本主義の抽象空間に作用しているだけではない。そもそも近代社会の歴史的な生成を可能にした資本の本源的蓄積の空間そのものが政治戦略の介入を通して築き上げられたのである。

ルフェーヴルはつぎのように問う。なぜ近代資本主義の歴史的起源は中世期のヨーロッパであったのか。商品経済、科学技術、都市の発展という要因を個々にとり上げるならば、それらの要因はヨーロッパ以外の地域でも、またヨーロッパの中世期以前にも、存在したはずである。経済史の研究はこの問いに十分な解答を差し出していない、と。

ルフェーヴルはこの問いに対してつぎのように答える。一二世紀の西ヨーロッパに出現した世俗の空間が、蓄積のゆりかごとなり、商業都市と市場取引を推進した。この世俗の空間において、呪術、狂気、魔力は厄払いされるようになり、それまでの空間の生産にとって重要な要因であったシンボリックな《世界の像》や《地下の世界》はヘテロトピックな場所へと移動させられる（この《地下の世界》は、のちに近代になって哲学者(ニーチェなどの否定の哲学者)や芸術家の表象の空間のうちにひそかに受け継がれ、再発見される)。中世都市では、市場の広場や中央市場が世俗の空間の舞台となり、都市の鐘塔や公共建築が世俗の空間のシンボルとなった。市場は古代社会から存続していた物の象徴性をはぎとり、物を世俗化し解放する。古代世界において「貨殖術」としてさげすまれ遠ざけられていた商業が、中世都市では公認される。古代ギリシャのアゴラや古代ローマのフォーラムに代わって、商業取引をおこなう市場が公共広場となる。世俗の空間は、記号と身体に満ちあふれ、知識の蓄積の容器となり、富の蓄積の場所となる。都市は教皇や国王から自治権、解放特許状、自治体制度を奪い取り、自立する。商業を目的として、平等と抽象を原理とする商業空間がこうして誕生する。

だが一二—一四世紀末までの都市空間は、いまだ完全な抽象空間とはいえない。そこにはいまだ聖と呪いの場が残存して、ひとびとはそこに縛りつけられていたからである。ところが一六世紀になると、都市が農村を圧倒するようになり、計算と取引の合理性が完全に支配し、商人のロゴスがうちたてられるようになる。この時期の商業都市は、イタリア、フランドル、イギリスにまたがる都市ネットワークを形成し、都市が統一的な実体としてたちあらわれるようになる。

有機的統一体としての都市は、自然・社会・国家の共通のイメージをかたちづくる。そしてこの共通のイメージを支える空間表象となったものが、ファサードと遠近法であった。建築のファサードは、空間の構造化された内部配置とそこに包み隠されている機能を制御して全体をつくりだす様式であり、遠近法は、建築物の構成要素間の秩序や家屋や建築を組織する様式であった。そしてこの様式が絵画と建築のあいだの芸術形式のアナロジーを設定することになる。

このようにして抽象空間の統一的コードが姿を現す。そしてこの統一的コードに支えられて、商品と商人の時間および空間が支配的な社会空間となっていく。この空間が資本蓄積を育む空間となったのである。

では、このような蓄積空間が社会の支配的な領域にのしあがることができたのはなぜか。ルフェーヴルによれば、資本蓄積の空間が絶対空間や歴史的空間を圧倒して支配的な領域へとのし上がる重要な契機になったのは、戦争と暴力の作用である。とりわけ国家主権の戦争と暴力がこの空間に作用する。資本主義の蓄積空間は、戦争を通して生命力を手に入れ、豊かになっていく。一〇〇年戦争、イタリア戦争、宗教戦争、オランダと神聖ローマ帝国に対するルイ一四世の戦争、フランス革命と植民地支配といった一連の戦争が、蓄積空間を社会の支配的な領域へと押し上げたのである。

近代国家は空間に対する暴力の行使によってみずからの主権を確立する。だから「《主権》とは『空間』のことである」(Lefebvre, 1974=二〇〇〇：四〇五)。主権とは、暴力が行使される空間であり、暴力が築き上げる空間のことである。国家が空間に行使する暴力を通して蓄積の空間が築き上げられ、その空間の下で資本蓄積が推進される。

このようにして近代の抽象空間が最終的にうちたてられる。抽象空間を生産する過程で作用した国家主権の戦争と暴力こそ、資本の本源的蓄積過程を推進する原動力であった。そして抽象空間がひとたび確立されると、今度はこの空間が抽象の作用を通して戦争と暴力を全面的に発動する。近代の市民革命は、抽象空間のこの暴力を全面的に解き放った。そして帝国主義戦争に代表される二〇世紀の戦争と紛争は、まさしく抽象空間が発動する暴力の全面的な展開となった。

抽象空間にはらまれる戦争と暴力は、資本の蓄積過程の深層を浮き彫りにする。つまり、抽象空間は、生きられる空間を全面的に抑圧し、生きられる経験のエネルギーを資本の生産力に向けて全面的に動員する回路となったのである。資本と国家は、空間への暴力の行使を通して自然と女性の生命活動を抑圧し、労働者の集合労働力の成果を私的に領有する。絶対空間と歴史的空間においてつちかわれてきた象徴的な力を収奪する。この回路はまた、近代の科学技術の言説を媒介にして、豊かな象徴能力と生命活動を収奪し、価値増殖活動へと流しこむ回路でもあった。

資本の本源的蓄積過程において抽象空間が築き上げたこの収奪の回路は、近代資本主義の確立期以後も拡大された規模で再生産される。すでに述べたように、遠近法と幾何学にもとづく近代の抽象空間のコードは、二〇世紀初頭に崩壊するが、このような近代空間の安定した枠組みの崩壊によって、空間の断片化と圧縮がさらに極限的に押し進められていく。そのために、かえって人々の意識・身体・欲望・感覚の諸領域への資本の侵食を深めることになる。たとえば二〇世紀資本主義がうちたてた都市型生活様式は、メディア・テクノロジーを産業化し、写真・映画などの視覚メディア、電話・ラジオ・

蓄音機などの聴覚メディア、新聞・雑誌などの活字メディアを発展させていくが、このようなコミュニケーションの産業化とメディア空間の組織化を通して欲望と感覚と身体が資本の生産力へと回収されていく。生きられる経験の収奪という本源的蓄積の過程が不断に現在的に進行し深化されていく。

そして今日では、その最終的な局面が、今日、生命工学・遺伝子工学による生命の操作(遺伝子治療、クローン動物実験)と商品化(臓器移植、体外受精)として極限化している。資本主義とは、私的所有の全面開花のシステムであり、所有(property)とはひとの固有性(proper)を根拠づけるはずのものであるにもかかわらず、私的所有が発展すればするほどひとの固有性が失われていくという逆説的な事態が進行する。ジャック・アタリは人類の歴史を所有の歴史として総括した書『所有の歴史』(一九八八)において、私的所有の進展の過程が所有剥奪の深化の過程であることを暴き出し、その極限的な道が生命科学による人間の身体の所有剥奪として進展していることを指摘する。それは人類がみずからをむさぼり食うカニバリズムの道であり、近代の科学技術は人間の生命と身体という人類最後の「新大陸」に向けて所有剥奪の侵略行為を推し進めているのである。抽象空間は、この所有剥奪を培養し推進する回路であり、あらゆる生命の過剰なエネルギーを吸引し、自己破壊の儀礼的行為を極限まで徹底するるつぼなのである。

6　空間的身体の復権

空間の矛盾の展開は、抽象空間そのものをのりこえる差異の空間を不可避的に生み出していく。抽象空間の矛盾は、統一化と断片化との矛盾である。つまりこの空間は幾何学・数学の論理に従って空間を均質化し、心的な統一空間を築き上げる。また情報通信技術を駆使して地球的規模で空間を思考し処理する能力をはぐくむ。だがこの総合化の能力とは、生きられる経験の時間・リズム・象徴・実践を切り捨てた純粋に心的な空間の総合力である。しかし他方で抽象空間は、心的な空間を統合する動きと並んで、空間を切り刻み、断片化して、小売り販売する動きを推し進める。すでに見たように、この矛盾は思考される空間と生きられる空間との対抗関係を通して展開する。

思考される空間では、空間の表象の専門家である都市計画家・建築家・政治官僚などが空間を断片化したうえで、建築空間・都市空間・国土空間を設計し統一的な表象を築き上げる。だがこれらの専門家が表象する空間は、純粋無垢で中立的な空間ではなく、近代空間の基本的な特徴をそこに刻みこんでいる。建築家は、直線の遠近法の規則にもとづいて思考するがゆえに、その設計空間は視覚的で、映像に還元された空間であり、またそこではファサードが物神化される。

だが他方で、生きられた空間では、ユーザー、市民、あるいは芸術家が表象の空間を築き上げ、空間の表象において失われた身体を復権させ、感覚的で官能的な空間を、つまり性的な空間をとりもどそうとする。

この対抗的な矛盾は、空間の支配と領有の対抗関係として、あるいは交換価値と使用価値との対抗関係として、展開する。抽象空間は死の空間であり、差異を圧殺し、抽象的な均質性を押しつけるが、その抽象空間の内部に、そこに亀裂を入れる新しい差異が出現する。

「差異の形式理論は、それ自身が未知のものや誤認されたものに、つまりリズムやエネルギー循環や身体の生命に道を開く」(Lefebvre H.,1974=二〇〇〇：五三五)。

差異は抽象空間の均質性から排除された空間に宿る。たとえば、スラム街、都市の辺境、ゲリラ戦の空間がそれである。抽象空間は差別や排除によって異質な諸要因を抹殺するか、あるいは抽象空間の均質性の中にとりこもうとするが、差異の空間はその動きに対抗して、空間の領有を図る。つまり空間のうちに使用価値を復権し、身体の全体的な感覚能力を育み官能の世界をうちたてようとする。

この対抗関係こそ、空間の政治における社会闘争の領域にほかならない。この対抗関係を通して、差異の領域である身体がたちあらわれ、全体的身体が生成する。ルフェーヴルはとりわけ余暇の空間において、交換価値ではなく使用価値を復権する欲求や空間の美学的な内省力がはぐくまれることを指摘する。余暇の空間は、身体感覚をとぎすまし、五感による空間の領有方法を学ぶ時間であり、空間の教育学の時間である、と。

「余暇の空間は、社会的なものと心的なものとの分離、感覚的なものと知的なものとの分離、そしてまた日常と非日常との分離といった諸種の分離をのりこえる傾向にある」(Lefebvre, 1974=二〇〇〇:五五二)。

もちろんルフェーヴルは余暇の空間が矛盾をはらんだ空間であり、この空間が資本の価値増殖の契機となり、醜悪なものや腐敗を増殖させるものであるという側面も見逃さない。余暇の空間が社会的なものと心的なものの分離を再生産し、人々を孤立と分断の状態に押しやることもある。だが余暇の時間はこの分離を乗り越え、人々が資本のくびきを脱し想像力を仲介して連帯する契機をも生み出す。その時、余暇の時間は自由時間になる。言い換えれば、余暇の時間を自由時間として解き放つことが空間論の重要な課題として提起される。

このようにして、近代の抽象空間は、それ自身の自己矛盾的展開のうちに、絶対空間や歴史的空間というおのれの歴史的な起源を語り出すと同時に、その復権の可能性をはらんだ差異の空間をはぐくんでいく。それはなによりもアイデンティティや身体を闘争の領域として、空間的身体をめぐる社会闘争を深化させていく。空間と身体の領域は、その意味で近代の社会の発生を説き明かす秘密の花園であり、社会闘争の主戦場なのである。

7　都市への権利——生きられる空間への権利

空間の政治をめぐる社会闘争は、空間と市民権というテーマを浮かび上がらせる。市民権の根幹にあるものは、社会的欲求と空間形式を結びつける権利である。ルフェーヴルは、一貫して身体の感覚と欲求の視点から都市への権利を論じてきた。

「人間存在は、見たり聞いたり触れたり味わったりする欲求、そして、これらの知覚をひとつの《世界》へと結合する欲求を持っている。」それは「創造的活動や作品の欲求や、情報、象徴体系、想像的なもの、遊戯的活動などの欲求」(Lefebvre, 1968= 一九六九：一五二—一五三)である。そしてそのような人間存在の欲求を総括的に表現するのが、都市に住まい、都市生活を送るという実践的な欲求である。都市への欲求とは、人々が出会いや相互交通を自己組織し、場所の空間を享受する欲求である。この感覚と欲求を保証する権利が《都市への権利》である。

「都市的なるものという概念は、また、人間存在が時間や空間や対象のなかで、自分の諸条件を再獲得すること (réappropriation) を目標としている」(Lefebvre, 1970= 一九七四：二二三)。

身体的欲求を空間において実現する権利、つまり空間的身体への権利を市民権として認識すること、それは近代における抽象的な個人の市民権という概念を再審理することになる。というのは、近代の市民権は、空間的身体ではなく、空間から切り離された孤立した個人の私的・排他的な権利に立脚しているからである。

だが空間的身体への権利とは、人々の出会いや相互交通を組織して、生活の時間と空間を集団で享受する権利を意味する。ルフェーヴルはそのような都市空間の組織化を、つぎのような具体例を提示して展望している。

「子供や青年たちの生活に関する新しい組織（託児所、遊戯場、運動場など）の創設、社会生活そのものについても、性生活や生活法や芸術についても情報を与えてくれるようなごく簡単な社会教育機関の建設」（Lefebvre, 1968＝一九六九：一八九）という権利が、それである。

ここに二〇世紀型国家を超える社会のイメージが提起される。社会生活の総体を産業的生産活動の合理的組織化へと還元する全体主義的な社会組織に代わって、社会的欲求に基づいて空間を生産する人々の権利を確立し、その空間に生産をしたがえるような社会形成の方向性が展望される。それは二〇世紀型社会主義の根本的な刷新をも意味する（斉藤、二〇一〇）。

文献

Artuad A., 1938, *Le théâtre et son double*, Gallimard.＝一九六五年、安堂信也訳『演劇とその形而上学』白水社。

Attali J., 1974, *La parole et l'outil*, PUF.＝一九八三年、平田清明・斉藤日出治訳『情報とエネルギーの人間科学』日本評論社。

――, 1988, *Au propre et au figure -Une histoire de la propriété*, Fayard.＝一九九四年、山内昶訳『所有の歴史』法政大学出版局。

Baudrillard J., 1970, *La Société de consummation*, Gallimard.＝一九七九年、今村仁司・塚原史訳『消費社会の神話と構造』紀伊國屋書店。

Bollnow O.F., 1963, *Mensch und Raum*,W.Kohlhammer GmbH.＝一九七八年、大塚恵一・池川健司・中村浩平訳『人間と空間』せりか書房。

Fröbel, F.I.Heinrichs J.and Kreye O.,1980,*The New International Division of Labour*, Cambridge University Press.

Guillaume M., 1974, *Le capital et son double*, PUF.＝一九八七年、斉藤日出治訳『資本とその分身』法政大学出版局。

Harvey D.,1985, *The Urbanization of Capital*, The Johns Hopkins University Press.＝一九九一年、水岡不二雄監訳『都市の資本論』青木書店。

平田清明、一九九三年、『市民社会とレギュラシオン』岩波書店。

伊丹敬之・松島茂・橘川武郎編、一九九八年、『産業集積の本質』有斐閣。

Lefebvre H., 1968, *La droit à la ville*, Anthropos.＝一九六九年、森本和夫訳『都市への権利』筑摩書房。

――, 1970, *La révolution urbaine*, Gallimard.＝一九七四年、今井成美訳『都市革命』晶文社。

――, 1973, *Espace et politique*, Anthropos. ＝一九七五年、今井成美訳『空間の政治』晶文社。

――, 1974, *La production de l'espace*, Anthropos. ＝二〇〇〇年、斉藤日出治訳『空間の生産』青木書店。

――, 1992 (with Lefebvre C.R.) Eléments de rythmanalyse, Editions Syllepse.

Massey D.B., 1995, *Spatial Divisions of Labour*, Macmillan.＝二〇〇〇年、富樫幸一・松橋公治監訳『空間的分業』古今書院。

Mies M., 1986, *Patriarchy and Accumulation on a World Scale*, Zed Books.＝一九九七年、奥田暁子訳『国際分業と女性』日本経済評論社。

Negrit A./Hardt M., 2004, *Multitude*, Penguin.＝二〇〇五年、水嶋一憲・市田良彦監修『マルチチュード』ＮＨＫブックス。

Poulantzas N., 1980, *Repères*, François Maspero Editeur.＝一九八三年、田中正人訳『資本の国家』ユニテ。

斉藤日出治、一九九八年、『国家を越える市民社会』現代企画室。

――、二〇〇三年、『空間批判と対抗社会』現代企画室。

――、二〇〇五年、『帝国を超えて』大村書店。

――、二〇〇九年、「金融の社会的制御をめざして」『プランＢ』ロゴス社。

――、二〇一〇年、『グローバル化を超える市民社会』新泉社。

Scott A. J., 1988, *Metropolis*, The University of California Press.＝一九九六年、水岡不二雄監訳『メトロポリス―分業から都市形態へ』古今書院。

スティグレール、Ｂ、二〇一〇年「二〇世紀型「消費主義」が終った」『世界』三月号。

Tuan Yi-fu, 1977, *Space and Place*, The University of Minnesota.＝一九九三年、山本浩訳『空間の経験』筑摩書房。

矢田俊文・松原宏編著、二〇〇〇年、『現代経済地理学』ミネルヴァ書房。

吉見俊哉、二〇〇二年、「グローバル化と脱配置される空間」『思想』一月号。

【ヤ行】

【ラ行】

【ワ行】

【ナ行】

【ハ行】

【マ行】

【タ行】

【サ行】

事項索引

【ラ行】

人名索引

【ア行】

【カ行】

【サ行】

植木　　豊（うえき　ゆたか）
　【主要著作・論文】『プラグマティズムとデモクラシー―デューイ的公衆と「知性の社会的使用」』（ハーベスト社、2010年）、『公衆とその諸問題』（ジョン・デューイ著、単独翻訳、ハーベスト社、2010年）

酒井　隆史（さかい　たかし）　大阪府立大学人間社会学部准教授
　早稲田大学大学院文学研究科修了。
　【主要著作・論文】『自由論―現在性の系譜学―』（青土社、2001年）、『暴力の哲学』（河出書房新社、2004年）

執筆者紹介

※編者は奥付参照

齋藤　道子（さいとう　みちこ）　東海大学文学部教授。
1949年生まれ。慶應義塾大学大学院文学研究科修士課程修了。
【主要著作・論文】『時間と支配—時間と空間の文明学』（編著、東海大学出版会、2000年）、「春秋時代の境界空間と秩序—『国』の空間構造—」『東海史学』第35号（2001年）

和泉　　浩（いずみ　ひろし）　秋田大学教育文化学部准教授。
1972年生まれ。東北大学大学院文学研究科博士課程修了。博士（文学）。
【主要著作・論文】『近代音楽のパラドクス—マックス・ウェーバー「音楽社会学」と音楽の合理化』（ハーベスト社、2003年）、『都市空間の地理学』（共著、ミネルヴァ書房、2006年）

足立　　崇（あだち　たかし）　大阪産業大学工学部准教授。
1972年生まれ。京都大学大学院人間・環境学研究科博士課程修了。博士（人間・環境学）。
【主要著作・論文】『台湾ヤミの住まいの建築論—中心・通路・境界の場所—』（中央公論美術出版、2010年）、「台湾ヤミ族における親柱 tomok と『住まう』こと」『日本建築学会計画系論文集』vol. 522（1999年）、「日本統治時代における台湾建築史研究」『民族藝術』vol. 25（2009年）

大城　直樹（おおしろ　なおき）　神戸大学大学院人文学研究科准教授。
1963年生まれ。大阪市立大学大学院文学研究科博士課程単位取得退学。博士（文学）。
【主要著作・論文】『人文地理学』（共編著、ミネルヴァ書房、2009年）、『モダン都市の系譜』（共著、ナカニシヤ出版、2008年）、『都市空間の地理学』（共編著、ミネルヴァ書房、2006年）

小野田泰明（おのだ　やすあき）　東北大学大学院工学研究科教授。
1963年生まれ。東北大学工学部卒業。博士（工学）。一級建築士。
【主要作品・著作】『苓北町民ホール』（阿部仁史と共同設計、2002年）、『仙台市営荒井住宅』（阿部仁史と共同設計、2004年）、『伊那市立伊那東小学校』（みかんぐみと共同設計、2008年）、『せんだいメディアテーク』（建築計画：伊東豊雄設計、2001年）、『横須賀美術館』（設計協力：山本理顕設計、2007年）。『空間管理社会』（共著、新曜社、2006年）、『プロジェクト・ブック』（共著、彰国社、2005年）

編者紹介

吉原　直樹（よしはら　なおき）

大妻女子大学社会情報学部教授、東北大学名誉教授。

日本学術会議連携会員。

1948 年生まれ。慶應義塾大学大学院社会学研究科博士課程修了、社会学博士。

【主要著作】

『都市空間の社会理論』東京大学出版会、1994 年、日本都市学会賞受賞
『開いて守る：安全･安心のコミュニティづくりのために』岩波書店、2007 年
『モビリティと場所― 21 世紀都市空間の転回―』東京大学出版会、2008 年、地域社会学会賞受賞
Fludity of Place, Trans Pacific Prees, 2009

斉藤　日出治（さいとう　ひではる）

大阪産業大学経済学部教授。

1945 年生まれ。名古屋大学経済学研究科博士課程単位取得退学、博士（経済学）

【主要著作】

『国家を越える市民社会―動員の世紀からノマドノ世紀へ―』現代企画室、1998 年
『空間批判と対抗社会―グローバル時代の歴史認識―』現代企画室、2003 年
『帝国を超えて―グローバル市民社会論序説―』大村書店、2005 年
『グローバル化を超える市民社会―社会的個人とヘゲモニー―』新泉社、2010 年

Modernity and Narrative of Space

シリーズ社会学のアクチュアリティ：批判と創造４

モダニティと空間の物語――社会学のフロンティア

2011 年 5 月 31 日　初版　第 1 刷発行　〔検印省略〕

＊定価はカバーに表示してあります

編者 © 吉原直樹･斉藤日出治　発行者 下田勝司　印刷・製本　中央精版印刷

東京都文京区向丘 1-20-6　郵便振替 00110-6-37828　発　行　所

〒 113-0023　TEL 03-3818-5521（代）　FAX 03-3818-5514

E-Mail tk203444@fsinet.or.jp　URL: http://www.toshindo-pub.com/

Published by TOSHINDO PUBLISHING CO.,LTD.

1-20-6,Mukougaoka, Bunkyo-ku, Tokyo, 113-0023, Japan

ISBN978-4-7989-0053-7　C3336　2011©N. YOSHIHARA, H.SAITO

刊行の辞

今日、社会学はかつての魅力を失いつつあるといわれる。19 世紀の草創期以来、異端の学問であった社会学は徐々にその学問的地位を確立し、アカデミズムのなかに根を下ろし、多くの国で制度化された学となってきた。だがそうした制度的安定と研究の蓄積とは裏腹に、社会学は現代の内奥に、触れれば血のほとばしるようなアクチュアリティに迫れないでいるようにみえるのはなぜであろうか。

だが、ことは社会学にとどまるまい。9・11 アメリカ同時多発テロで幕を開けた 21 世紀の世界は、人々の期待をよそに、南北問題をはじめ、民族・文化・宗教・資源・貿易等をめぐる対立と紛争が荒れ狂う場と化しつつある。グローバル化のなか政治も経済も、いや暴力もが国境を越え、従来の主権国家はすでに国民の安全を保障しえない。こうした世界の悲惨と、今日アカデミズムが醸《かも》し出しているそこはかとない「安定」の風景との間には、もはや見逃しがたい落差が広がりつつあるのは否めない。

われわれに現代社会が孕む対立と悲惨を解決する能力があると思い上がっているわけではない。しかしわれわれはこうした落差を強く意識することをバネに、現代最先端の課題に正面から立ち向かっていきたいと思っている。そのための武器は一にも二にも「批判《クリティーク》」、すなわち「自明とされているもの」を疑うことであろう。振り返れば、かつて後発の学であった社会学は、過去の既成の知を疑い批判することを身上として発展してきたのだ。過去に学びつつ過去と現在を批判的視点で見つめ直し、現代に即した「創造《クリエーション》」をめざすこと、それこそが本シリーズの目標である。その営みを通じて、われわれが現在いかなる岐路に立ち、そこで何をなすべきかを明らかにしたいと念願している。

2004 年 11 月 10 日

シリーズ **社会学のアクチュアリティ：批判と創造**
企画フェロー一同

東信堂

〔シリーズ　社会学のアクチュアリティ：批判と創造　全12巻＋2〕

- クリティークとしての社会学——現代を批判的に見る眼　西原和久・宇都宮京子 編　一八〇〇円
- 都市社会とリスク——豊かな生活をもとめて　藤田弘夫・浦野正樹 編　二〇〇〇円
- 言説分析の可能性——社会学的方法の迷宮から　佐藤俊樹・友枝敏雄 編　二〇〇〇円
- グローバル化とアジア社会——ポストコロニアルの地平　新津晃一・吉原直樹 編　二三〇〇円
- 公共政策の社会学——社会的現実との格闘　武川正吾・三重野卓 編　二〇〇〇円
- 社会学のアリーナへ——21世紀社会を読み解く　友枝敏雄・厚東洋輔 編　二二〇〇円
- 空間とモダニティの物語——社会学のフロンティア　吉原直樹・斉藤日出治 編　二六〇〇円

〔地域社会学講座　全3巻〕

- 地域社会学の視座と方法　似田貝香門 監修　二五〇〇円
- グローバリゼーション／ポスト・モダンと地域社会　古城利明 監修　二五〇〇円
- 地域社会の政策とガバナンス　岩崎信彦・矢澤澄子 監修　二七〇〇円

〔シリーズ世界の社会学・日本の社会学〕

- タルコット・パーソンズ——最後の近代主義者　中野秀一郎　一八〇〇円
- ゲオルグ・ジンメル——現代分化社会における個人と社会　居安正　一八〇〇円
- ジョージ・H・ミード——社会的自我論の展開　船津衛　一八〇〇円
- アラン・トゥーレーヌ——現代社会のゆくえと新しい社会運動　杉山光信　一八〇〇円
- アルフレッド・シュッツ——主観的時間と社会的空間　森元孝　一八〇〇円
- エミール・デュルケム——社会の道徳的再建と社会学　中島道男　一八〇〇円
- レイモン・アロン——危機の時代の透徹した警世家　岩城完之　一八〇〇円
- フェルディナンド・テンニエス——ゲマインシャフトとゲゼルシャフト　吉田浩　一八〇〇円
- カール・マンハイム——時代を診断する亡命者　澤井敦　一八〇〇円
- ロバート・リンド——アメリカ文化の内省的批判者　園部雅久　一八〇〇円
- アントニオ・グラムシ——『獄中ノート』と批判社会学の生成　鈴木富久　一八〇〇円
- 費孝通——民族自省の社会学　佐々木衞　一八〇〇円
- 奥井復太郎——都市社会学と生活論の創始者　藤田弘夫　一八〇〇円
- 新明正道——綜合社会学の探究　山本鎭雄　一八〇〇円
- 米田庄太郎——新総合社会学の先駆者　中久郎　一八〇〇円
- 高田保馬——理論と政策の無媒介的統一　北島滋　一八〇〇円
- 戸田貞三——家族研究・実証社会学の軌跡　川合隆男　一八〇〇円
- 福武直——民主化と社会学の現実化を推進　蓮見音彦　一八〇〇円

〒113-0023　東京都文京区向丘 1-20-6　TEL 03-3818-5521　FAX03-3818-5514　振替 00110-6-37828
Email tk203444@fsinet.or.jp　URL:http://www.toshindo-pub.com/

※定価：表示価格（本体）＋税